Pesquisa Visual

Tradução
Mariana Bandarra
Scientific Linguagem Ltda.

Revisão técnica
Maria Helena Werneck Bomeny
Doutora e mestre pela Faculdade de Arquitetura e Urbanismo da USP

bookman

2013

Obra originalmente publicada sob o título *Visual Research, 2nd Edition*
ISBN 978-2-940411-60-3

Second edition © AVA Publishing SA 2011
First published in 2005
Design e texto de Ian Noble e Russel Bestley

Gerente editorial: *Arysinha Jacques Affonso*

Colaboraram nesta edição:

Editora: *Mariana Belloli*

Capa: *VS Digital*, arte sobre capa original

Leitura final: *Fernanda Vier Azevedo*

Editoração eletrônica: *Techbooks*

N748p Noble, Ian.
    Pesquisa visual : introdução às metodologias de pesquisa em design gráfico / Ian Noble, Russell Bestley ; [tradução: Mariana Bandarra, equipe Scientific Linguagem ; revisão técnica: Maria Helena Werneck Bomeny]. – 2. ed. – [Porto Alegre : Bookman, 2013].
    224 p. : il. color. ; 22x30 cm.

    ISBN 978-85-65837-84-2

    1. Pesquisa científica. 2. Métodos de pesquisa. 3. Design gráfico. I. Bestley, Russell. II. Título.

    CDU 001.891:74

Catalogação na publicação: Natascha Helena Franz Hoppen – CRB 10/2150

Reservados todos os direitos de publicação, em língua portuguesa, à
BOOKMAN EDITORA LTDA., uma empresa do GRUPO A EDUCAÇÃO S.A.
Av. Jerônimo de Ornelas, 670 – Santana
90040-340 – Porto Alegre – RS
Fone: (51) 3027-7000   Fax: (51) 3027-7070

É proibida a duplicação ou reprodução deste volume, no todo ou em parte, sob quaisquer formas ou por quaisquer meios (eletrônico, mecânico, gravação, fotocópia, distribuição na Web e outros), sem permissão expressa da Editora.

Unidade São Paulo
Av. Embaixador Macedo Soares, 10.735 – Pavilhão 5 – Cond. Espace Center
Vila Anastácio – 05095-035 – São Paulo – SP
Fone: (11) 3665-1100   Fax: (11) 3667-1333

SAC 0800 703-3444 – www.grupoa.com.br

IMPRESSO NA CHINA
PRINTED IN CHINA

Pesquisa Visual

2ª edição

Introdução às
metodologias de pesquisa
em design gráfico

Ian Noble
Russell Bestley
Apresentação de Ellen Lupton

Sumário

Apresentação	007
Introdução	009
1. Como e por quê?	012
Metodologias de pesquisa	014
Processo e produto	018
Críticos do design	020
Conceitos fundamentais: O designer como autor	022
2. Alfabetização em design	024
Alfabetização visual na prática de design	026
Estudo de caso 01: Gramática visual	032
Conceitos fundamentais: Conotação e denotação	046
Exercícios: Alfabetização em design	048
3. Análise e proposição	052
Pesquisa e design	054
Feedback e avaliação	066
Linguagens e identidades	070
Conceitos fundamentais: Retórica	072
Estudo de caso 02: Emotionally Vague	074
Estudo de caso 03: Bibliospot	082
Conceitos fundamentais: Estruturalismo e semiótica	092
Exercícios: Análise de design	094
4. Teoria na prática	096
Envolvendo-se com a pesquisa visual	098
Autoria gráfica	102
Conceitos fundamentais: Pós-estruturalismo	104
Estudo de caso 04: The English	106
Estudo de caso 05: An Inventory of Loss	114
Conceitos fundamentais: Teoria do Lixo	124
Exercícios: A prática da teoria	126

5. Público e mensagem	128
Recepção	130
Construção de sentido	134
Comunicação de mão dupla	138
Estudo de caso 06: Romances híbridos	140
Estudo de caso 07: Identidade cipriota	146
Conceitos fundamentais: Paisagens adaptativas	154
Exercícios: Como está a recepção?	156
6. Processo e materiais	158
Considerações práticas	160
Tatilidade e usabilidade	162
Estudo de caso 08: Mary	166
Estudo de caso 09: Mensagem como fluxo	172
Conceitos fundamentais: *Affordance*	182
Exercícios: Mensagens de Texto	184
7. Síntese	186
O processo de síntese	188
Estudo de caso 10: Memorial	194
Estudo de caso 11: Felicidade – todayifeel	202
Conceitos fundamentais: Modernismo e Pós-modernismo	210
Exercícios: Métodos práticos	212
8. Apêndices	214
Agradecimentos	216
Leituras complementares	218
Índice	220
Créditos de imagens	224

006 007　　　　　　　　　　Apresentação

Apresentação

Temos a tendência de pensar sobre design gráfico em termos de bens finalizados: um cartaz, logotipo, layout ou site executados com minúcia e destreza. No entanto, o design gráfico é também um processo. O design de um artefato surge de um conjunto de perguntas cujas respostas muitas vezes ficam perdidas na obscuridade até que uma solução venha à tona.

Pense neste livro como uma série de respostas a perguntas que você possa vir a ter sobre design gráfico. Essas perguntas são feitas por meio de exemplos concretos de trabalhos, reproduzidos em profundidade e escala suficientes para permitir uma experiência de imersão. Este livro é grande, não porque ele precisa enfeitar sua mesa de centro, mas porque as ideias são grandes. As páginas estenderam ao máximo seus braços, criando um espaço confortável para a leitura e para o pensamento.

O que é pesquisa? Pesquisar é olhar para algo de forma focada e sistemática. Cientistas e pesquisadores estudam a literatura publicada e os resultados comprovados acerca de um tópico que desejam explorar; eles se propõem ainda a criar conhecimento novo por meio da experimentação ativa. O assunto deste livro é pesquisa visual: a ênfase está no fazer, e não em ler e escrever. O próprio design é uma forma de pesquisa, que adota sequências de investigação – tanto calculadas quanto intuitivas – para gerar novas formas e *insights*.

A metodologia importa? O design gráfico é um campo criativo, e não uma ciência. O processo do designer tende a ser mais tortuoso do que linear, traçando idas e vindas, em vez de um caminho reto e determinado. Adotar um método e experimentar com ele pode ajudar os designers a se libertarem de seus hábitos pessoais e a descobrirem novos resultados. A busca de um caminho mais estruturado pode levá-lo a lugares inesperados. Neste livro, você vai encontrar novos vocabulários para questionar o significado de signos, materiais e imagens. A retórica e a semiótica oferecem formas de refletir sobre os contextos linguístico e social do design. O mapeamento e a visualização de dados oferecem meios lógicos para organizar informações e exibi-las de formas reveladoras. A análise sistemática de um texto escrito é capaz de gerar um rico granulado de tipografias.

Este livro apresenta a teoria como uma ferramenta tanto de síntese quanto de análise. O objetivo culminante da pesquisa visual é servir de base à forma, incutir sentido a signos e superfícies. O designer é um intelectual que faz coisas, estudando o mundo dos objetos, usuários e informações para criar atos de comunicação vivos. As ferramentas e métodos descritos neste livro oferecem uma introdução de grande utilidade às metodologias do pensamento criativo.

Ellen Lupton
Designer, escritora, curadora e educadora

Dicas de navegação
Há diversos dispositivos gráficos dentro de *Pesquisa Visual* para ajudar o leitor a navegar pelo livro. O pequeno grid de quadrados em cada uma das páginas pares (ver acima à esquerda) indica as diferentes seções do livro: capítulos, estudos de caso, conceitos fundamentais e exercícios.

Os cabeçalhos também oferecem uma indicação clara de cada seção, e o código de cores nas páginas de conceitos fundamentais e exercícios ajuda a delinear as diferenças. Os glossários e legendas de imagens também são diferenciados tipograficamente. As barras coloridas nas páginas duplas que abrem cada capítulo e na capa do livro foram retiradas diretamente de amostras do material de estudo de caso em cada um dos capítulos.

Introdução

O título deste livro – *Pesquisa Visual* – é um termo utilizado para descrever uma abordagem de pesquisa e investigação sistemáticas em design gráfico. A pesquisa no contexto da prática do design gráfico pode ser vista como uma atividade definidora e fundamental, em grande parte baseada na noção de solução de problemas usando métodos e ferramentas visuais.

Para muitos designers, a pesquisa é um processo necessário para explorar a melhor forma de chegar a uma solução significativa e eficaz para as necessidades do cliente ou usuário e para as exigências do briefing. O entendimento dos muitos fatores atuantes que podem influenciar determinada abordagem à solução de problemas de design varia do prosaico e pragmático até o sofisticado e poético. Essa compreensão, que tem sua origem no treinamento, na experiência, nas habilidades práticas e na filosofia pessoal, define o designer e seus métodos de trabalho pessoais e idiossincráticos.

Para outros, a pesquisa visual está mais relacionada ao design como atividade problematizadora: uma prática baseada não na busca por respostas, mas sim na qualidade e na maneira como as perguntas são feitas. Neste contexto, a pesquisa não é apenas um processo de trabalho – ela também pode ser considerada um resultado em si. Isso não deve ser visto como uma distinção entre pesquisa pura e aplicada, ou sugerir que uma hierarquia de significado ou importância pode ser estabelecida em qualquer das formas de trabalho – ambas são partes significativas do que poderíamos chamar de design da comunicação visual contemporânea e das abrangentes abordagens já existentes da disciplina.

Este livro é uma tentativa de mapear o campo da pesquisa visual na prática do design gráfico e de oferecer uma introdução aos métodos e modelos que formaram a base de nosso ensino ao longo da última década.

Design
O verbo inglês *to design* significa, literalmente, projetar algo para uma função, propósito ou efeito específico. O ato de criar, em termos da comunicação visual e do design gráfico, está centrado nas formas com que um designer encara problemas práticos e teóricos por meio de uma vasta gama de materiais e processos muitas vezes bidimensionais (impressos), porém, cada vez mais, tridimensionais ou situados no tempo.

"O design é uma atividade de raciocínio criativo, que depende de uma flexibilidade de ideias e metodologias com base em uma consciência dos debates críticos da atualidade. Pode variar entre o expressivo e o funcional e ter, por exemplo, um intuito estilístico ou uma motivação social.

É um processo iterativo baseado em avaliação e modificação... Em sua essência, o design envolve tanto análise quanto síntese, e é muitas vezes focado em soluções, culminando na criação de resultados de design, sob a forma de protótipos, modelos ou propostas."

Subject Benchmark Statements: Art and Design, The Quality Assurance Agency for Higher Education, 2002.

Criatividade
Criatividade é um processo mental que envolve a descoberta de novas ideias ou conceitos, ou novas associações entre ideias e conceitos existentes. Esse processo pode também levar a expansões e adaptações desses conceitos existentes, de maneira original e inexplorada até então.

Lógica
Método iterativo e racional de pensamento humano que envolve a interrogação de um problema, ou a criação de uma solução para um problema, de maneira linear, passo a passo.

Introdução

Os vários capítulos exploram os diversos aspectos da pesquisa visual, e são embasados ao longo de todo o livro com exemplos práticos de projetos que ilustram as ideias e os processos discutidos.

Os trabalhos apresentados nos estudos de caso desta edição foram criados por alguns dos alunos para os quais lecionamos nos últimos anos. Este livro e os estudos realizados por esses alunos são produto um do outro. Cada um dos designers foi incentivado a explorar seu entendimento individual acerca do papel da pesquisa em seus métodos de trabalho e nas obras que produziam. Seus trabalhos e ideias, por sua vez, alimentaram nosso próprio entendimento acerca de como desenvolver uma abordagem significativa ao ensino do design gráfico como uma atividade baseada em pesquisa.

Esta edição revisada de *Pesquisa Visual* traz um novo capítulo sobre Alfabetização em Design, onze novos estudos de caso e textos adicionais em muitos dos capítulos. Isso foi complementado com mais conceitos fundamentais e com uma nova seção acompanhando cada capítulo, que oferece exercícios práticos com base nas ideias discutidas. Nossa abordagem sobre pesquisa visual foi ampliada e desenvolvida desde a primeira edição, e esta versão atualizada do livro representa o maior refinamento de um conjunto fundamental de metodologias que podem ser usadas por designers gráficos e profissionais de comunicação visual no desenvolvimento de soluções de design claras, significativas e estratégicas.

O que vem se tornando claro nos últimos anos é que, embora o ambiente ou o contexto no qual o design gráfico existe esteja sujeito, de forma cada vez mais acelerada, a mudanças e instabilidades, os atributos fundamentais necessários para ser um designer permaneceram os mesmos. Essas habilidades estão diretamente relacionadas à pesquisa visual: métodos de trabalho e modelos de

---

Três modelos úteis de pesquisa em design gráfico são adaptados, neste livro, a partir das abordagens e definições de pesquisa de Christopher Frayling; eles são baseados nas metodologias, processos e objetivos iniciais e finais de uma investigação em design, e foram publicados em sua obra "Research in Art and Design" (1994). O modelo de Frayling foi adaptado a fim de apresentar uma distinção clara entre diferentes áreas da pesquisa e da prática em design gráfico.

Os modelos de pesquisa em design estão baseados nos seguintes temas:

Pesquisa sobre design
O estudo das histórias, estilos, influências, modelos e abordagens do design. O principal objetivo é compreender o contexto ou a história a partir de diferentes perspectivas, como, por exemplo, crítica de design e pesquisa histórica. O objetivo está relacionado à dedução de novos conhecimentos e ao entendimento do design como assunto.

Pesquisa dentro do design
A exploração de métodos e práticas de design, incluindo testes visuais e experimentação. Esse tipo de pesquisa está centrado tanto no entendimento do processo de design em si, quanto no desenvolvimento de novas ações, artefatos ou métodos de design.

Pesquisa por meio do design
A pesquisa através do design envolve o desenvolvimento de novos artefatos, cujo objetivo é comunicar visualmente novos conhecimentos, mas a prática não está no centro de todo o processo de pesquisa. O uso do design gráfico como instrumento de investigação e articulação de uma área temática específica, que pode estar localizada fora do campo do design – como tal, este modelo de pesquisa incluiria mapeamento, design de informação e abordagens editoriais à visualização e categorização de dados.

pesquisa baseados no que poderia ser chamado de pensamento sustentável. Este modo de envolvimento está significativamente focado no que o designer e educador Jan van Toorn descreveu como *'o campo de atuação do designer.'* Na prática, esta é uma abordagem embasada e crítica à prática do design, fundamentada em rigorosos modelos de exploração e testes que servem de base para os aspectos formal e cultural do papel do designer.

Estrutura do livro

Pesquisa Visual é dividido em capítulos temáticos que exploram diversas ênfases em relação ao design gráfico fundamentado em pesquisa. Os estudos de caso refletem uma variedade de respostas práticas aos temas explorados, desde gramática visual e alfabetização em design até a relação entre público e mensagem e a investigação de materiais e processos. Os conceitos fundamentais apresentam ideias e teorias que podem servir de base para o processo de design, juntamente com exemplos de aplicações dessas teorias, a partir da perspectiva do profissional de design: é importante refletir sobre como as ideias podem ser aplicadas e como podem ser úteis para o designer em sua prática – no fazer do design gráfico de fato. Cada capítulo inclui também uma série de exercícios de design que permite ao leitor refletir sobre o conteúdo explorado e expandir seu próprio entendimento da disciplina.

Não há espaço suficiente para creditar as muitas pessoas que contribuíram para nosso entendimento acerca do tema deste livro, mas é importante agradecer aos designers que investiram seu tempo e energia para nos oferecer as obras apresentadas aqui. Este livro é o produto de muitos anos de colaboração, reflexão e debate entre educadores, alunos e profissionais de design gráfico. Esperamos que o debate possa continuar.

Para qualquer pessoa na área do design, deve parecer inexplicável o fato de os estudos visuais não reconhecerem e explicarem o papel do design gráfico como formador do ambiente visual, ao lado das formas de cultura visual reconhecidas – arte, cinema, televisão, fotografia, publicidade, novas mídias. O que poderia explicar essa cegueira peculiar entre um grupo de acadêmicos hipersintonizados à maioria das formas de visualidade?

Rick Poynor
"Out of the Studio: Graphic Design History and Visual Studies", *Design Observer* (2011)

1. Como e por quê?

O papel da pesquisa no design gráfico: semiótica, teoria da comunicação, análise, abordagens sistemáticas, semântica e teoria do discurso

Metodologias de pesquisa

Este livro pretende oferecer uma introdução à área de metodologias de pesquisa para designers gráficos. Esse importante aspecto da prática do design gráfico abrange uma vasta gama de aplicações práticas e teóricas; este capítulo introduz o campo da metodologia de pesquisa como ferramenta, tanto prática quanto analítica, para os designers.

Ao investigar em paralelo essas áreas de pesquisa irmãs, nosso objetivo é definir o papel do pensamento crítico como suporte para o desenvolvimento do que pode ser descrito como uma forma engajada de prática do design. A pesquisa é um aspecto intrínseco do design e uma parte essencial da atividade de solução de problemas. O designer está envolvido em um constante processo de investigação. É possível dizer que este processo pressupõe a noção de questionamento – não importando se esse questionamento leva a uma solução ou resultado independente, como um protótipo industrial baseado nas necessidades de um cliente, ou se ele contribui para o discurso e para o debate sob a forma de uma proposição ou de uma pergunta mais profunda.

Os modelos primariamente teóricos de análise de design e pesquisa visual também serão apresentados, incluindo semiótica, teoria da comunicação, abordagens sistemáticas à solução de problemas de design, semântica, retórica e teoria do discurso, bem como modelos de pesquisa secundários e ensaios de ideias e metodologias. Ao longo deste livro, está subjacente a ênfase no porquê de fazermos o que fazemos e em como, por meio de ensaios, feedback e abordagens rigorosas, podemos nos certificar de que o que fazemos é eficaz no processo de comunicação visual.

Metodologia
A ciência do método, ou de um corpo de métodos, empregada em uma atividade específica, como, por exemplo, os aspectos de pesquisa de um projeto. Uma estratégia lógica, predefinida e sistemática por meio da qual é possível empreender e desenvolver um projeto de design gráfico, que deve incluir métodos de avaliação de resultados experimentais, um cronograma para cada etapa do projeto e uma intenção ou objetivo declarado em relação a uma gama de resultados esperados.

Uma metodologia também poderia ser aplicada para descrever uma abordagem de design gráfico de modo geral: um modo de trabalho ou procedimento específico utilizado na produção de design gráfico. O termo é ocasionalmente usado para referir-se à organização ou a uma técnica de organização e análise, ou a um esquema de classificação.

Método
Uma forma de procedimento ou realização de algo, especialmente de maneira sistemática ou regular – uma ação ou sistema de ações na direção de um objetivo.

Problematização do design

A disciplina do design gráfico pode ser definida de diversas formas – a definição mais persistente ao longo de sua história relativamente curta descreve o papel da comunicação visual como uma atividade de solução de problemas. Essa expressão, uma espécie de mantra para grande parte da comunidade de design, vem sendo empregada para descrever a função do design gráfico em um sentido comercial, uma frase de efeito que pode ser entendida pelos contratantes dos designers – os clientes.

      Essa definição não apenas legitimou os aspectos mercadológicos e comerciais do design, mas, em paralelo, levou a uma descrição restrita da função do design gráfico, que muitas vezes exclui o que poderia ser concebido como os papéis sociais, educacionais e informacionais mais amplos da profissão. Uma interpretação mais abrangente do termo "solução de problemas" poderia caracterizá-lo como um processo de análise e síntese. Análise diz respeito aos métodos de investigação e ao entendimento central da pesquisa de um briefing de projeto, conceito ou contexto específico. Síntese, por sua vez, é o meio pelo qual o designer é capaz de basear-se em seu trabalho analítico e em investigações iniciais para produzir soluções ou invenções significativas. Essa capacidade baseia-se nas intenções de cada designer e em seu próprio entendimento de uma complexa gama de questões inter-relacionadas que afetam a criação de uma solução gráfica bem-sucedida: público, mensagem ou produto, orçamento, materiais, meios de produção, utilização de uma linguagem visual adequada e a forma final que o resultado assumirá.

Teoria da Comunicação
O corpo de trabalho relacionado ao estudo da comunicação e das formas em que o sentido é transferido entre indivíduos e grupos através de uma linguagem ou mídia.

Semiótica
O estudo dos signos e símbolos, especificamente da relação entre os signos escritos ou falados e seus referentes no mundo físico ou no mundo das ideias. A teoria semiótica pode ser vista como um método estratégico essencial pelo qual marcas gráficas, textos e imagens podem ser desconstruídos para determinar seus sentidos subjacentes.

Semântica
O ramo da linguística que lida com o estudo do sentido. O estudo das relações entre signos e símbolos e o sentido que eles representam.

Retórica
O estudo da técnica do uso eficaz da linguagem. Discurso escrito ou falado utilizado para persuadir, influenciar ou afetar um público.

Discurso
Um corpo de comunicação verbal ou escrita, especialmente entre dois ou mais participantes. O ato da discussão entre partes, muitas vezes de maneira formal.

Linguística
O estudo científico da linguagem e de sua estrutura subjacente.

Metodologias de pesquisa

Termos de referência
Muitas estratégias podem ser aplicadas a essa estrutura básica para pesquisa em design gráfico, e várias dessas metodologias trazem consigo termos específicos que são úteis para o designer porque descrevem o que está ocorrendo no desenvolvimento e realização de um projeto de design gráfico. Uma porção significativa desses termos é trazida de fora do campo do design gráfico, na forma de empréstimos de disciplinas afins ou tangenciais que possuem uma longa tradição de reflexão e debate. Áreas de estudo como linguística, estudos da comunicação, filosofia e ciências sociais, por exemplo, ofereceram termos e definições úteis que os designers adaptaram e empregaram na fundação de uma linguagem mais descritiva para os processos em ação durante a criação de soluções visuais.

Isso não significa que o design gráfico não possua sua própria linguagem. Como muitas atividades que têm um histórico na arena tecnológica, o design desenvolveu uma vasta gama de termos para descrever o que se passa na produção de comunicação visual. Uma grande proporção dessa terminologia tem suas raízes na descrição pragmática de questões técnicas, como a especificação de cores e tipos e de processos de impressão, ou é influenciada pela já banalizada linguagem de computação e software.

O designer e historiador Richard Hollis descreveu o design gráfico como constituinte de uma linguagem própria, "...*uma linguagem com uma gramática incerta e um vocabulário em constante expansão*". Ao mesmo tempo, termos de fora da disciplina também são utilizados para descrever uma abordagem mais ampla, de orientação menos técnica, ao design gráfico: termos teóricos como "Gestalt" ou "retórica" (ver páginas 72-73) muitas vezes aparecem na discussão geral do design gráfico em relação

Epistemologia
A teoria dos métodos subjacentes ou bases do conhecimento, e o estudo crítico da validade, dos métodos e do escopo de um corpo de conhecimento estabelecido. Em relação ao design gráfico, isso indica o corpo de conhecimentos amplamente aceitos que define a disciplina, incluindo as teorias que dizem respeito à legibilidade, linguagem escrita e tipografia, bem como teorias trazidas de outras áreas.

Teorias como a Gestalt, por exemplo, foram trazidas da psicologia e empregadas pelos designers em seus métodos e práticas de trabalho. Essas ideias influenciaram a discussão cotidiana da prática do design gráfico e a linguagem usada pelos designers para explicar seus métodos de trabalho.

Gestalt
Extraída de um ramo da psicologia que lida com a mente humana e com o comportamento em relação à percepção, a teoria da Gestalt pode ser entendida como sendo baseada na noção de que o todo é maior que a soma de suas partes individuais.

No design gráfico, essa teoria pode ser aplicada à organização visual e composição, com base no entendimento de que os seres humanos tendem a perceber grupos ou agrupamentos de duas formas: como sendo unificados/semelhantes ou diferentes/variados.

O conhecimento de que os elementos em uma página, por exemplo, podem ser organizados visualmente de modo a direcionar o espectador ou usuário a certas leituras ou entendimentos é central para a atividade da comunicação visual.

à abordagem de um designer a um projeto. Esse vocabulário em expansão refere-se, em parte, à relação entre design gráfico e tecnologia – uma relação que tem definido a área ao longo de seu desenvolvimento histórico.

O avanço mais recente, e provavelmente o mais significativo, para os designers gráficos contemporâneos, foi a chegada do computador Macintosh, da Apple (lançado em 1984), que trouxe consigo uma nova linguagem relacionada ao design. Ao mesmo tempo, esse avanço tornou obsoletos muitos dos processos e termos tradicionais usados pelos designers gráficos, que se referiam a uma era anterior de reprodução mecânica, e não eletrônica. O debate ao redor do impacto e do valor dessa tecnologia específica perdura até hoje. O Macintosh sem dúvida alterou a paisagem do design gráfico, permitindo que os designers operassem de uma forma que era até então impossível e oferecendo novas oportunidades criativas, com maiores níveis de controle sobre os processos de produção. Como plataforma de trabalho, o computador influenciou a abertura de novas oportunidades para os designers, servindo também como catalisador de grande parte do novo debate na profissão, o que poderia ser chamado de discurso do design. As muitas discussões, como, por exemplo, as que cercam as noções de autoria, público e legibilidade, exemplificadas em revistas como *Eye Magazine* e *Emigre* no início do século XXI, incentivaram os designers a explorarem novas funções no que o designer e educador holandês Jan van Toorn descreveu como "...*o campo de atuação do designer*".

Uma disciplina do design pode existir, mas ela deve ser diferente em espécie das disciplinas que possuem objetos de estudo determinados. O design é uma disciplina em que a concepção do objeto de estudo, do método e do propósito faz parte da atividade e dos resultados... sendo assim, não se trata de produto, mas sim da arte de conceber e planejar produtos.

Richard Buchanan
"Rhetoric, Humanism and Design", *Discovering Design: Explorations in Design Studies* (1995)

Processo e produto

O educador de design e escritor sul-americano Jorge Frascara escreveu que *"…o projeto do método de design e o projeto do método de pesquisa são tarefas de ordem superior ao projeto das comunicações"*. Essa declaração identifica uma mudança fundamental no design thinking nos últimos anos. Essa expansão da definição do que poderia ser considerada a prática do design gráfico foi influenciada por outros fatores além da tecnologia. Trabalhos especulativos e mais experimentais, às margens do design gráfico contemporâneo – uma área que poderia ser chamada de "vanguarda" –, juntamente a uma gama de projetos gráficos autorais produzidos por designers trabalhando de acordo com seus próprios briefings, também exerceram uma forte influência.

Essas iniciativas muitas vezes oferecem novas gramáticas visuais e formas gráficas, e podem se concentrar em áreas do design gráfico até então limitadas e subexaminadas por uma definição singular e comercialmente focada da disciplina. Esse recente foco nos processos e métodos envolvidos no design gráfico – um reflexo consciente do como e do porquê da prática – permitiu que a área de metodologias de pesquisa assumisse maior importância para o assunto.

O debate de design gráfico nos departamentos de design de universidades, cursos de arte e revistas especializadas atualmente faz referência a um conjunto diverso de questões que incluem as responsabilidades do designer em um sentido social, cultural e econômico, o papel do designer na comunicação com os públicos e a construção de sentido em linguagens verbais e visuais. Esse campo de atuação mais amplo aumentou a exploração dos processos em ação e expandiu o escopo da pesquisa em design gráfico, tanto na academia quanto na arena profissional.

Pesquisa primária
As matérias-primas com as quais um designer trabalha diretamente em relação à pesquisa. Abordagens de pesquisa primária podem incluir estratégias de marketing, como pesquisas de opinião e entrevistas com o público, ou o teste direto de possíveis soluções visuais em um contexto de "mundo real".

Pesquisa secundária
Pesquisa estabelecida ou existente já conduzida na área e utilizada para servir de suporte à pesquisa do próprio designer. Isso pode incluir pesquisas de opinião e/ou entrevistas publicadas com grupos de público em potencial, juntamente com a análise de uma série de estratégias de comunicação visual bem-sucedidas dentro de um contexto semelhante.

Pesquisa terciária
Pesquisa baseada em fontes secundárias e pesquisa de terceiros, sintetizadas para simplesmente reafirmar o que já foi realizado por terceiros. Um resumo do corpo de conhecimento existente e das metodologias aceitas em relação à gama de intenções, público e contexto do projeto.

WATCH OUT FOR SNAKES AND LIZARDS

Críticos do design

Por um longo período durante o desenvolvimento da disciplina, a discussão do design gráfico enquanto atividade e de seu lugar na comunidade em geral ficou a cargo de vozes externas – aqueles que recebiam ou observavam o design, em vez daqueles que o criavam. Embora isso tenha sido uma ferramenta útil para compreender o design gráfico, muito poucas dessas vozes foram ouvidas de dentro da própria profissão.

Os jornalistas, historiadores e teóricos culturais que escreveram sobre design gráfico geralmente o fizeram em termos do artefato ou produto final e seu efeito em um contexto social ou cultural. Com pouquíssimas exceções, o processo de solução de problemas de design, as metodologias empregadas pelos designers e suas intenções e abordagens conceituais à prática do design gráfico foram subexploradas tanto na imprensa quanto na discussão geral do tema. Enquanto isso, os comentários de dentro da profissão foram, por muito tempo, focados em resenhas de portfólios comerciais, projetos e designers premiados e ferramentas da área, da caneta Rotring ao Macintosh da Apple.

À medida que a ênfase foi retirada dos críticos externos, o foco passou a recair, cada vez mais, sobre a crescente comunidade de designers e educadores motivados pela ideia do que veio a ser chamado de "profissional reflexivo" – a noção de designers comentando sua própria prática. Atualmente, designers contribuem regularmente para revistas e são chamados a falar em palestras e conferências. Testemunhamos uma avalanche de publicações de design gráfico, com diversos graus de *insight* e focadas nos processos e intenções em curso. Programas educacionais e profissionais da área estão começando a desenvolver ideias a partir desse

Vanguarda
Do francês *avant-garde*, que significa, literalmente, vanguarda ou líder. No contexto de arte e design, o termo vanguarda é geralmente empregado para descrever os pioneiros ou inovadores de um período ou movimento específico, muitas vezes em oposição à corrente dominante ou ao *status quo*.

Os termos *avant-garde* e vanguarda foram criados a partir da combinação das palavras francesas arcaicas *avant*, que significa "para a frente", e *garde*, que significa "guarda" e era um termo originalmente usado nas forças armadas.

A noção de vanguarda também pode ser considerada como uma heterodoxia – palavra que significa diferente, contrário ou não ortodoxo (na verdade, o antônimo de ortodoxo é heterodoxo).

Em design gráfico, o termo vanguarda raramente é usado na discussão da atividade contemporânea do design – na maioria das vezes, a expressão é aplicada à discussão da história do design. Isso não significa que não haja uma vanguarda atual do design gráfico, mas apenas que não se trata de uma expressão de uso comum.

É interessante observar que a relação entre a corrente dominante e a vanguarda funciona de maneira bastante específica. No mundo inteiro, existem vários designers celebrados que são considerados "revolucionários" e radicais em sua abordagem de design, embora tenham carreiras bem-sucedidas com clientes da corrente dominante.

Por exemplo, designers como Stefan Sagmeister e David Carson foram criticamente aclamados por suas obras inovadoras e influentes, mas discurso e, no processo, estão expandindo a definição da própria prática de design gráfico.

Pesquisa e desenvolvimento

Essa mudança na direção de uma prática engajada e reflexiva não entra em conflito direto com as tradições da facilitação comercial. Pelo contrário, a relação de reciprocidade ou interdependência entre a experimentação e investigação em design e o design thinking aplicado em um sentido comercial é intensificada – permitindo que ideias eficazes e úteis sirvam de base para abordagens igualmente originais e proposicionais.

Como Ronald Barnett discute em seu livro *Higher Education: A Critical Business* (1997): *"...a ideia essencial nessa tradição na universidade ocidental é a de que é possível criticar a ação de modo a produzir formas de ação mais esclarecidas ou eficazes. O pensamento crítico nessa tradição é uma prática situada no mundo, uma práxis. O conhecimento situado na prática não é, ao contrário do que se sugere ocasionalmente, uma nova forma de saber, aliada ao conhecimento proposicional; trata-se de uma tradição de caráter persistente"*. A reflexão sobre a prática pode, portanto, levar a julgamentos mais esclarecidos, ao refinamento de ferramentas e técnicas e a uma estrutura metodológica mais bem definida, tanto para o objeto central de estudo do design gráfico enquanto disciplina acadêmica quanto para a profissão do design gráfico, de forma mais ampla.

---

também atraíram grandes clientes corporativos – no fim de sua carreira, Carson trabalhou com empresas como a Microsoft.

Essa interdependência entre as gramáticas visuais radicais e proposicionais das obras novas e desafiadoras e da corrente dominante do design pode ser descrita como um processo de recuperação. Esse termo foi cunhado pelos situacionistas no fim dos anos 1960 para descrever a capacidade da corrente dominante da cultura de acomodar ideias "marginais". A situação atual é mais simbiótica do que o termo "recuperação" sugere. As vultosas somas pagas por clientes corporativos sustentam o tempo e o espaço que permitem aos designers explorar e experimentar.

As novas ideias e estilos visuais que surgem a partir disso, por sua vez, se alimentam da corrente dominante da disciplina e tornam-se influentes para uma nova geração de designers emergentes.

Conceitos fundamentais: O designer como autor

Uma mudança importante na gama de abordagens do design gráfico contemporâneo surgiu como resultado do debate em torno da noção de **autoria gráfica** e o que isso poderia representar no futuro para os designers gráficos. Embora as definições de autoria em design gráfico continuem sendo expandidas e atualizadas por designers, escritores e educadores de design, é útil tomar uma interpretação singular como ponto de partida para um debate mais profundo.

Tradicionalmente, os designers gráficos estão envolvidos em um processo de facilitação: de maneira concisa, o negócio do design é comunicar as mensagens de outras pessoas para públicos especificados – responder a um briefing que foi originado e definido por um cliente. Isso pode ser feito com o propósito de oferecer informações gerais (como no caso de uma tabela de horários de trem ou de uma placa de trânsito) ou de persuadir um público-alvo acerca de um produto específico por meio do design de sua embalagem e material promocional. Embora essa talvez seja uma definição crua, ela é claramente aplicável à grande maioria das práticas de design na arena comercial: os designers gráficos são contratados para empregar suas habilidades, como comunicadores, a serviço de um cliente.

A noção de **autoria** está na possibilidade de que os designers possam também atuar como mediadores – que possam assumir a responsabilidade pelo **conteúdo** e **contexto** de uma mensagem, assim como pelos meios de comunicação mais tradicionais. O foco para o designer pode estar na transmissão de suas próprias ideias e mensagens, sem a necessidade de um cliente ou contratante, mas sem perder o foco na eficácia da comunicação com um público. Isso também pode surgir a partir de uma exploração em uma área de interesse pessoal ou da observação de um problema do "mundo real" que o designer acredita que poderia ser mais bem solucionado. O designer pode estabelecer uma solução operacional como uma proposta comercial a ser oferecida para patrocinadores ou clientes em potencial, da mesma forma que um inventor ou designer de produtos pode criar produtos e modelos originais a fim de apresentar um *case* de negócios para potenciais investidores.

A autoria gráfica também pode funcionar em um sentido comercial – um cliente pode optar por empregar um designer gráfico que possua um estilo visual ou método de trabalho específico que operaria em conjunto com sua mensagem ou produto. Esse estilo poderia ser descrito como a assinatura do designer, e muitos designers famosos ou renomados são contratados puramente por possuírem um conjunto de obras que lida com temas específicos ou que é popular com um determinado público.

AUTHOR
DESIGNER
READER

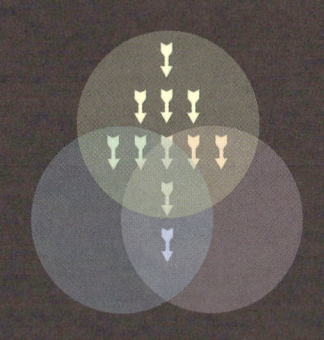

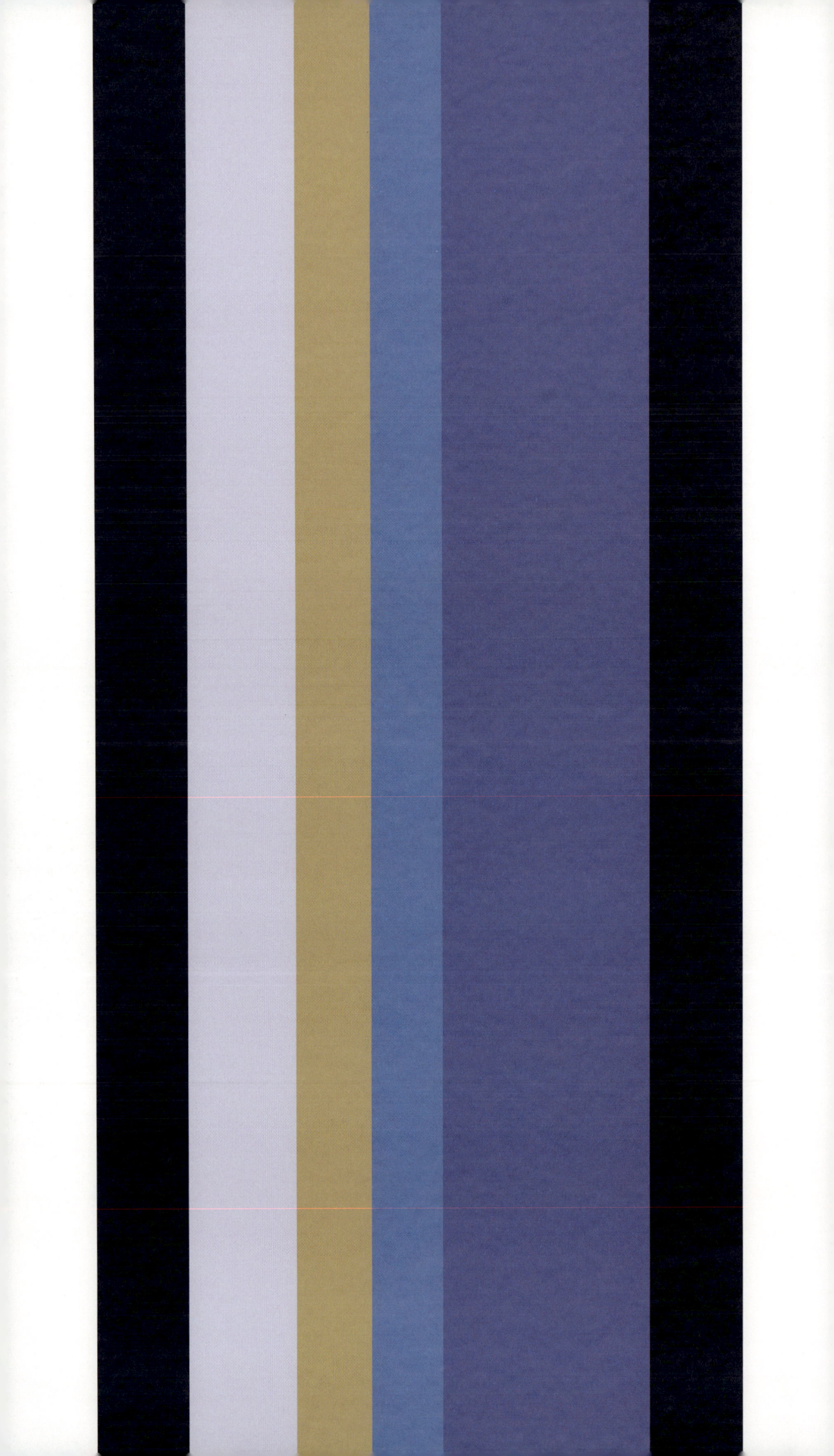

2. Alfabetização em design

Pesquisa por meio do fazer, abordagens iterativas ao design gráfico, identificação e solução de problemas

Alfabetização visual na prática de design

A alfabetização em design, ou alfabetização visual na prática de design, é uma preocupação fundamental para quem está envolvido na criação de comunicação visual. O entendimento das inter-relações entre as considerações formais de forma, cor, organização e composição e os sinais culturais embutidos na comunicação gráfica está no cerne das abordagens bem-sucedidas e eficazes ao design. Embora seja difícil apontar um corpo de conhecimentos considerável que pudesse constituir uma epistemologia do design gráfico, em especial teorias e ideias que estejam diretamente relacionadas ao ato de criar design, é razoável aceitar que muitos dos aspectos formais do design estão fundamentados em uma vasta gama de ideias e teorias subjacentes.

Princípios como a Gestalt – que significa o todo unificado, oriundo da psicologia e do entendimento de como a percepção visual humana se comporta – estão no cerne do design gráfico. As formas como os elementos visuais que formam um design são capazes de comunicar de maneira mais ou menos eficaz dependem, em grande parte, de uma série de fatores que são descritos por alguns dos princípios definidores da Gestalt e da percepção.

O princípio fundamental da Gestalt é conhecido como Prägnanz, e baseia-se na tendência humana de organizar elementos de maneira regular, simétrica e, em grande medida, baseada na simplicidade. A teoria dos princípios inatos pelos quais os objetos e suas relações podem ser percebidos como estando organizados ou agrupados é um alicerce útil para o designer no entendimento de como a composição pode comunicar sentido para um espectador.

Essa análise da forma e das relações dentro de uma composição tem como base o pensamento sobre design em termos de conceitos como fechamento, semelhança, proximidade, simetria e continuidade (ver página 29). Essas ideias, extraídas de um ramo da

Forma
O formato ou configuração de algo em relação à sua localização, contexto ou sentido. O termo pode indicar também o padrão ou estrutura de um objeto ou imagem. Em design gráfico, isso está relacionado à natureza física do artefato criado por meio do design, e não à intenção do design ou do designer ou a qualquer outra mensagem ou comunicação inerente.

Função
O desempenho do papel atribuído a um objeto ou forma. O serviço realizado por uma obra de design gráfico ou comunicação visual. A clássica expressão "a forma segue a função" está relacionada à maneira como os arquitetos e designers modernistas tentavam moldar os resultados em relação ao problema abordado, em vez de assumir uma abordagem estilística ao design.

Contexto
As circunstâncias que são relevantes para um evento ou situação. Em termos de design gráfico, isso indicaria uma descrição clara do propósito ou intenção de um briefing, juntamente com uma pesquisa secundária de proposições ou situações semelhantes – históricas ou contemporâneas – e com as expectativas do público, o ambiente visual e o histórico do próprio briefing.

Conceito
Uma hipótese, teoria ou ideia. Os aspectos fundamentais do briefing e a intenção do designer. Em termos formais, um conceito sugere também uma metodologia ou plano de ação pelo qual a ideia pode ser testada ou executada.

psicologia que tem sua base no holístico, podem ser descritas, em geral, como o todo sendo maior do que a soma de suas partes.

Modos de pensamento
Max Wertheimer, uma das figuras centrais e fundadoras da psicologia da Gestalt, também descreve como o pensamento pode ser classificado em dois modos: pensamento produtivo e pensamento reprodutivo. O primeiro é baseado na solução de problemas e em sua relação com a noção de *insight*: respostas espontâneas e imediatas a situações e ambientes. O segundo modo, pensamento reprodutivo, é baseado no que foi previamente aprendido e compreendido. Essas ideias estão relacionadas a uma abordagem mais deliberada à comunicação visual e aos processos em ação durante a criação de um design, bem como aos fatores em ação nos sistemas de comunicação.

Sistemas invisíveis
Há muitas outras ideias significativas que podem ser incorporadas a partir de áreas fora do design e que poderiam também ser consideradas úteis para descrever as bases de uma abordagem rigorosa à alfabetização visual/em design. Essas ideias podem ser classificadas como pertinentes à composição, à cor, aos materiais e à forma.

    O grid ou sistema de trabalho base de um projeto – uma estrutura criada para garantir a harmonia e consistência interna do layout de um livro ou cartaz – pode ser pensado usando ideias relacionadas à razão áurea, também conhecida como "proporção áurea" ou "número áureo". Essa razão pode ser encontrada na natureza, na arte e na arquitetura, e pode ser descrita matematicamente por meio da divisão de uma linha em duas partes de modo que a parte mais longa, dividida pela parte mais curta, seja igual ao comprimento total dividido pela parte mais longa.

Em inglês, a palavra "design" é tanto substantivo quanto verbo. Como substantivo, ela significa – entre outras coisas – intenção, plano, intento, objetivo, esquema, planta, motivo, estrutura básica, todos esses sentidos conectados à astúcia e à ilusão. Como verbo – *to design* –, os sentidos incluem maquinar algo, simular, preparar, esboçar, confeccionar, ter desígnios sobre algo.

Vilém Flusser
The Shape of Things: A Philosophy of Design (1999)

Alfabetização visual na prática de design

Argumenta-se que essa relação é geralmente capaz de criar uma preferência estética fundamental na maioria dos indivíduos. Assim como muitas dessas "leis" ou "princípios", seu valor não está em oferecer um código rígido ou uma doutrina de atuação para designers, mas sim em oferecer uma racionalização ou explicação – uma ferramenta e um guia para o entendimento. A razão áurea está fortemente relacionada aos números de Fibonacci – um sistema semelhante, neste caso baseado nas relações entre números em uma sequência linear: cada número é igual à soma dos dois números anteriores; 0, 1, 1, 2, 3, 5, 8, 13, 21, 34, 55, 89 e assim por diante. Esse modelo pode ser aplicado a sistemas de grid e até mesmo à relação entre o tamanho dos tipos e as entrelinhas na composição de texto para layouts editoriais.

A composição e edição podem ser abordadas pela utilização de uma técnica conhecida como "regra dos terços". Mais uma vez, essa técnica está fortemente relacionada à razão áurea, e baseia-se na divisão de uma determinada área em terços, tanto vertical quanto horizontalmente, para criar uma estrutura de grid formada por nove retângulos e quatro interseções. Esse conhecimento pode ser útil na construção de um layout.

Ideias materiais

O entendimento da relação entre os materiais empregados em um design e a mensagem que é "transmitida" é um fator significativo que pode ser explicado pela teoria das *affordances* (ver páginas 182-183). Essa teoria está relacionada às propriedades físicas empregadas em um design – sua "materialidade". Por exemplo, a formatação e a capa de um livro criam um efeito ou resposta emocional no usuário, seja pela escolha dos materiais empregados, pela forma ou escala do livro ou pelo uso de ilustrações ou fotografias. Embora a fotografia ou reprodução, por si só, não possibilite *affordance* alguma, ela desencadeia uma associação com a *affordance* do objeto na mente do espectador.

Sistemas gerativos
Sistemas gerativos são empregados pelo designer no processo de criação de forma. A expressão, extraída de disciplinas tangenciais ao design, como arquitetura e engenharia, abrange atividades de design que exercem influência direta sobre a forma do que é produzido.

O estudo ou uso de sistemas gerativos como parte de uma metodologia funcional de pesquisa em design envolve um entendimento da relação explícita entre os aspectos sistemáticos de um projeto (o processo, as considerações e os processos de tomada de decisão) e a forma visual final ou o produto (suas propriedades, composição e desempenho).

01 Princípios da Gestalt >>
A organização de um todo que é mais do que a soma de suas partes. A implicação de sentido comunicada por meio do uso de parte de uma imagem ou objeto, e não do todo.

Semelhança

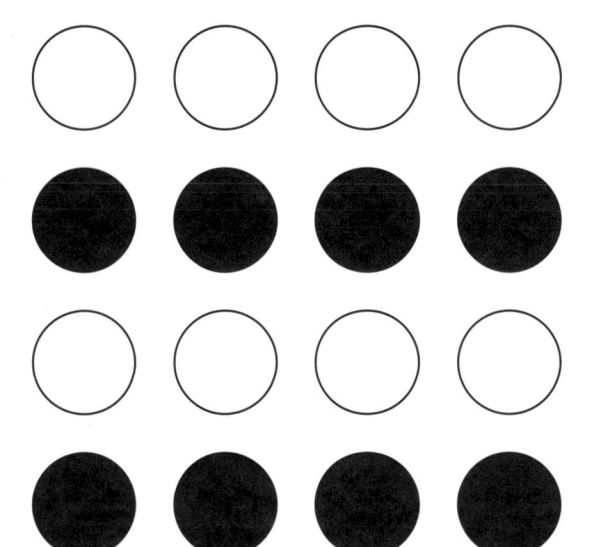

Continuidade

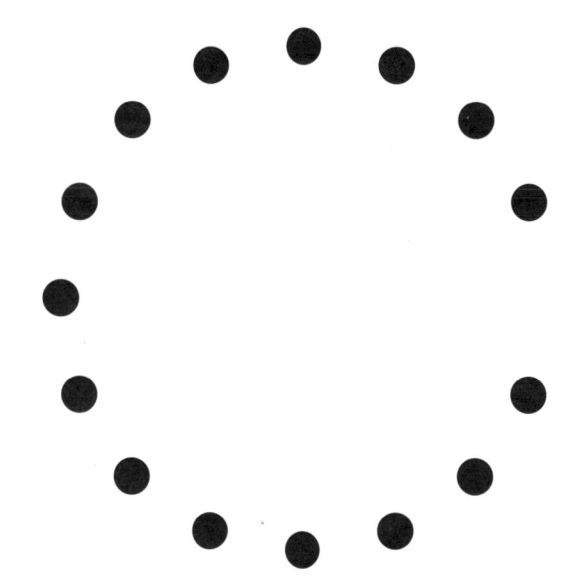

Fechamento

Proximidade

Semelhança
Este princípio declara que objetos que compartilham características visuais semelhantes (forma, tamanho, cor, e assim por diante) criam uma conexão na mente do espectador, sugerindo que os objetos são relacionados ou que se agrupam naturalmente. No diagrama acima, linhas horizontais de mesma forma e tamanho parecem agrupadas porque são apresentadas alternadamente como sólidos ou contornos.

Fechamento
Neste exemplo, é criado na mente o efeito de um quadrado branco flutuando sobre quatro círculos sólidos, embora não haja quadrado algum. O princípio do fechamento estipula que, quando os elementos são alinhados de modo a percebermos que as informações estão conectadas, tendemos a ver figuras completas, mesmo quando parte da informação estiver faltando.

Continuidade
O princípio da Gestalt em ação aqui é de que o fechamento ocorre quando um objeto está incompleto ou quando um espaço não está inteiramente delimitado. Desde que uma porção suficiente da forma esteja indicada, percebemos o objeto como um todo, preenchendo as informações ausentes para completar o círculo.

Proximidade
A proximidade ocorre quando objetos ou elementos são posicionados perto uns dos outros. Tendemos a percebê-los como um grupo ou como um todo unificado. No exemplo acima, as linhas verticais formadas por círculos que estão mais próximas parecem mais relacionadas uma com a outra ou são compreendidas como uma unidade, separadas da linha de círculos à esquerda.

Alfabetização visual na prática de design

Sentido visual

Outras áreas importantes da alfabetização em design envolvem a questão de como a cor é utilizada dentro de uma composição geral. Embora a seleção inteligente de paletas de cores e de combinações de cores possa ser empregada para criar um design esteticamente agradável para o espectador, ela também pode funcionar para enfatizar hierarquias, estruturas e relações. Essas utilizações de cor estão diretamente relacionadas à composição formal dentro do design gráfico, mas há também uma questão mais complexa que requer outra forma de alfabetização visual por parte do designer. Essa questão diz respeito ao campo da associação cultural e à forma como as mensagens são codificadas e decodificadas por públicos específicos dependendo de aspectos como formação, educação e idade, por exemplo.

      Em muitas partes do mundo, a utilização de cor indica um sentido, quando associada à forma. Os sistemas de sinalização de trânsito nas estradas são um bom exemplo disso. No Reino Unido, uma placa de trânsito com a borda vermelha e forma triangular é entendida como um alerta. Embora isso tenha algumas bases em nossa resposta natural inata a cores como o vermelho – que eleva a pressão sanguínea e a frequência respiratória – nossas reações a essa cor naquele contexto específico baseiam-se em noções culturais preconcebidas. O reconhecimento da forma triangular da placa de trânsito pode ser considerado um comportamento aprendido. A forma implica em uma reação moldada pela experiência e pela convenção social; há um consenso de que ela representa um alerta e consiste em uma instrução implícita que somos condicionados a observar e à qual somos condicionados a reagir.

      Isso possui conotações mais amplas para o designer que está diante da tarefa de criar uma comunicação visual que seja atraente e

---

Texto

O uso da palavra "texto" refere-se a mais do que a palavra impressa em uma página de um livro. Ela abrange também uma variedade de outras atividades e itens relacionados à produção cultural, como, por exemplo, a vasta gama de formas de comunicação visuais e sonoras. Isso incluiria, por exemplo, um filme, uma luta de MMA na televisão ou um edifício – qualquer coisa que contenha sentido e que possa ser "lida" por um público.

No fim dos anos 1960 e início dos 1970, o filósofo francês Roland Barthes começou a contestar a ideia vigente de que o autor de um livro podia ser considerado como a influência central e controladora sobre o significado de um texto.

Em seus ensaios "A Morte do Autor" e "Da Obra ao Texto", Barthes argumenta que, embora seja possível rastrear a influência do autor em um texto, o texto em si permanece "aberto", incentivando a ideia de que o significado é atribuído a um objeto – especificamente um objeto cultural – por seu público-alvo. Dessa forma, o sentido não reside intrinsecamente no objeto em si, e não pode ser reduzido a uma intenção autoral.

Barthes relacionou "a morte do autor" com o "nascimento do leitor", alegando que "a unidade de um texto não está em sua origem, mas no seu destino".

discernível, mas que, para ser eficaz, precisa também construir mensagens que possam ser amplamente compreendidas. Isso depende da empatia de cada designer, bem como de seu conhecimento acerca do público com quem pretende se comunicar. Saber como os componentes individuais que formam uma mensagem criada por meio do design serão entendidos ou especificamente interpretados é crucial para garantir que o sentido pretendido seja, de fato, comunicado.

À medida que as tecnologias permitem que nos tornemos mais e mais interconectados, a maneira como nos comunicamos tem um contexto cada vez mais global. Isso cria a exigência adicional de que o comunicador visual compreenda o sentido de muitos dos elementos menores de um projeto. Forma e cor, por exemplo, e como elas são entendidas, não são baseadas em convenções universais e estão abertas à interpretação. O estudo dessa questão é conhecido como semiótica (ver páginas 92-93) e está relacionado também a áreas como imagem e texto. A semiótica, ou semiologia, pode ser compreendida como a ciência dos signos e de como eles operam no mundo. Pode ser entendida também em termos de conotação e denotação: a relação entre o sentido literal ou primário de algo e seu sentido interpretado ou secundário (ver páginas 46-47).

Seria fácil pensar em alfabetização visual em design como algo que diz respeito apenas aos aspectos formais da composição, mas para que um design funcione de maneira eficaz, um conjunto mais amplo de aspectos culturais deve ser compreendido para garantir que os processos de interpretação e denotação estejam igualmente integrados a uma abordagem geral à comunicação visual. Esses entendimentos formam as bases a partir das quais é possível criar um projeto eficaz.

Não é possível solucionar problemas sociais complexos simplesmente fazendo coisas; as coisas precisam ser bem feitas. Isso requer esforço, inteligência, sensibilidade cultural e ética, recursos e apoio institucional. A resposta de design a um problema social não pode ser concebida como a produção de alguns cartazes e panfletos que digam às pessoas o que fazer e o que não fazer.

Jorge Frascara
User-Centred Graphic Design: Mass Communications and Social Change (1997)

Estudo de caso 01: Gramática visual

Os três estudos de caso a seguir mostram como designers abordaram o campo da gramática visual em seus próprios projetos. Charlotte Knibbs explora a forma do quadrado em duas e três dimensões. Seu trabalho (páginas 33–35) brinca com o movimento do quadrado por meio de planos e ângulos em duas dimensões para criar movimento e tensão através do que poderíamos chamar de ilusão de ótica. Essa série de experimentos é repetida em três dimensões utilizando fotografia para recriar seus experimentos anteriores; iluminação, perspectiva e ângulo ou aspecto da visão são empregados para criar efeitos óticos e comunicar-se com o espectador.

O trabalho de Niall O'Shea (páginas 36–39) começou com uma investigação do círculo e do ponto e foi crescendo progressivamente até englobar uma exploração da reprodução fotomecânica e, em particular, do processo de reticulação. Esse exaustivo estudo envolveu uma vasta gama de mudanças sutis e graduais na escala e na disposição de elementos-chave, como o ponto e a linha, para criar imagens mais ou menos detalhadas e para gerar padrões.

Há uma forte ligação entre esses dois projetos e o trabalho de Edouard Pecher (ver páginas 40-45), que lida com gramática visual e sistemas gerativos e, especificamente, com a criação de um sistema de oposições visuais. Essas explorações lidam com uma investigação detalhada de como a forma está relacionada aos aspectos fundamentais da comunicação, como significado e percepção. A capacidade de entender e controlar esses fatores fundamentais é essencial para o design de uma comunicação visual eficaz. Esses projetos também são ligados pelo processo e por um foco na natureza iterativa da pesquisa em design: o teste lento e metódico de uma ideia e a identificação das oportunidades potenciais que surgem a partir dessa pesquisa.

Charlotte Knibbs:
Quadrado planar

Charlotte Knibbs inicialmente embarcou em uma exploração do quadrado, começando com algumas experiências visuais variadas para testar tudo o que sabia sobre a forma, sua geometria e sua aparência. Ela começou alterando as dimensões do quadrado como um quadrilátero simples, seus ângulos e lados, e criou uma auditoria visual extensiva das mudanças que observou durante os experimentos. A mais notável dessas imagens gráficas mostra como, quando aparentemente distorcida e retorcida, a forma do quadrado pode ser usada para criar muitas outras formas e ilusões de ótica variadas, em particular a impressão de uma forma bidimensional girando e movendo-se sequencialmente em relação a um plano sugerido (página ao lado).

Na sequência desses experimentos com a alteração de imagens bidimensionais planas do quadrado por meio da distorção da forma original – criando losangos e paralelogramos –, Knibbs decidiu expandir o experimento para o espaço tridimensional, mapeando as alterações feitas sobre um quadrado "fixo" a partir da observação em perspectiva. Ela criou uma série de exercícios fotográficos que buscavam reproduzir as mesmas formas distorcidas de seus planos geométricos bidimensionais, variando o ângulo e a distância entre a lente (o espectador) e o objeto quadrado afixado em uma parede.

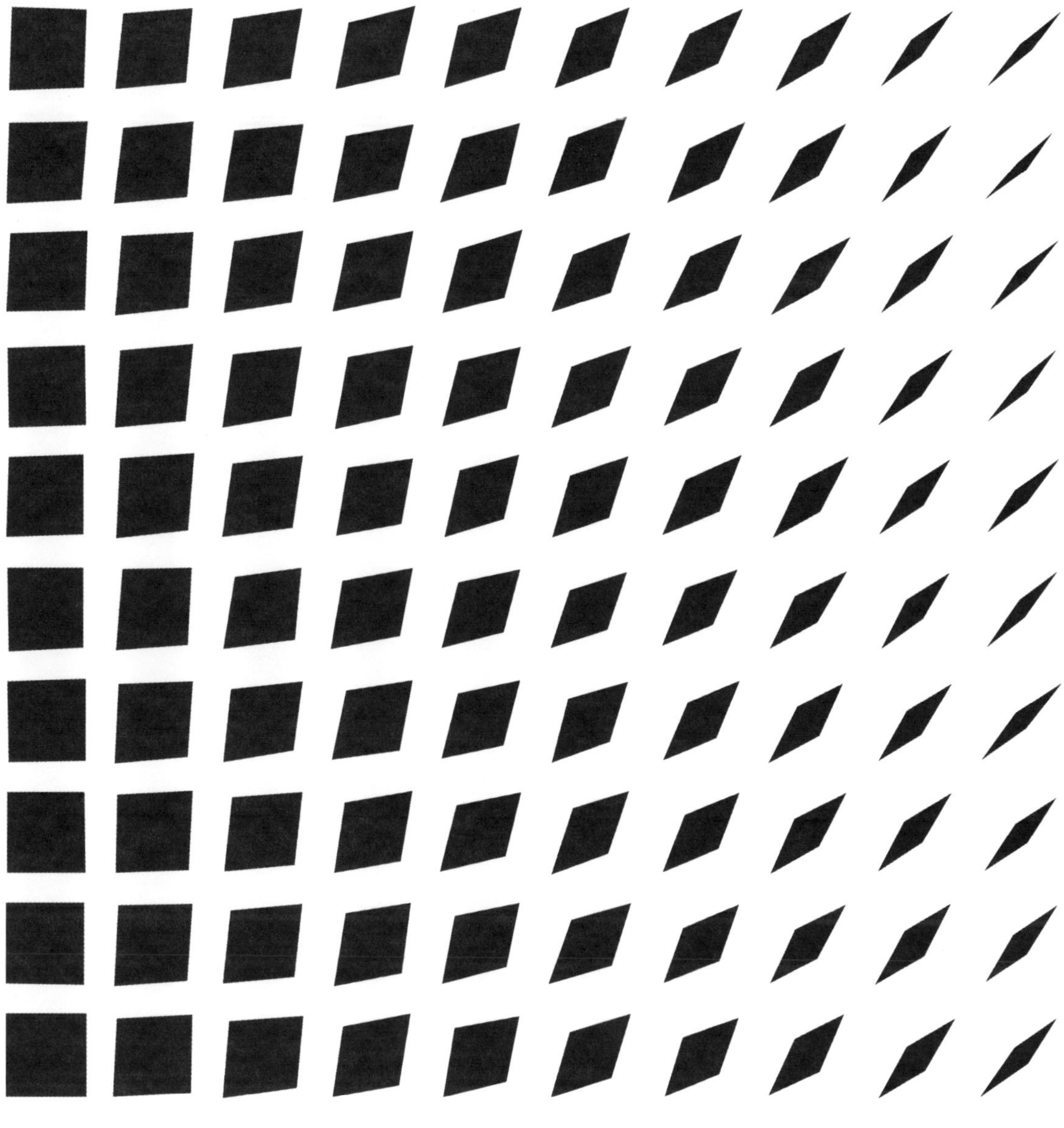

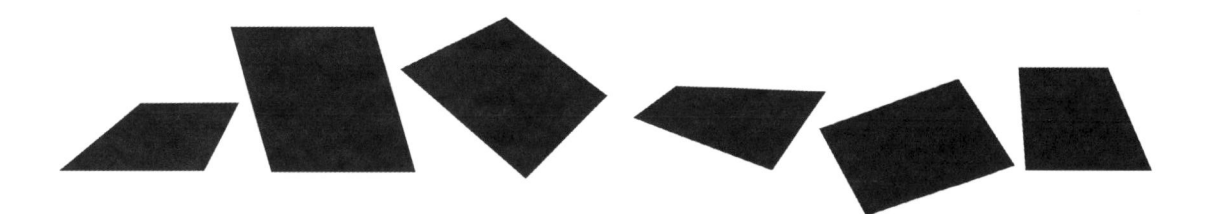

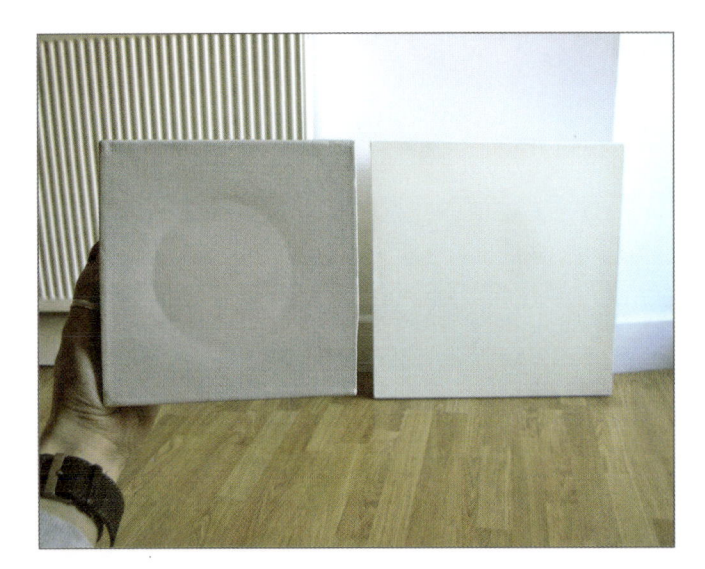

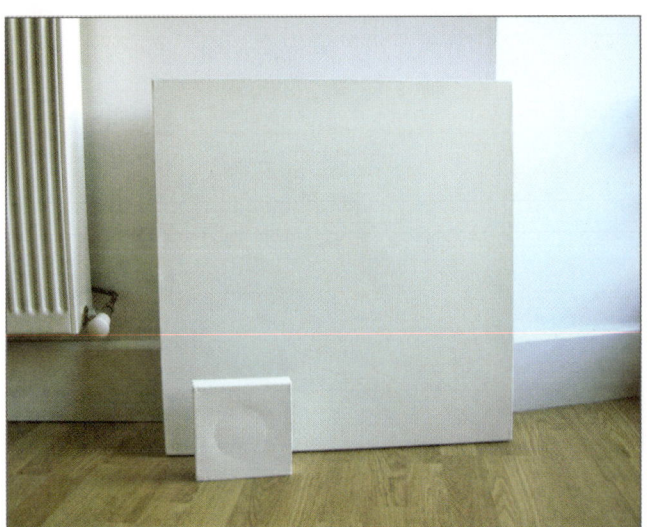

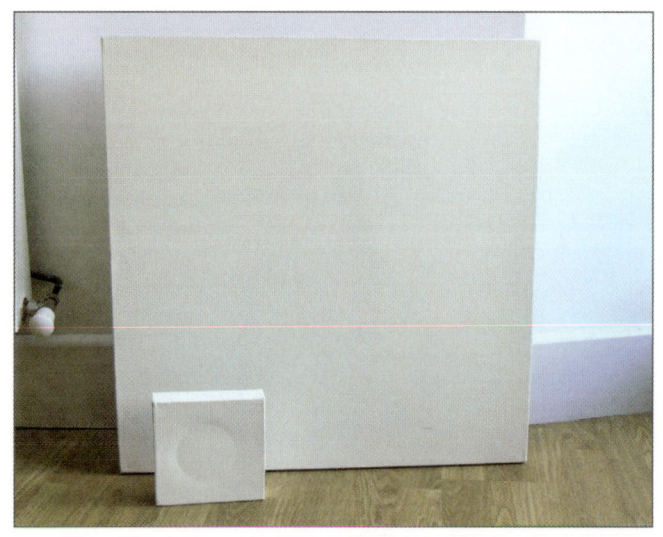

Profundidade e perspectiva

Depois de seus experimentos com quadrados em 2D e 3D, Knibbs passou para uma forma quadrada tridimensional, o cubo. Trabalhando com um grupo de colegas estudantes de design, ela começou a fazer investigações simples a partir da forma do cubo e sua relação com a luz e com a perspectiva. Eles observaram que uma luz incidindo sobre o quadrado a 90° sempre formaria sombras longas e retangulares que se estendiam pela superfície sobre a qual o quadrado era posicionado. Quaisquer mudanças no ângulo da luz, do objeto ou do espectador alteravam completamente a sombra criada (página ao lado).

Depois disso, Knibbs experimentou com profundidade de campo e diminuição – um termo que simplesmente descreve como formas ou objetos mais distantes parecem menores em comparação às formas ou objetos mais próximos ao espectador. Ela criou duas telas quadradas de tamanhos completamente diferentes e posicionou-as em paralelo, mas não no mesmo plano. Uma vez que o quadrado maior foi posicionado a uma distância maior, ele parece ter o mesmo tamanho do quadrado menor (no alto, à esquerda), ou uma escala relativa em diversos graus em relação ao quadrado menor (no alto, à direita e acima).

Embora esses experimentos sejam extremamente simples, cada um deles serviu de base para que Knibbs prosseguisse no desenvolvimento do projeto. Sua resolução final empregou uma variedade de técnicas práticas desenvolvidas durante essa fase de seu processo de pesquisa para construir uma instalação tipográfica tridimensional que só podia ser lida a partir de uma única perspectiva.

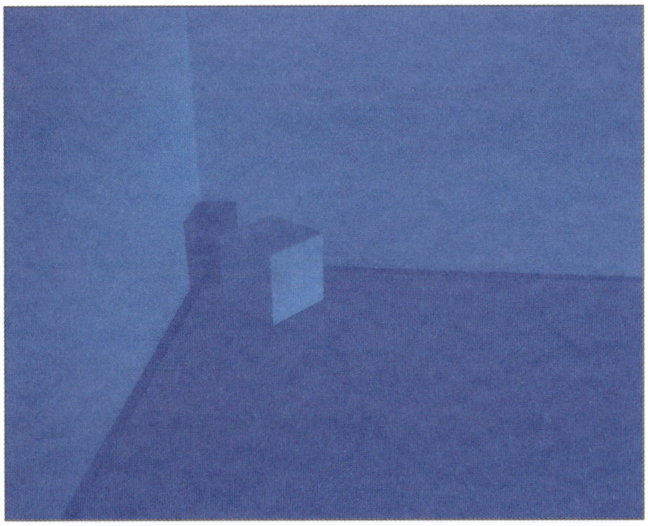
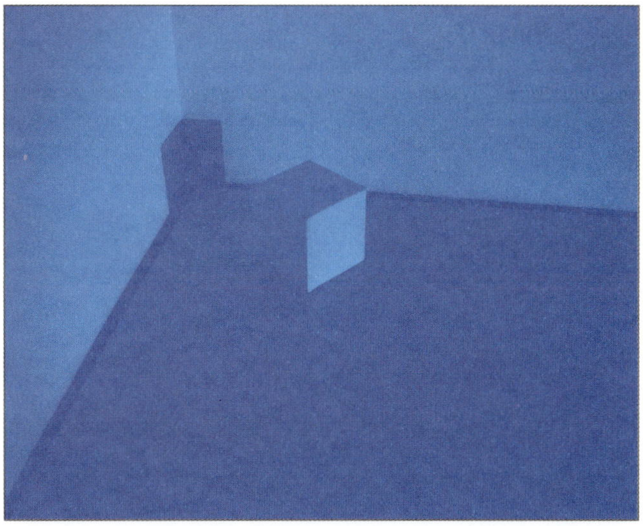
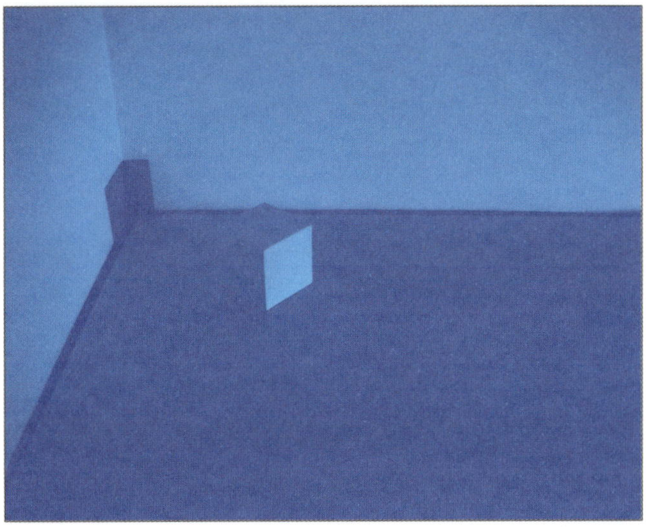
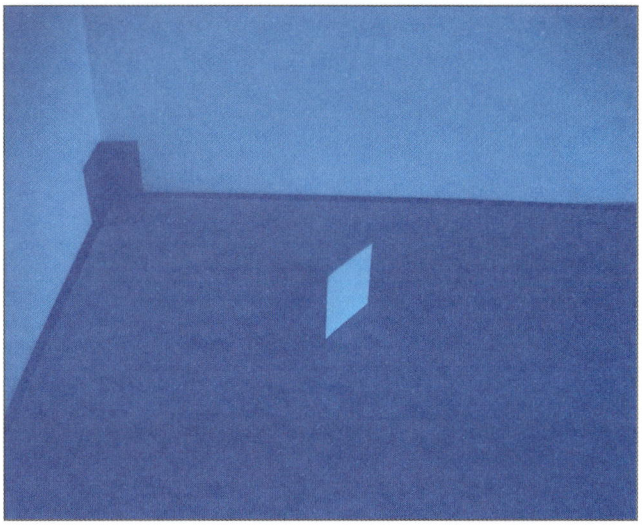
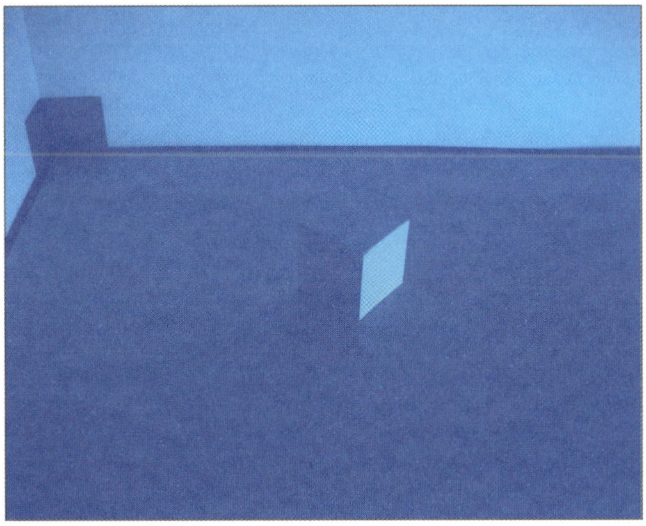
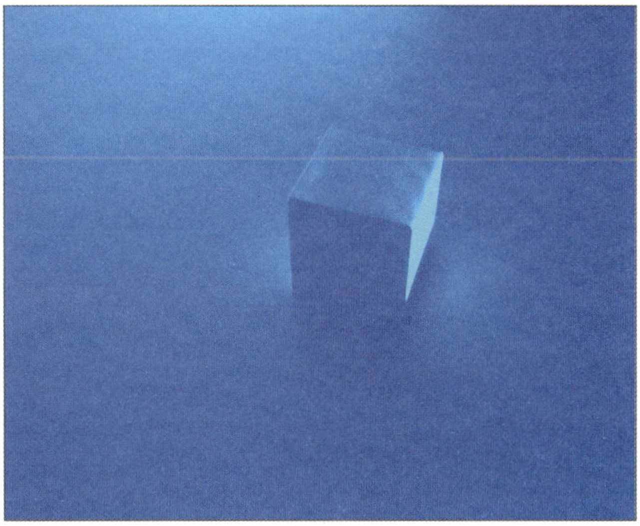

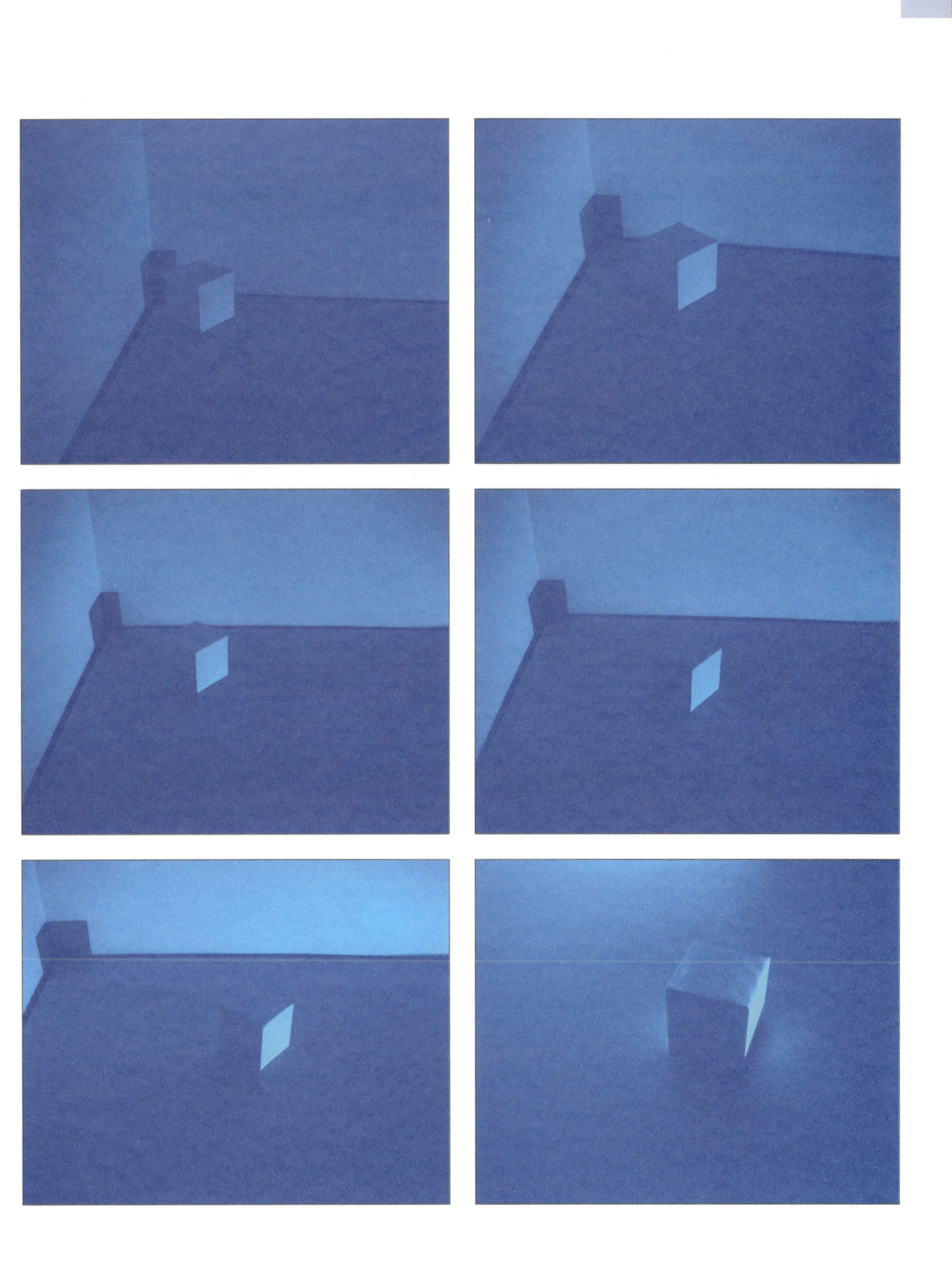

2. Alfabetização em design

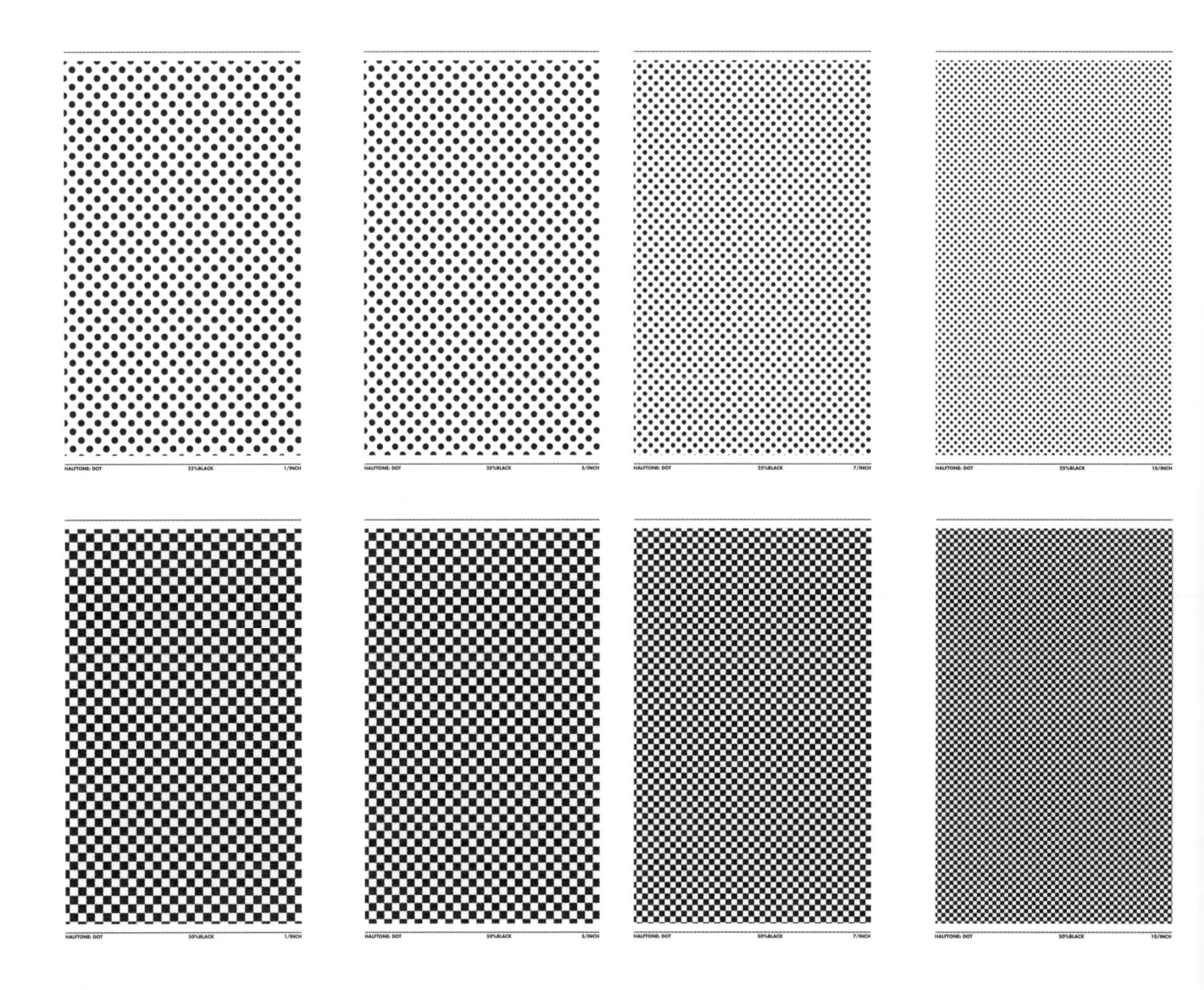

Niall O'Shea: Reticulação

O termo reticulação é usado para descrever uma técnica de impressão reprográfica que geralmente produz uma simulação de imagens de tom contínuo por meio do uso de pontos ou linhas que variam em tamanho ou espaçamento. Embora as imagens de tom contínuo possam conter uma gama infinita de cores ou tons de cinza, o processo de reticulação reduz as reproduções visuais a uma imagem binária que é impressa com uma única cor de tinta, em termos de imagens em preto e branco, ou quatro cores de processo, para visualização "em cores". Essa reprodução binária se vale de uma ilusão de ótica básica – o fato de que essas pequenas variações de tom são sutilmente mescladas pelo olho humano para formar gradientes e cores.

O'Shea inicialmente se propôs a explorar a forma básica e o contexto do círculo, antes de passar a explorar o conceito do ponto e, por fim, os padrões visuais criados na produção de imagens reticuladas. Parte de seu processo de trabalho envolveu a documentação exaustiva de uma variedade de padrões e telas de reticulação que foram criadas para reproduzir imagens em diferentes níveis de detalhamento e resolução (acima e na página ao lado).

Essas telas eram tradicionalmente usadas como películas sobrepostas a imagens de tom contínuo (como ilustrações ou fotos em alta resolução) na produção de chapas de impressão. As variações de padrão incluem pontos redondos e quadrados e linhas de diferentes tamanhos e espessuras.

HALFTONE: LINE	25% BLACK	1/INCH
HALFTONE: LINE	25% BLACK	5/INCH
HALFTONE: LINE	25% BLACK	7/INCH
HALFTONE: LINE	25% BLACK	10/INCH

HALFTONE: LINE	50% BLACK	1/INCH
HALFTONE: LINE	50% BLACK	5/INCH
HALFTONE: LINE	50% BLACK	7/INCH
HALFTONE: LINE	50% BLACK	10/INCH

HALFTONE: LINE	75% BLACK	7/INCH
HALFTONE: LINE	75% BLACK	10/INCH
HALFTONE: LINE	75% BLACK	15/INCH
HALFTONE: LINE	75% BLACK	20/INCH

2. Alfabetização em design

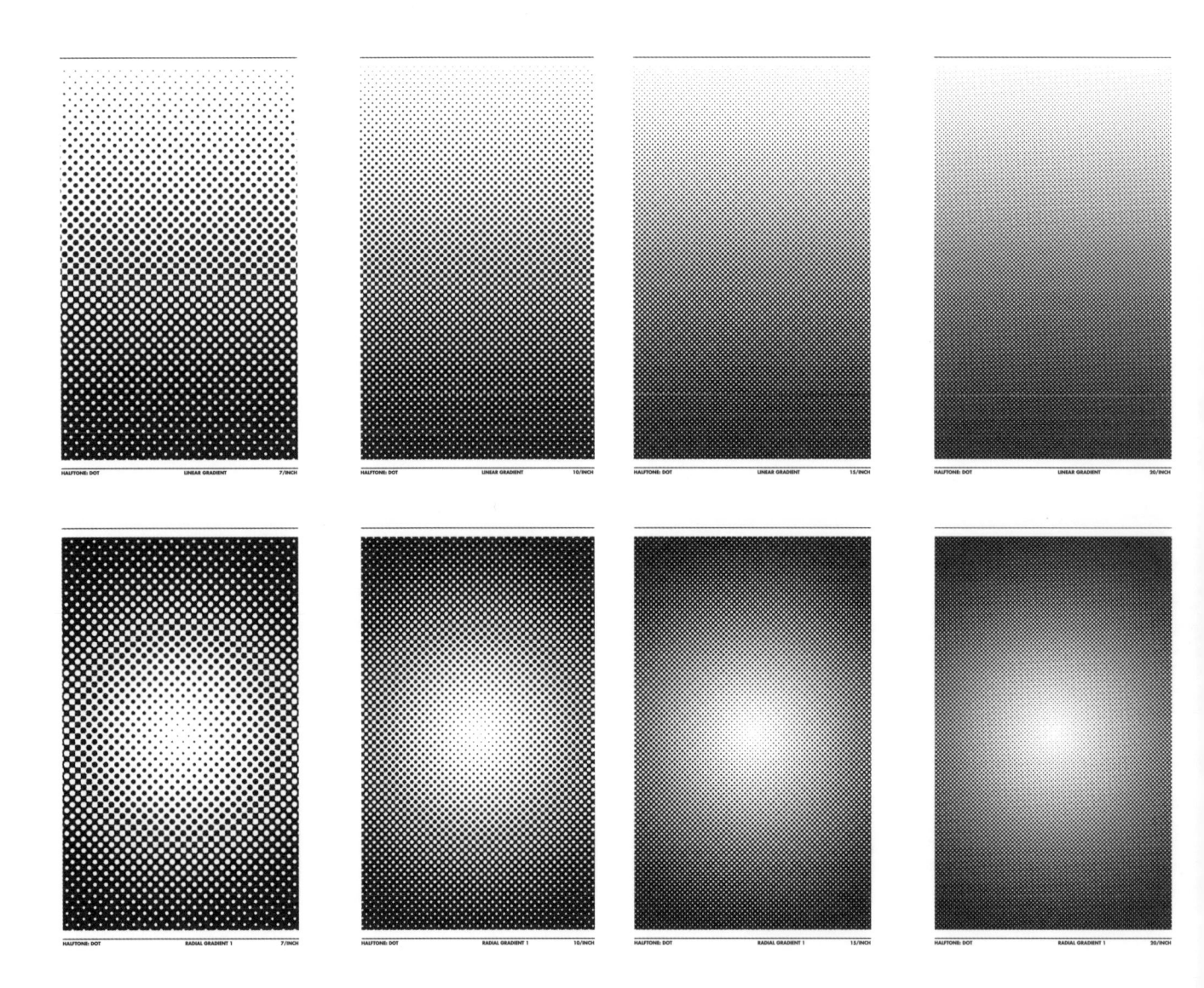

Imagens contrastantes

Os processos de impressão digital vêm gradualmente substituindo a reticulação fotográfica desde o fim dos anos 1970, e esse processo vêm se desenvolvendo ainda mais rapidamente graças ao advento do *desktop publishing* e a uma abordagem mais integrada ao design gráfico, da origem ao resultado final. Inicialmente, os geradores de pontos eletrônicos foram desenvolvidos para unidades de gravação de película ligadas a scanners de tambor de cor; mais recentemente, a impressão digital diretamente para a chapa tem utilizado padrões estocásticos com base em pontos mais dispersos e em pontos e linhas menos regulares para produzir uma impressão de resolução mais alta, com imagens mais naturais.

O'Shea continuou a aplicar sua análise de padrões de reticulação à variação de tamanhos de pontos e espessura de linha para reproduzir uma variedade de gradientes e efeitos especiais (acima) e imagens (página ao lado, no alto). As variações de pontos e linhas claramente demonstram as formas em que é possível revelar um grau de detalhamento maior ou menor, embora isso deva ser equalizado em relação à prensa de impressão e ao papel utilizado, em termos de sua capacidade de "segurar" os pontos pequenos de forma limpa e clara.

Por fim, O'Shea aplicou o mesmo processo à tipografia (página ao lado, abaixo). Essa não é normalmente uma área sujeita ao processo de reticulação, uma vez que os tipos são geralmente reproduzidos em uma cor sólida, como, por exemplo, em tinta preta sobre um fundo branco.

| HALFTONE: DOT | IMAGE | 15/INCH |
| HALFTONE: DOT | IMAGE | 20/INCH |

HALFTONE: DOT	25% BLACK	7/INCH
HALFTONE: DOT	25% BLACK	10/INCH
HALFTONE: LINE	25% BLACK	7/INCH
HALFTONE: LINE	25% BLACK	10/INCH

2. Alfabetização em design

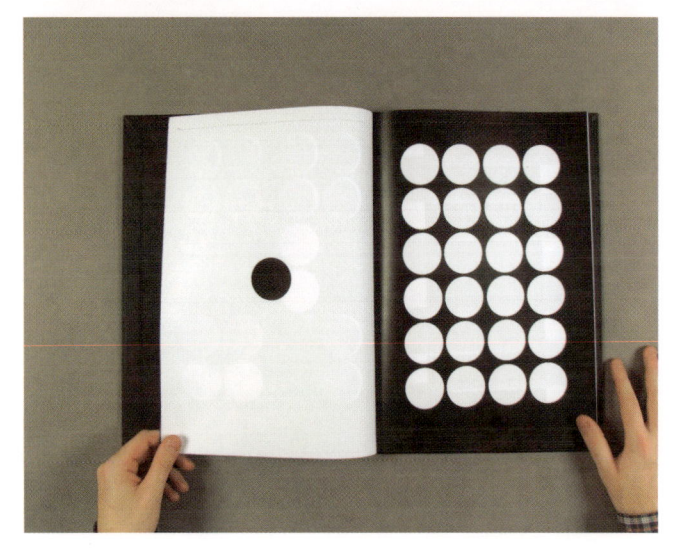

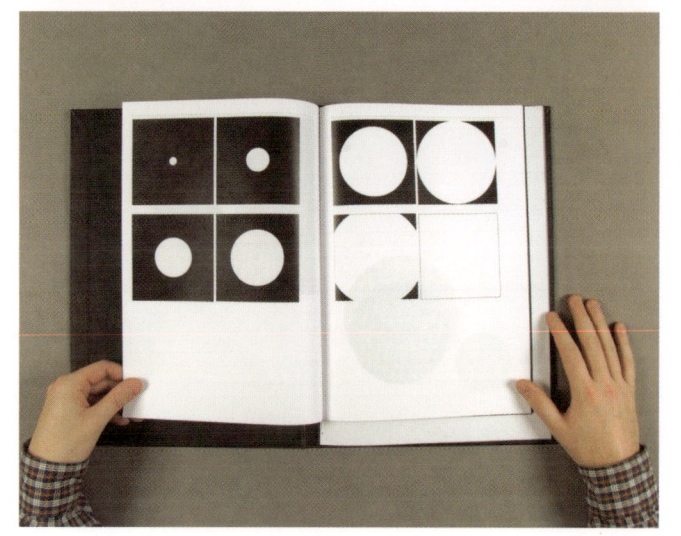

Edouard Pecher: Um sistema de oposições

Nessas imagens extraídas de seu projeto de pesquisa inicial, Edouard Pecher explora a relação entre formas fundamentais, como círculos, quadrados e triângulos. Especificamente, sua investigação é construída a partir de como essas formas podem funcionar em oposição uma à outra para estabelecer contraste e criar sentido. Utilizando elementos básicos como o ponto e a linha, o projeto explora como criar direção, movimento, tom, textura e escala. Boa parte dos trabalhos retratados aqui foi realizada para construir um entendimento de gramática visual e para descobrir como ela pode servir de base para uma abordagem geral ao design gráfico.

A aceitação de que a maior parte da comunicação visual é baseada nos mesmos módulos dessas formas visuais e suas relações entre si não é uma maneira única e formal de pensar sobre o design; trata-se muito mais de uma abordagem baseada no entendimento da conexão entre o visual e o conceitual.

Esses princípios subjacentes de forma e design têm como base ideias fundamentais como a teoria da Gestalt (ver páginas 28–29) e os escritos de Dondis A. Dondis, Rudolf Arnheim, Wucius Wong, Christian Leborg e Gyorgy Kepes. Os elementos visuais empregados são descritos por Pecher como um "kit de peças" – os elementos de uma linguagem visual pessoal pela qual ele pode começar a construir sentido para o espectador. Esse processo de construção de uma linguagem visual idiossincrática passou a focar-se no desenvolvimento do que Pecher chamou de "um sistema de oposições". Isso subsequentemente levou a um projeto secundário e mais aplicado que pode ser visto nas páginas 42-45.

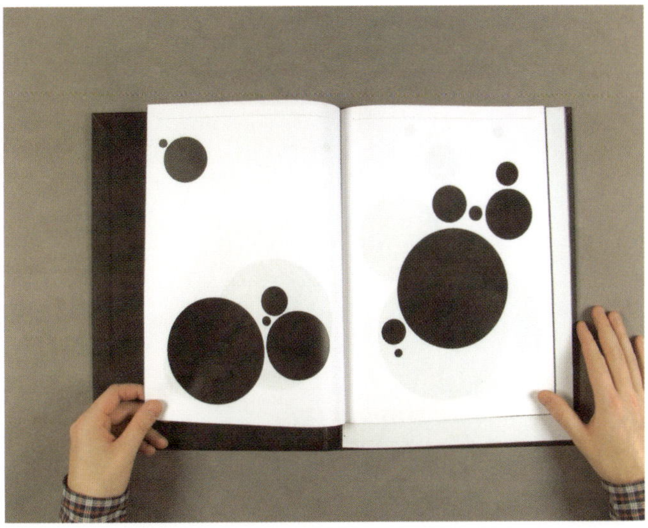
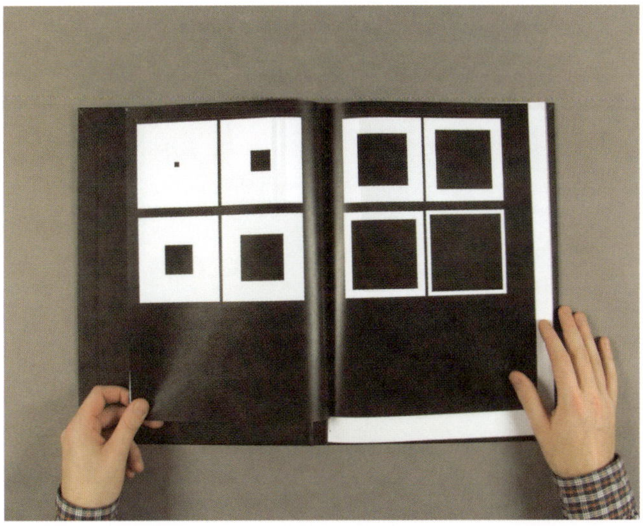
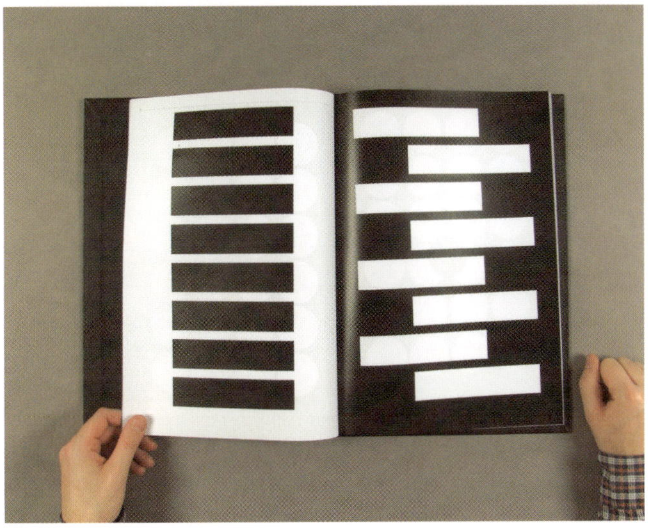
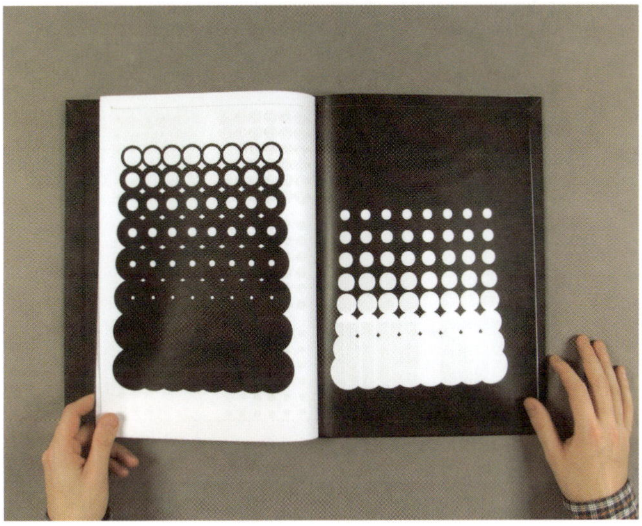
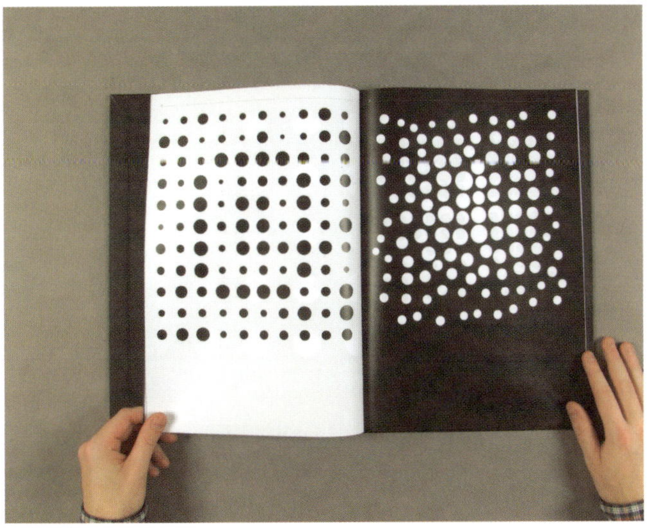
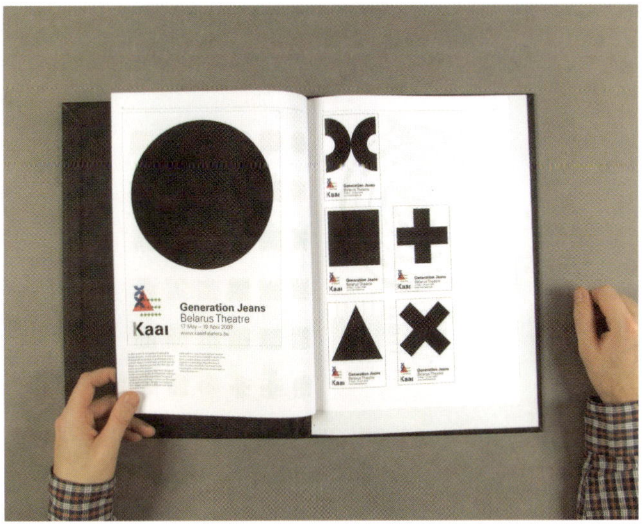
Generation Jeans
Belarus Theatre
Kaai

2. Alfabetização em design

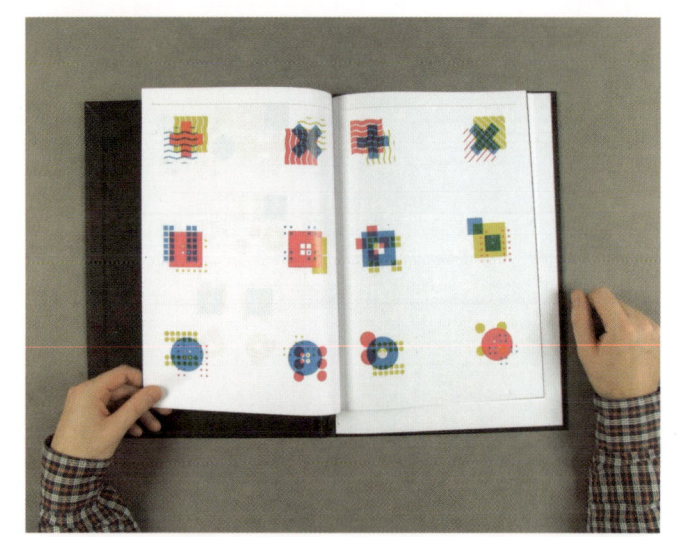

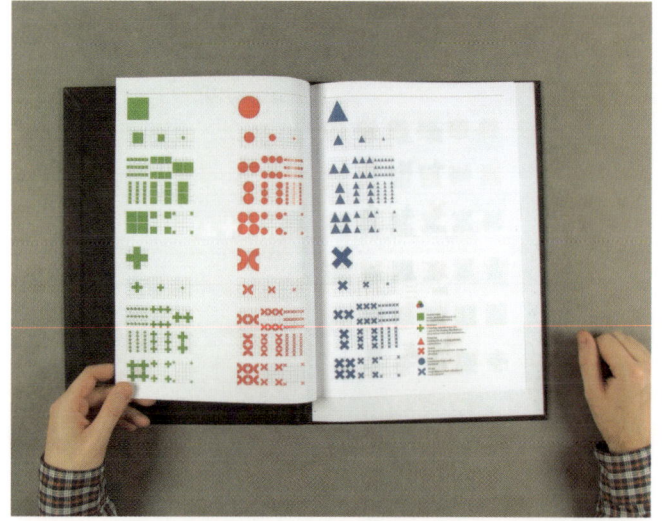

How to generate a logo # 2
A Selecting the units
B Placing the units
C Type & Symbol
Kaai

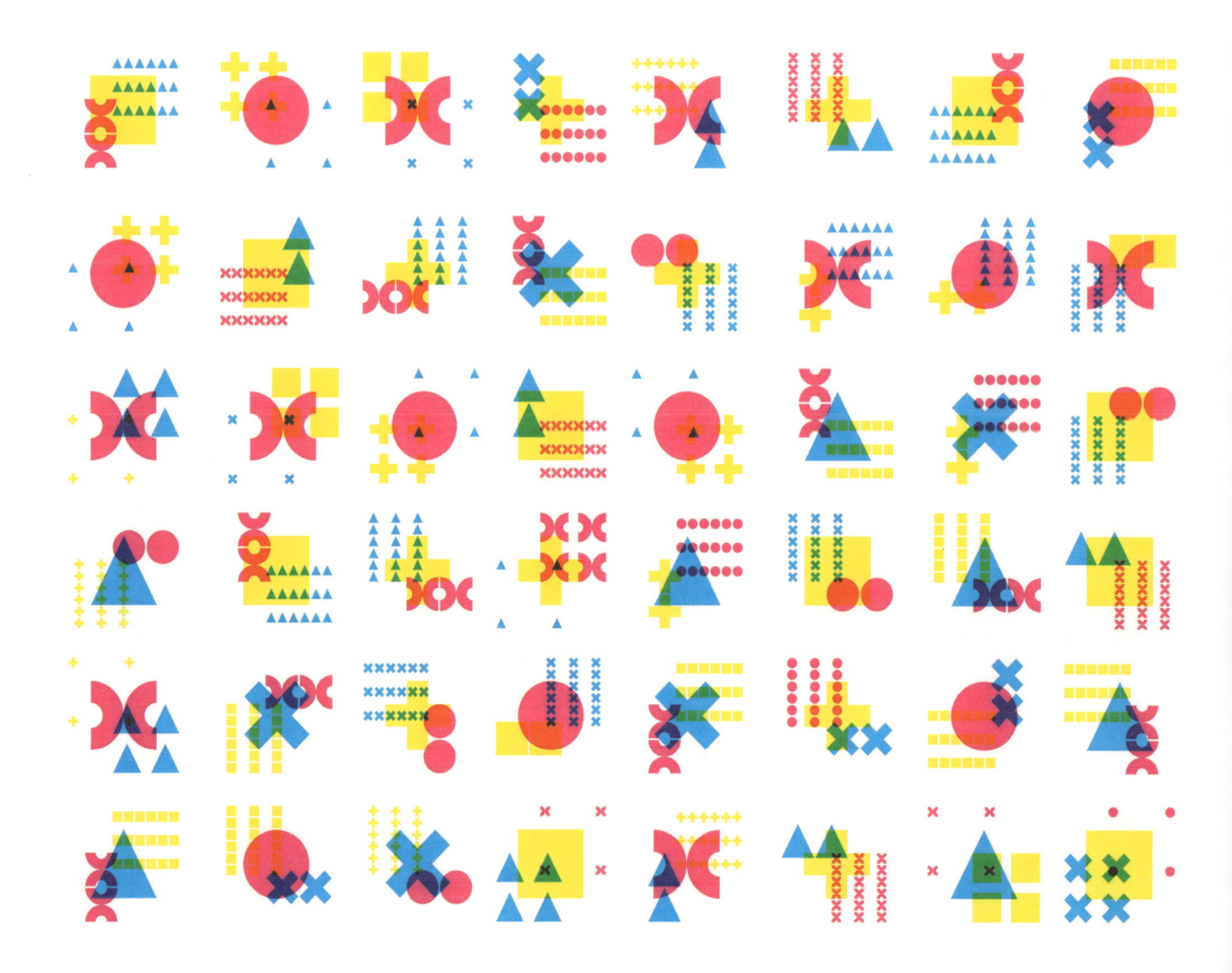

O sistema se mantém

Este projeto de branding é construído a partir do trabalho anterior e da noção de oposições visuais para criar um sistema gerativo para a identidade gráfica de um teatro na Bélgica. A geratividade, nesse contexto, é baseada em um algoritmo ou fórmula que Pecher criou para produzir um grande número de permutas e relações entre as formas e cores. Essas regras permitem que ele crie uma identidade que, ao contrário de um logotipo tradicional, não é fixa, para utilização em uma variedade de aplicações impressas e eletrônicas. O sistema depende das "regras" criadas por Pecher para criar uma identidade que define a si própria. Há também uma relação fundamental entre o sistema e o teatro: o teatro fica em uma cidade e país onde duas línguas são faladas e, além disso, está situado em dois locais que formam um eixo norte/sul um em relação ao outro.

Para criar o sistema, Pecher criou regras definidoras baseadas em elementos contrastantes de quadrados, triângulos e círculos, cores e linhas. Esses elementos são organizados dentro de uma forma geral quadrada. Usando essa paleta delineada, ele consegue criar um sistema visual com uma vasta gama de combinações e permutas, além de desenvolver uma atmosfera homogênea e consistente para a identidade.

O resultado final do projeto não é uma infinidade de variações criadas pelo próprio designer. Em vez disso, Pecher optou por focar-se em como o próprio sistema poderia se tornar a base da identidade e como poderia comunicar o design do sistema para outros designers, que poderiam, por sua vez, aplicar as regras que ele havia criado na hora de trabalhar no projeto para o teatro.

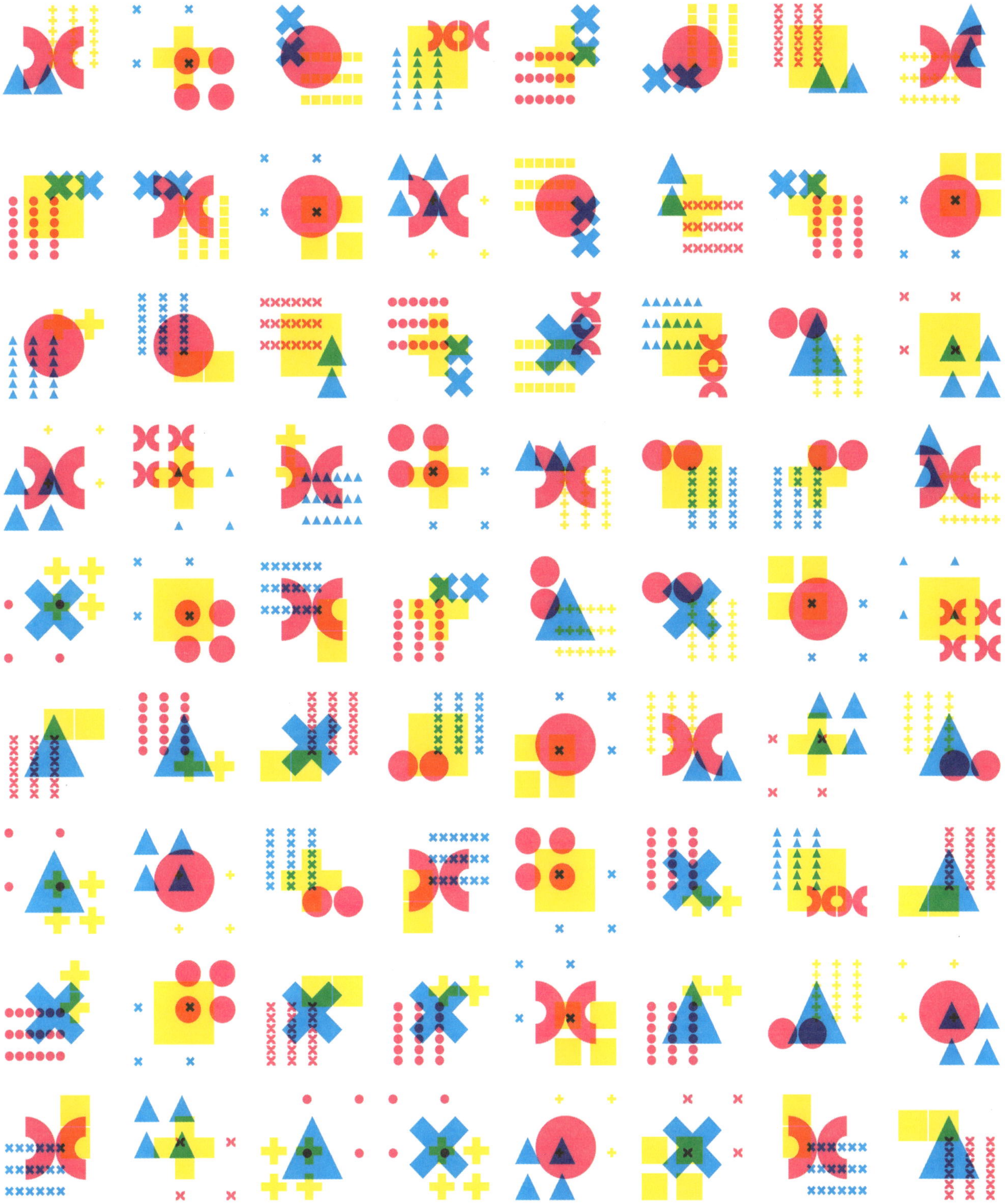

Conceitos fundamentais: Conotação e denotação

O termo **denotação** é utilizado para descrever o sentido primário e literal de uma imagem ou peça de comunicação, geralmente em relação a um público-alvo ou grupo de leitores específico. Assim como um nome ou substantivo, ele descreve o que um objeto é, em vez daquilo que ele significa. Esse aspecto de ler (decodificar) e escrever ou fazer (codificar) sentido em uma mensagem é fundamental para todas as formas de comunicação.

Os designers gráficos devem estar cientes dos usos de signos e símbolos visuais específicos, e de seus significados comuns, em um grupo-alvo. Isso é especialmente verdadeiro para campos como o do design de informação e outras áreas do design gráfico que buscam atingir um público mais amplo e, portanto, dependem fortemente da denotação de significados específicos em formas visuais para tornar clara a mensagem pretendida. O contexto dentro do qual a mensagem será lida é crucial aqui, assim como as qualidades materiais específicas da forma visual em si: por exemplo, a mensagem pode ser escrita à mão, composta com tipografia, desenhada, fotografada, impressa ou visualizada em uma tela, e cada um desses contextos afeta as maneiras como ela será interpretada.

Conotação refere-se à gama de significados secundários, sejam eles intencionais ou não, dentro de uma forma de comunicação (como, por exemplo, um texto; escrito, verbal ou visual): a gama de significados e interpretações de um objeto ou coisa, suas qualidades e impressões aos olhos do leitor. O significado da imagem e a maneira como a "lemos" não são fixados por seu criador ou autor, mas sim igualmente determinados pelo leitor. Assim, muitas vezes existe uma gama de interpretações pessoais do significados inerente a uma mensagem ao longo de um espectro de público.

Certos grupos subculturais, por exemplo, podem usar signos e pistas visuais que são adotados da cultura-mãe, mas usados para significar sentidos alternativos à sua significação denotativa primária. Um exemplo disso pode ser a apropriação dos estilos de grifes da alta moda por gangues e subculturas "de rua" – pense nas modas *hip hop*, *rap*, *punk* ou *skinhead*, que se valem do uso alternativo de significantes culturais, desde a moda esporte até o vestuário do iatismo e do golfe, passando pelos uniformes militares e de operários.

Da mesma forma, a maioria das marcas internacionais pode ser usada para significar algo diferente do seu uso original pretendido. Marcas como Nike, Starbucks, McDonald's, BP e Shell já tiveram seus logos utilizados de diversas maneiras por grupos ativistas como indicadores dos efeitos negativos do comércio global, das linhas de produção em fábricas exploradoras, dos danos ambientais e da ganância corporativa – interpretações totalmente em desacordo com os valores originais das marcas.

casa

lar

Exercícios: Alfabetização em design

Objetivo

O propósito desses três projetos de estudo relacionados é permitir que você investigue os princípios da forma e sua função (ou funções) na comunicação visual.

Dentro de cada um dos projetos há uma ênfase na exploração dos métodos de pesquisa fundamentais. O intuito é ajudar você a desenvolver criticamente sua abordagem tanto aos aspectos práticos quanto teóricos de seu trabalho.

Na investigação da linguagem visual, você terá a oportunidade de reavaliar princípios fundamentais de design e de pensar sobre a relação desses princípios com conteúdo e sentido.

A intenção é oferecer uma oportunidade de reavaliar suas próprias abordagens à prática dentro de um processo que pode ser descrito como desaprendizado e reaprendizado.

Parte 1: Objeto
Este briefing pede que você explore a forma específica que escolheu dentre as três formas geométricas simples (círculo, quadrado ou triângulo), produzindo uma série de projetos em pequena escala para investigar os atributos da forma visual, incluindo:

Espaço e forma: *linha, plano, massa, vazio*
Tempo e métrica: *ritmo, ordem, movimento, sequência*
Luz e cor: *matiz, tonalidade, tom, saturação, transparência, opacidade*

Você deve tentar construir uma série de experimentos práticos relacionados que demonstrem seu entendimento sobre os fatores fundamentais da gramática visual, como: *massa, unidade, fragmentação, métrica, regularidade, irregularidade, movimento, atividade, passividade, espaço, ordem, acaso, sequência, continuidade e interrupção.*

Textos fundamentais
Batchelor, D. (2000) *Chromophobia*. London: Reaktion Books.

Brewer, E. C. & Rockwood, C. (2009) *Brewer's Dictionary of Phrase & Fable*. 18th edition. Chambers Harrap Publishers: Edinburgh.

Dondis, D. A. (1973) *A Primer of Visual Literacy*. Cambridge, MA: MIT Press.

Evamy, M. (2003) *World without Words*. London: Laurence King Publishing.

Gage, J. (1995) *Colour and Culture: Practice and Meaning from Antiquity to Abstraction*. London: Thames and Hudson.

Gage, J. (2000) *Colour and Meaning: Art, Science and Symbolism*. London: Thames and Hudson.

Kepes, G. (1944) *Language of Vision*. Chicago: Paul Theobald.

Leborg, C. (2006) *Visual Grammar*, 1st English edition. New York: Princeton Architectural Press.

Lupton, E. (1991) *The ABC's of Bauhaus: The Bauhaus and Design Theory*. New York: Herb Lubalin Center of Design and Typography, Cooper Union.

Lupton, E. & Phillips, J. C. (2008) *Graphic Design: The New Basics*. New York: Princeton Architectural Press.

Müller-Brockmann, J. (1996) *Grid Systems in Graphic Design: A Visual Communication Manual for Graphic Designers*. Zurich: Verlag Niggli AG.

Você também deve explorar a aplicação de cor em suas investigações formais, testando, por exemplo, o efeito de: *adição, subtração, complemento, contraste, tonalidade, tom, matiz e saturação.*

Experimente usar métodos que não são restritos a resultados previsíveis, explorando mídias, locações, processos, materiais, texturas e formatos que você não conhece ou nunca testou.

Suas investigações, em todas as etapas, devem ser desenvolvidas e documentadas com vistas a produzir um corpo de trabalho baseado em análise e desenvolvido de maneira sistemática e organizada.

Um aspecto importante desta parte do projeto e da próxima etapa é que você se concentre em como documentar cada experiência visual ou teste e em como eles são apresentados. O foco no processo e nos métodos que você empregar e em como irá documentá-los é uma consideração fundamental para o projeto.

Você deve se lembrar de concentrar-se na natureza e no método da sua investigação, e não nos resultados. Nesta etapa do projeto, a viagem é mais importante do que o destino final. Embora seja importante que você, como designer, desenvolva sua abordagem de produção de soluções ou respostas eficazes, este projeto está mais preocupado com as perguntas que você formula e com a forma como você as comunica.

Roberts, L. & Thrift, J. (2002)
The Designer and The Grid
Brighton: RotoVision.

Wilde, J. & R. (1991) *Visual Literacy: A Conceptual Approach to Solving Graphic Problems*. New York: Watson-Guptill.

Wong, W. (1993) *Principles of Form and Design*. New York: Wiley.

Textos complementares
Crow, D. (2010) *Visible Signs: An Introduction to Semiotics in the Visual Arts*, 2nd edition. Worthing: AVA Publishing SA.

Heller, S. & Pomeroy, K. (1997) *Design Literacy: Understanding Graphic Design*. New York: Allworth Press.

Lupton, E. & Abbott Miller, J. (1996)
Design Writing Research: Writing on Graphic Design. London: Phaidon.

Rudolph, A. (1954)
Art and Visual Perception: A Psychology of the Creative Eye.
Berkeley: University of California Press.

Exercícios: Alfabetização em design

Parte 2: Contexto
O Briefing 2 requer que você explore os contextos culturais que cercam o objeto com o qual você vem trabalhando e examine criticamente seus usos em uma representação, enquanto signo, símbolo, ícone ou metáfora. Você deve desenvolver uma série de briefings relacionados, investigando uma variedade de contextos, sentidos e valores da forma.

As perguntas que você pode formular ficam por sua conta, embora possam, por exemplo, incluir as seguintes:

• Como os significados da forma são construídos em contextos sociais e culturais – e por quê?

• Qual é a relevância da forma para outros campos, como Gestalt, matemática ou linguagem, por exemplo?

• Qual é a relação da forma com a estrutura histórica, contemporânea, linguística, semiótica, filosófica, psicológica, sociológica, política, econômica, tecnológica ou outras?

Ao gerar os conceitos de design, você deve considerar os seguintes aspectos:

• Como você pode apresentar uma perspectiva nova e crítica acerca de algo muito familiar e, no processo, desafiar os pressupostos associados a isso utilizando metodologias de design?

• Como você pode usar isso para gerar ideias inspiradas, inovadoras, imprevisíveis e comunicáveis?

Processo de trabalho
Você deve começar ambas as tarefas tentando gerar uma variedade de ideias ou proposições para suas investigações. Tente anotar em um papel o máximo possível de respostas aos briefings e de conhecimentos que você já tem.

Você não deve buscar resoluções finais até as etapas finais do projeto. Inicialmente, a tarefa é gerar uma série de respostas visuais e construir experimentos práticos que registrem suas investigações. Você tem maiores chances de produzir um trabalho inspirado, imprevisível e relevante por meio da busca de iterações alternativas, desenvolvendo e redesenvolvendo tanto as ideias quanto as formas, sem perder a perspectiva crítica.

Você também irá examinar as funções e sentidos do objeto pesquisando de que maneira eles são construídos em contextos culturais diversos. Você deve fazer uso de recursos como bibliotecas, museus e galerias, e compartilhar suas descobertas com seus colegas. Não busque suporte em fontes não fundamentadas na internet para obter suas informações.

Seus experimentos práticos, investigações contextuais e outras pesquisas devem ser diversas, mas devem também evoluir progressivamente para uma série de respostas críticas alternativas ao objeto em questão. O trabalho se beneficiará do seu investimento de tempo, energia, raciocínio, habilidade, disciplina, materiais, atenção aos detalhes e valores de produção.

Você pode usar qualquer mídia apropriada que desejar, e não deve hesitar em utilizar métodos com os quais não está familiarizado.

Parte 3: Resultados
O Briefing 3 deve ser executado quando as duas etapas anteriores houverem sido concluídas. Este briefing requer que você reveja e reavalie criticamente suas investigações anteriores a fim de concentrar-se em um único aspecto conceitual de sua pesquisa.

Você deve desenvolver esse aspecto conceitual até a etapa final – uma única peça (ou série de peças) com o intuito de comunicar-se com um público especificado. A ênfase deve recair sobre a geração de ideias e sobre a investigação de modos possíveis de comunicá-las de maneira eficaz. A intenção não é meramente ampliar o trabalho anterior, mas sim usar os Briefings 1 e 2 como ponto de partida para gerar uma gama de ideias que demonstrem que agora você desenvolveu um entendimento conceitual crítico acerca da forma.

Seu terceiro projeto final pode assumir a forma narrativa de uma história, por exemplo, e pode ser apresentado como uma animação ou como um livro tradicional, empregando palavras e imagens em conjunto.

No entanto, você pode optar por explorar a forma com a qual vem trabalhando de maneira mais aplicada: investigando a forma em relação a branding e identidade visual, por exemplo.

É importante que você decida como vai trabalhar e em que contexto seu trabalho será visualizado. Lembre-se de que, para trabalhar dessa forma com sucesso, é importante determinar as diretrizes de acordo com as quais seu projeto deve ser avaliado.

Métodos de aprendizado: cadernos de esboços e blocos de anotações
Ao longo do curso, você deve iniciar e desenvolver seu trabalho usando um caderno de esboços ou bloco de anotações e/ou pasta de pesquisa que lhe permitirá resolver seus processos conceituais.

Use seus cadernos de esboços para gerar ideias, registrar pesquisas textuais, contextuais e visuais (não importando o quão confusas sejam) e refletir sobre cada etapa do projeto. Eles são o melhor lugar para testar métodos de pesquisa visual: visualização, proposição, análise, interpretação e documentação.

3. Análise e proposição

Registro, avaliação e documentação de uma variedade de estruturas, linguagens e identidades visuais e verbais

3. Análise e proposição

Pesquisa e design

Os métodos de pesquisa podem ser definidos como modos de aproximação de problemas de design ou de investigar contextos para se trabalhar. Este capítulo é focado nas abordagens temáticas à solução de problemas e na construção de sistemas racionais e lógicos de design thinking. Aprimorando seu conhecimento sobre as convenções visuais existentes, bem como desenvolvendo e aplicando um vocabulário visual pessoal, os designers podem fazer um uso mais eficiente de suas percepções e descobertas e trabalhar de maneira prática e criativa em relação a um contexto cultural mais amplo. Os métodos sistemáticos de pesquisa incentivam os designers a desenvolverem um ponto de vista pessoal e crítico por meio do registro, da documentação e da avaliação de estruturas, linguagens e identidades visuais e verbais no ambiente mais amplo, para então aplicarem esses achados em seu próprio trabalho.

Adotar uma metodologia rigorosa que aborda os requisitos específicos do briefing e estabelece limites dentro dos quais o trabalho de investigação mais amplo será realizado pode ajudar o designer a focar o projeto e definir precisamente o problema, ou série de problemas, a ser solucionado. Decompor o projeto em um conjunto de intenções, cada qual com parâmetros definidos e um nível predeterminado de conhecimento ou experiências de formação por parte do designer, torna a tarefa mais factível e explicita os objetivos das etapas do processo. Cada uma dessas áreas será explicada em detalhes neste capítulo, mostrando o processo de desenvolvimento de uma metodologia de design estratégica relevante para o contexto do briefing. Exemplos de trabalhos que ilustram os conceitos fundamentais do campo profissional e do acadêmico foram incluídos para orientar você em cada etapa do processo.

Pesquisa
Investigação crítica ou busca ou consulta para descobrir novos fatos e informações ou para coletar e cotejar dados antigos com o objetivo de avaliar e testar hipóteses ou propostas de design. Isso abrange o estudo de um tema, empregando a análise de dados quantitativos e/ou qualitativos.

A pesquisa emprega métodos e esquemas para testar e interpretar eventos, fatos ou informações e consiste em um processo de observação, descoberta e registro. No contexto do design gráfico, a pesquisa dá suporte ao processo de design para a solução de problemas e à comunicação visual. Em alguns projetos, o componente de pesquisa de um briefing de design gráfico pode assumir uma forma singular, como, por exemplo, uma consulta ao feedback do público sobre uma proposta, ou operar simultaneamente sob diversas formas, com cada um dos corpos de pesquisa trabalhando em conjunto e em paralelo para servir de base à abordagem geral do projeto.

Nos últimos anos, o design gráfico se expandiu para acomodar uma grande variedade de abordagens e intenções. De modo significativo, para muitos designers, a pesquisa é uma atividade central e definidora de seu trabalho. Nesses casos, a pesquisa é mais do que uma atividade usada para definir soluções visuais eficientes para o briefing ou problema de design de um cliente.

Em vez disso, ela se torna um resultado em si, que serve de base para a abordagem de um designer e gera uma forma de desenvolver novas ideias e técnicas de pensar e fazer. O ato de criar pode, por si só, levar a novas descobertas e *insights* sobre o tema pesquisado.

Problema/Ideia

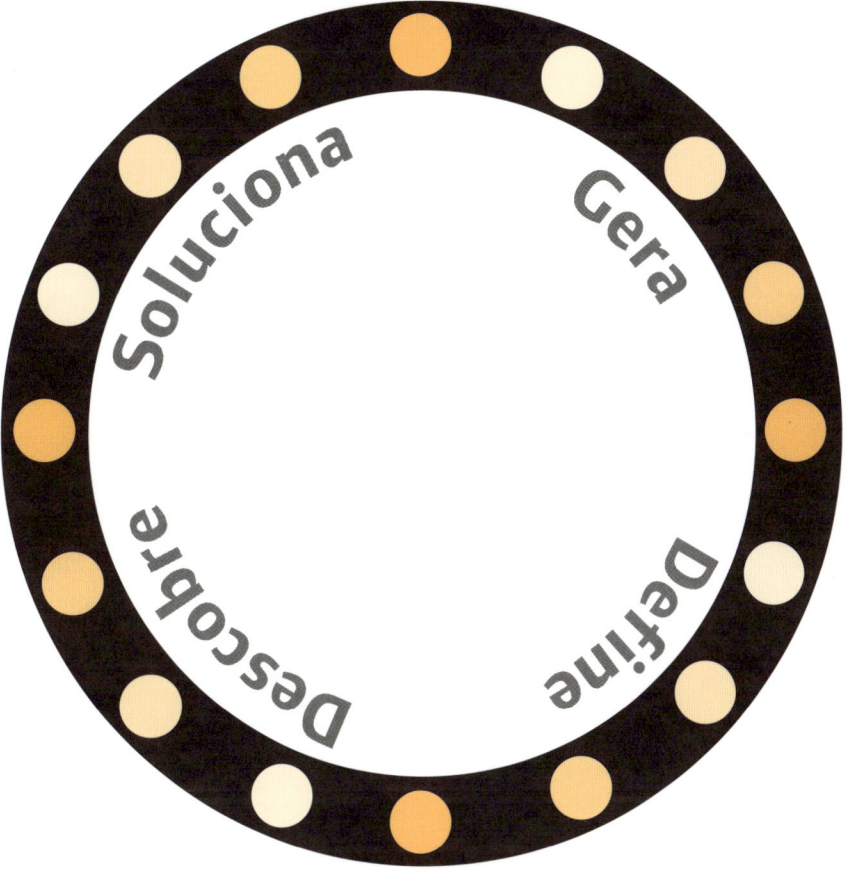

Gera

Pergunta da pesquisa

Define

Metodologia de pesquisa

Descobre

Resultado da pesquisa

Soluciona

02 O ciclo do design >>
O design é um processo iterativo. Embora grande parte do design possa estar orientada para a identificação da melhor solução para um dado problema, esse processo, por si só, levanta questões e contextos mais profundos pelos quais resultados alternativos e inovadores podem ser desenvolvidos.

Pesquisa pura
Investigação de linguagens gráficas e visuais em um sentido proposicional, em detrimento de investigações que possuem aplicação comercial predeterminada. Embora essa forma de pesquisa possa não levar a soluções práticas no "mundo real", a pesquisa pura não prescinde de uma análise meticulosa do contexto do trabalho em relação ao público em potencial e às intenções declaradas do projeto.

Os resultados da pesquisa pura são proposicionais e oferecem potenciais soluções visuais para perguntas ainda indefinidas – em alguns casos, eles definem o problema que requer uma solução.

Pesquisa aplicada
Pesquisa aplicada é a investigação de um problema prático, geralmente com a intenção subjacente de criar soluções potencialmente práticas.

Pesquisa empírica
Investigação em um campo de estudo baseada na observação direta dos fenômenos.

Pesquisa dedutiva
Pesquisa que parte da posição de uma conclusão geral e então busca dados para servir de base a ela.

Pesquisa e design

Esses exemplos também ajudam a definir cada área específica da investigação explorada e conduzida pelo designer individual.

A primeira tarefa para o designer é identificar o que deseja realizar com o projeto – uma intenção ou conjunto de intenções. Dentro da prática comercial, isso pode ser descrito no briefing como a mensagem a ser comunicada, ou como o mercado alvo com o qual uma empresa quer dialogar. Nessa instância, o trabalho realizado é uma forma de pesquisa aplicada. Alternativamente, em um contexto acadêmico o objetivo pode ser mais amplo, como, por exemplo, a proposta de um conceito ou uma ideia que o aluno deve investigar e à qual deve responder. Nesse caso, o trabalho realizado é uma forma de pesquisa pura. Em qualquer dos casos, a terminologia pode variar (ver diagrama na página 61), e as distinções entre as diferentes etapas do processo podem ser mais ou menos definidas, mas decompor a proposta em áreas de investigação separadas e estabelecer a justificativa do projeto são exercícios preliminares úteis. Qualquer briefing de design pode ser decomposto em três áreas para interrogação específica: o campo de estudo ou contexto do projeto, o foco do projeto (muitas vezes descrito como pergunta de pesquisa) e uma metodologia de pesquisa.

O campo de estudo (onde a obra será situada, o que já existe em relação ao problema sob investigação e que função o resultado final desempenhará?) descreve o contexto do trabalho. Isso pode ser o campo de *wayfinding* e da sinalização, dentro do design de informação, ou um layout de página para uma revista direcionada a determinado público. Primeiro o designer deve pesquisar seu campo de estudo, para adquirir conhecimento acerca do que já existe naquela área, e a gama de linguagens visuais que podem ser diretamente associadas ao mercado ou público-alvo específico do design.

Problemas práticos
Um problema prático se origina no mundo real e está relacionado a questões pragmáticas e a condições como custo, produção e tecnologia. Ele também pode ser influenciado por seu contexto, por exemplo, a necessidade de explorar legibilidade e forma tipográfica em relação à sinalização pública para cegos. Essa é uma área de pesquisa e investigação aplicada, no sentido de que a solução em si pode estar na construção ou formulação de um problema de pesquisa específico.

Os resultados da pesquisa aplicada são tangíveis e oferecem soluções práticas ou comerciais para necessidades que já existem.

Problemas de pesquisa
Um problema de pesquisa é tipicamente desenvolvido em resposta a um objeto ou tema que o designer não conhece ou não compreende inteiramente. Um problema de pesquisa pode surgir, ou ser motivado, a partir de um problema prático que precisa ser resolvido – um campo de estudo.

Isso, por sua vez, ajuda a definir o foco do projeto de pesquisa e oferece uma questão específica a ser explorada.

Pesquisa, investigação e desenvolvimento – o corpo de conhecimento e entendimento adquirido ao longo da pesquisa – são então aplicados a uma situação ou problema prático. Eventualmente esse processo é descrito como pesquisa pura e seus resultados são muitas vezes conceituais, como, por exemplo, no caso do desenvolvimento de um vocabulário visual apropriado a um contexto teórico específico.

03 Etapas do processo de design >>
O design requer a adoção de métodos apropriados como resposta a uma questão ou hipótese definida. O gradual "afunilamento" do campo de atuação e o refinamento de uma pergunta específica permitem que o designer adote uma justificativa de trabalho eficaz.

```
┌─────────────┐
│  Campo de   │
│   estudo    │
└─────────────┘
       ↓
┌─────────────┐
│    Foco     │
└─────────────┘
       ↓
┌─────────────┐
│ Metodologia │
└─────────────┘
```

Pesquisa e design

Isso normalmente seria feito por meio de um levantamento de auditoria visual do contexto de design proposto.

      O designer precisa considerar tanto a posição externa do trabalho pretendido (o objetivo explícito da comunicação em si) quanto a posição interna (a relação entre esta peça específica de comunicação visual e outras dentro do mesmo contexto). Isso é muito importante, uma vez que as culturas contemporâneas estão saturadas de publicidade, infográficos, identidades visuais *site-specific* e imagens relacionadas a entretenimento e decoração. Se uma peça de comunicação gráfica será exibida nessa arena, o designer precisa estar ciente de como ela se relaciona com as mensagens concorrentes e de como os problemas de saturação de imagem ou sobrecarga de informação podem ser resolvidos para que a comunicação seja eficaz. Naturalmente, com a experiência profissional, o designer irá adquirir mais familiaridade com um campo de estudo específico. Construindo uma relação com determinado cliente e seu público, o designer pode aprender que formas de comunicação tem mais chances de eficácia (ou ineficácia). A partir daí, a pesquisa de campo de estudo se torna mais intuitiva, baseada na experiência prévia, no conhecimento acumulado e no aprendizado, e o designer pode chegar mais rapidamente ao foco e à metodologia de projeto apropriados.

Seleção de um modelo de pesquisa

A pesquisa de campo de estudo pode assumir diversas formas, dependendo da intenção do trabalho proposto. Métodos de pesquisa de mercado, como auditorias visuais intensivas do material existente, podem ser adequados para alguns briefings; nesses casos, o designer busca outros trabalhos no mesmo campo e analisa e compara as formas visuais de comunicação relevantes e legíveis para um público específico.

Tipos de pesquisa
Existem várias abordagens à pesquisa que são frequentemente adotadas em relação a um briefing de design. Algumas definições simples de Meredith Davis incluem:

Pesquisa descritiva
Observa e descreve fenômenos.

Pesquisa histórica
Busca revelar sentido nos eventos do passado. Os pesquisadores históricos interpretam a significância do tempo e do local de forma a fundamentar a tomada de decisões contemporânea ou a colocar em perspectiva as práticas atuais.

Pesquisa analítica
Gera dados quantitativos que exigem assistência estatística para a extração de sentido. A pesquisa analítica requer ensaios e estimativas e lida, em particular, com relações e correlações, no intuito de prever resultados.

Pesquisa experimental
Busca explicar a influência de um fator em uma dada situação. A pesquisa experimental define relações de causa e efeito alterando o fator sob estudo em uma situação controlada.

Meredith Davis
"What's so Important about Research?" *Statements*, American Center for Design (ACD), Vol.6, No.1 (Fall 1990)

04 Modelos de projeto de pesquisa >>
As metodologias de design podem envolver uma avaliação e definição geral do problema antes da ação de design ou, alternativamente, a avaliação e o refinamento de uma pergunta por meio de intervenções físicas dentro do campo de estudo.

Campo de estudo → Foco → Metodologia

Contexto-definição

Contexto: Campo de estudo

⬇

Foco: Pergunta de pesquisa

⬇ ⬇ ⬇ ⬇

Contexto-experimento

Contexto: Campo de estudo

⬇ ⬇ ⬇ ⬇

Foco: Pergunta de pesquisa

⬇

Contexto-definição
O trabalho inicial neste modelo geralmente envolve a análise minuciosa de uma grande variedade de pesquisas secundárias, mapeando o território a ser investigado e os trabalhos já realizados dentro do campo. Uma vez que um entendimento sólido do contexto foi obtido, o foco e a pergunta de pesquisa do projeto podem ser determinados, e a metodologia de trabalho, definida. A pesquisa primária é geralmente benéfica nesta etapa, sob a forma de levantamentos diretos com públicos-alvo e experimentação visual para testar linguagens visuais adequadas.

Os resultados dessas experiências visuais e contextuais preliminares podem ajudar a definir a intenção específica do projeto, juntamente com uma metodologia adequada que permita testar uma variedade de resultados possíveis.

Contexto-experimento
Neste modelo, o trabalho inicial envolve um mapeamento mais livre do território a ser investigado, uma análise dos trabalhos já realizados dentro do mesmo contexto e uma intenção especificada para o trabalho dentro de qualquer contexto revisado.

O foco do projeto deve ser determinado mais cedo do que no modelo contexto-definição, particularmente por meio da definição do que o designer (e o cliente, quando adequado) deseja atingir. Em seguida, são conduzidas experiências visuais distintos para testar linguagens visuais e estratégias, de modo a determinar a gama de soluções potenciais. É importante empregar uma estratégia global pela qual seja possível avaliar criticamente e refletir acerca das relações entre cada experimento individual.

Pesquisa e design

Isso poderia implicar uma revisão comparativa de produtos ou sistemas visuais, trabalhando com o cliente para estabelecer sua posição no mercado ou suas aspirações de comunicação em relação a um público específico. Na maioria dos casos, já existem linguagens visuais sofisticadas que buscam o engajamento com aquele público, e o designer deve se familiarizar com seu vocabulário, mesmo que tenha a intenção de criar uma nova forma de comunicação que se coloque em oposição ao que já existe (ou seja, o que poderia ser chamado de uma solução inovadora ou criativa).

É importante também considerar as implicações de custo nesta etapa do projeto. Os custos de materiais, reprodução impressa ou outras mídias (web design, armazenamento digital, etc.), serviços e despesas gerais devem ser considerados em relação ao orçamento pretendido do projeto. Designer e cliente precisam ter uma ideia clara da gama de materiais disponíveis – e acessíveis, é bom lembrar –, bem como das implicações dessas decisões sobre o design em si. Se o orçamento só puder cobrir o custo de uma impressão em duas cores, por exemplo, essas restrições precisam ser impostas com antecedência e o designer deve usá-las em seu proveito, buscando respostas inovadoras às técnicas e materiais disponíveis.

Foco do projeto

Uma vez que o campo de estudo foi definido e analisado de forma geral, a próxima etapa do processo de design é especificar o foco do projeto (quais serão o contexto e a função específicos do trabalho dentro do campo mais abrangente já definido?) e a pergunta de pesquisa (um refinamento ou redefinição da intenção original ou uma hipótese ou proposição a ser testada).

Topografia
Descrição detalhada de configuração espacial. A palavra poderia ser empregada para descrever um processo de mapeamento, documentação ou registro, muitas vezes referindo-se especificamente ao que está ocorrendo abaixo da superfície. Útil na pesquisa em design gráfico para descrever uma abordagem subjacente a um projeto ou a um método ou processo de trabalho.

Tipologia
Estudo e interpretação de tipos – por exemplo, uma pessoa, coisa ou evento que ilustra, simboliza ou caracteriza algo. A expressão se refere também à organização de tipos e sua classificação para fins de análise.

05 Terminologia de processo >>
Há muitas formas de descrever o processo de design, do início à solução, dependendo do contexto cultural ou profissional mais amplo do trabalho.

Análise　　　　　　　Síntese

Campo de estudo	↔	Foco	↔	Metodologia	↔	Reflexão
Argumento	↔	Evidência	↔	Teste	↔	Exposição
Ofício	↔	Ferramentas	↔	Processo	↔	Produto
Intenção	↔	Teoria	↔	Contexto	↔	Mensagem
Pergunta	↔	Discurso	↔	Público	↔	Tese
Ideia	↔	Experimento	↔	Produção	↔	Artefato
Problema	↔	Investigação	↔	Comparação	↔	Solução

Pesquisa e design

Uma vez que o designer estiver familiarizado com as intenções mais amplas do briefing, uma pergunta de pesquisa específica para o projeto é necessária para demarcar as intenções exatas do trabalho a ser realizado. Nesta etapa, o designer deve ser capaz de descrever a mensagem a ser comunicada para um público específico, ou dentro de um contexto específico, bem como os objetivos dessa comunicação. Por exemplo, para persuadir os receptores da mensagem a agirem de determinado modo (p. ex.: compre este produto, compareça a este evento, vire à esquerda no próximo cruzamento), ou para comunicar claramente uma emoção específica, ou para obter uma identificação com um grupo ou subcultura.

O foco e a pergunta de pesquisa específica podem mudar ao longo de um projeto; podem se tornar mais amplos e, então, ser redefinidos em um processo permanente de reflexão e reavaliação. O "afunilamento" e o refinamento do foco de um projeto podem se dar de diversas maneiras. Dois modelos úteis para ajudar o designer a afirmar o contexto de seu trabalho e definir uma pergunta de pesquisa específica são apresentados no diagrama da página 59.

O primeiro modelo de pesquisa, que chamaremos de modelo "contexto-definição", enfatiza a investigação de um campo de estudo. Nesse modelo, o designer busca ganhar expertise dentro do campo do briefing e o foco do projeto é definido em resposta a uma necessidade identificável dentro daquela área. O segundo modelo, chamado de "contexto-experimento", ainda requer que o designer realize uma análise preliminar ampla do campo de estudo, mas o trabalho prático sobre o briefing em si começa mais cedo no processo. Geralmente isso é feito por meio de uma série de testes ou experiências, que podem ser avaliados dentro do campo de estudo, levando a uma redefinição da pergunta de pesquisa dependendo dos resultados colhidos. É importante, aqui, que o designer não perca de vista as intenções originais do projeto, e que as experiências sejam executadas de

Análise
As etapas de um projeto de design gráfico que envolvem coleta e compilação de dados e análise ou interrogação das propriedades e convenções ali encontradas. Existem muitas formas de descrever este aspecto de um projeto de design, dependendo da área específica da profissão de design em que o trabalho está sendo realizado. Por exemplo, em um ambiente acadêmico, em que um projeto pode ser descrito como pertencendo à área da pesquisa pura, a etapa analítica do projeto pode ser descrita como a investigação ampla de um campo de estudo e a maior especificação de foco do projeto.

Em modelos de pesquisa aplicada, esses termos poderiam ser suplantados por "problema" e "investigação" ou "ideia" e "experimento" – em cada um dos casos, essa etapa do projeto envolve a coleta de material de apoio e o estabelecimento dos temas e intenções fundamentais do briefing.

Síntese
Uma vez que o contexto e o conteúdo do briefing de design tenham sido claramente estipulados, o designer consegue combinar os achados da pesquisa secundária e da pesquisa contextual com uma gama de métodos de produção experimentais e práticos para desenvolver o resultado ou artefato final. Novamente, esses termos variam dependendo do histórico do projeto e da posição do designer, mas em qualquer dos casos, "síntese" implica o uso do conhecimento adquirido com a pesquisa e o teste de métodos de produção alternativos no planejamento e na formação de resoluções de design criativas e inventivas.

forma sistemática. O modelo contexto-experimento inevitavelmente leva a diversos resultados experimentais "fracassados", uma vez que cada um dos pequenos "testes" é uma tentativa de obter uma resposta na definição de foco do projeto. Na verdade, se uma peça de comunicação visual experimental não é bem-sucedida quando testada com um público-alvo ou em um contexto específico, isso ainda assim deve ser encarado como um exercício positivo – o de coletar informações sobre o foco do projeto e identificar direções com menos potencial de serem desenvolvidas. Ao determinar aquilo que não funciona, bem como aquilo que potencialmente funciona, o designer fica em uma posição muito melhor para chegar a uma resolução de sucesso.

Plano de ação

Uma vez que o problema foi identificado, o próximo passo é a escolha dos métodos de pesquisa apropriados (como o designer irá pesquisar e desenvolver o projeto diante do contexto e da intenção?). Uma metodologia de pesquisa nada mais é que um conjunto de regras autoimpostas que o designer usa para abordar ou se envolver com o briefing de um projeto. Depois que a intenção do trabalho foi claramente expressa, junto a um mapeamento detalhado do campo de estudo e com a definição do foco e da pergunta de pesquisa, o designer precisa delimitar exatamente como pretende desenvolver o projeto e testar ideias para criar uma solução eficaz para o briefing – um plano de ação.

A intenção aqui é desenvolver formas de trabalho que levem progressivamente a melhores resultados, com base em experimentos e ensaios visuais, investigação de materiais e feedback do público, e o objetivo é produzir uma peça de design gráfico que seja eficaz, útil ou envolvente.

Analítico
Adjetivo relacionado a análise (s.) – divisão de um todo físico ou abstrato em suas partes constituintes com o fim de examinar suas inter-relações.
The New Collins Dictionary and Thesaurus – HarperCollins (1992)

Com o método de design, requer que o designer conheça a mensagem ou intenção específica do briefing, o público, a linguagem visual apropriada e as exigências do cliente.

Proposicional
Adjetivo relacionado a proposição (s.) – proposta para consideração, plano, método ou sugestão.
The New Collins Dictionary and Thesaurus – HarperCollins (1992).

Normalmente assume a forma de uma hipótese ou do que poderíamos chamar de um pressuposto qualificado, fundamentado por alguma forma de evidência concreta. Em design gráfico, isso significa a definição e teste de uma série de soluções alternativas em potencial.

O design envolve ambos os aspectos de pesquisa. Os designers precisam estar cientes do contexto no qual seu trabalho será lido, bem como das possibilidades que a familiaridade do público, os materiais e as restrições orçamentárias oferecem. A solução também precisa ser inovadora, oferecendo uma nova maneira de apresentar a informação.

Diferentes projetos de design gráfico podem envolver cada uma dessas áreas de pesquisa em maior ou menor medida. O alcance e a aplicação dos métodos de pesquisa apropriados dependem do briefing ou da pergunta de pesquisa, das qualidades específicas da mensagem a ser comunicada, do orçamento e cronograma do projeto e da relação entre cliente, designer e público.

3. Análise e proposição

Argumento
Qualifi

06 Argumento e evidência >>
A relação entre a pergunta de pesquisa e a metodologia empregada na exploração do tema investigado é crucial para qualquer atividade de pesquisa em design.

É útil pensar nessa noção como se estivéssemos construindo uma argumentação. O aspecto retórico do design gráfico é uma característica definidora e central da disciplina. Para criar uma boa argumentação, é importante ser explícito em dois fatores fundamentais: no **argumento** que está sendo feito pela pessoa que propõe a afirmação e na **evidência** oferecida para dar suporte ao argumento (a **qualificação** da validade da afirmação).

A asserção – o argumento que o designer está propondo – deve ser substancial e contestável. A convicção proposta deve ser fundamentada em evidência relevante e válida. Essa evidência deve ser apresentada em etapas; em alguns casos ela deve ser tratada como se fosse uma subafirmação, e ela mesma pode ser fundamentada em outras evidências.

A qualificaçao da proposta de design – a evidência que dá fundamento ao argumento – ajuda a preencher diversos requisitos para um design bem-sucedido. Ela pode ajudar a substanciar as escolhas feitas pelo designer na hora de apresentar o trabalho ao cliente, dar maior credibilidade ao vocabulário visual adotado e levar a um resultado mais minuciosamente testado e, portanto, melhor.

→ **Evidência**
~~ação~~

A informação "pura" só existe, para o designer, como abstração. Assim que ele começa a atribuir forma concreta à informação, a trazê-la para o âmbito da experiência, começa o processo de infiltração retórica.

Gui Bonsiepe
"Visual/Verbal Rhetoric", *Ulm* 14/15/16 (1965)

3. Análise e proposição

Feedback e avaliação

A adoção de uma série de métodos de pesquisa fortes e adequados deve ajudar o designer a criar um trabalho que se justifique nos processos utilizados e que possa previsivelmente se aproximar mais desse objetivo. Além disso, é importante planejar o trabalho com antecedência, incluindo um cronograma geral que identifique quando o designer pretende realizar cada experiência e o prazo proposto para a finalização do projeto. Seja na área do design gráfico comercial ou no campo do estudo de design, os prazos são geralmente incluídos no briefing. Mesmo quando não é esse o caso, por exemplo, quando o designer está conduzindo uma investigação visual pessoal, ainda assim é importante planejar um cronograma para o projeto.

  A palavra "experimentação" tornou-se uma espécie de chavão do design gráfico contemporâneo. Um experimento consiste em um teste ou investigação planejados para fornecer evidências em favor de ou contra uma hipótese – um pressuposto que é proposto para ser verificado ou modificado. Quando o designer está trabalhando para produzir uma peça, há uma série de testes visuais ou experiências de design que podem ser úteis para coletar feedback sobre novas ideias e formas de comunicação.

  Contudo, a experimentação não é uma virtude em si mesma; precisa operar dentro de um conjunto de diretrizes precisas, que delineiem a intenção e o contexto da experiência, assim como de que maneira será obtido feedback e serão medidos os resultados. Em suma, a hipótese de design pode ser a de que a criação de uma forma visual específica irá comunicar uma mensagem específica a um determinado público. Uma experiência para testar essa hipótese envolveria, nesse caso, a criação de variações da forma e a coleta de feedback junto aos públicos-alvo ou especialistas dentro daquele campo do design para medir o relativo sucesso ou fracasso do trabalho no que diz respeito à comunicação pretendida.

Autoria
Envolvimento do designer na mediação da mensagem para um público. É possível dizer que, por meio da criação e da mediação de mensagens visuais, o designer desempenha um papel igual ao do originador da mensagem quanto às maneiras como uma peça de comunicação é lida.

O designer, como criador de forma ou canal pelo qual a mensagem é transmitida, pode desempenhar um papel fundamental na modelagem propriamente dita do conteúdo de uma mensagem. Alguns teóricos do design se apropriaram da noção de *auteur*, retirada da teoria do cinema, para tentar construir essa noção, enquanto outros acaloradamente responderam às provocações colocando em primeiro plano o papel neutro do designer gráfico na área comercial.

Teorias e hipóteses
Uma teoria é uma estrutura ou sistema de conceitos abrangente e explicativa – trata-se de um conjunto de regras ou procedimentos formulados mentalmente. Um modelo ou plano teórico pode gerar diversas hipóteses – pressupostos ou explicações sugeridas que são usadas como base para uma investigação e verificação mais profundas, ou que são aceitas como provavelmente verdadeiras, no caso de uma *hipótese de trabalho*. Uma hipótese é uma previsão ou suposição específica, tipicamente derivada de uma teoria, que o pesquisador pode usar como base para testes, benchmarking ou como um modelo contra o qual reagir na formulação de estratégias ou práticas alternativas.

Outra questão fundamental a ser considerada nessa etapa é como podemos medir resultados ou quantificar nossas descobertas. Ao estabelecer uma série de "experimentos" que podem envolver a execução de testes com estratégias visuais alternativas em resposta a um problema definido, como o designer deve proceder para coletar feedback e, assim, avaliar qual das aplicações visuais obteve maior sucesso? Há diversas formas de responder a essas perguntas.

A pesquisa de mercado, especialmente no que diz respeito a publicidade e marketing, desenvolveu alguns métodos bem-sucedidos de testar materiais e formas por meio do uso de grupos focais, análise estatística de levantamentos e técnicas de observação do público. Algumas dessas técnicas podem ser ligadas à antropologia e ao estudo da interação humana dentro de grupos sociais, enquanto outras derivam de métodos mais científicos de coleta e análise quantitativa de dados.

É importante também entender as diferenças entre métodos quantitativos e qualitativos. O designer muitas vezes utiliza ambas as formas de análise, e sua aplicação pode ser mais ou menos útil dependendo do briefing e do público-alvo, mas os métodos em si são distintos.

A análise quantitativa é baseada em princípios matemáticos, especificamente métodos estatísticos de levantamento e investigação de dados. Produzindo uma variedade de formas visuais a serem testadas, o designer pode posicionar esses objetos em locais específicos para "contar" reações positivas e negativas por parte de um público-alvo. Isso pode significar, por exemplo, conduzir uma enquete usando perguntas de múltipla escolha criadas para gerar uma pontuação em relação a um conjunto de critérios. Os dados coletados poderiam ser, então, convertidos em números e analisados estatisticamente para identificar a forma visual de maior sucesso.

A ideia de que um designer era um artista em primeiro lugar e um comunicador em segundo (ou terceiro) era atraente no início, mas, no longo prazo, ofereceu um retorno cada vez menor. Embora a personalidade individual normalmente desempenhe um papel na comunicação visual, ela deve ser o resultado, e não o objetivo, da solução de problemas de design.

Steven Heller
"The Me Too Generation", *The Graphic Design Reader* (2002)

Feedback e avaliação

É claro que, quanto maior o tamanho do grupo pesquisado ou da amostra, mais precisos devem ser os resultados.

No entanto, se as perguntas da enquete não forem rigorosamente controladas ou suficientemente específicas, pode haver uma tendência de obscurecimento dos resultados. As respostas humanas nem sempre são como os resultados coletados em experimentos científicos – reações a uma mensagem visual ("Gostei bastante", em oposição a "Gostei muito") não podem ser ponderadas da mesma forma que, por exemplo, a massa de um resíduo formada pela reação entre dois elementos químicos. Muitas vezes as pessoas tendem a registrar suas reações na gama intermediária das opções disponíveis, o que pode resultar em uma distorção estatística dos dados, afastando-se de quaisquer proposições radicais ou inovadoras e mantendo uma média natural. Isso pode levar a uma ênfase exagerada em dados que são em grande parte restritos a um conjunto de respostas conservador e intermediário, o que pode erroneamente indicar uma resistência à mudança.

Conte com o custo

Os métodos quantitativos são fortemente aplicáveis, no entanto, às áreas de investigação de materiais e de tecnologia (que é explorada mais detalhadamente no Capítulo 6: Processos e materiais). Se uma peça é produzida em grande quantidade (como quase toda peça de design gráfico), os critérios para a seleção de materiais – sua resistência à deterioração ou descoloração pelos efeitos do tempo, distorção, estabilidade e adequação ao propósito – podem ser submetidos à avaliação quantitativa. O teste de materiais (por meio do uso de substratos e superfícies alternativos para impressão, ou de tecnologias para visualizar dados online) é uma área importante da experimentação em design, e os resultados da pesquisa

Aplicação de pesquisas de opinião

Pesquisas de opinião podem ser um método útil para gerar e coletar dados em resposta a uma proposição ou pergunta de pesquisa – uma hipótese que o designer busca avaliar, provar ou refutar.

No entanto, o autor ou designer deve tomar muito cuidado no que diz respeito à natureza específica das perguntas feitas na pesquisa de opinião e à gama de interpretações e análises esperadas do feedback recebido. Entre os fatores que podem ter um efeito relevante sobre os tipos de resposta recebidos, destacam-se a forma como a pesquisa de opinião é apresentada aos entrevistados, a estrutura das perguntas, a linguagem utilizada (que poderia sugerir o tipo de resposta desejada pelo pesquisador) e até mesmo as ferramentas e modos de marcação oferecidos.

nessa área podem geralmente ser mensurados com certo grau de precisão.

Da mesma forma, as implicações de custo envolvidas na seleção de materiais e métodos de produção alternativos podem ser comparadas e mensuradas em relação às restrições do orçamento do projeto. Nos casos em que uma peça será fabricada com um ciclo de produção longo, especialmente em forma impressa, os custos gerados até mesmo pelas menores decisões de design são ampliados proporcionalmente – desde o custo da tinta e do papel até o tempo e o trabalho envolvido em dobras, colagens, cortes e acabamento do artefato final. As gráficas configuram suas máquinas para operar usando os formatos e ciclos de produção mais comuns. Isso geralmente significa que elas utilizam essencialmente o padrão ISO (Organização Internacional para Padronização) para formatos de papel e paletas de cores (processador CMYK de quatro cores ou cores de ponto do Pantone, por exemplo).

Se o designer optar por trabalhar fora desses padrões, o tempo de preparação para a produção será mais longo e o custo, consequentemente, será maior. Assim, os aspectos e implicações econômicos do projeto devem ser planejados cuidadosamente com antecedência, e os métodos quantitativos podem ser úteis para ajudar o designer a calcular o orçamento do projeto.

A análise qualitativa em design, por outro lado, é baseada em uma gama de leituras e respostas subjetivas por parte do espectador – embora isso possa se tratar do público enquanto receptor ou do designer como originador da mensagem, dependendo da etapa em que é adequado realizar a análise no projeto – e está implícita nas pesquisas de opinião e grupos focais mencionados nesta seção (ver páginas 66-67).

Análise qualitativa
A análise qualitativa baseia-se em respostas subjetivas a formas visuais e na leitura de material gráfico por parte de um espectador. Muitas vezes, isso é feito pelo próprio designer, sob a forma de uma autorreflexão crítica. A leitura de imagens e signos visuais por meio de análise semiótica é, no entanto, um ato qualitativo por si só: embora as respostas possam ser avaliadas estatisticamente como uma forma de análise quantitativa, os dados coletados inicialmente são baseados na reação humana às formas e experimentos visuais apresentados e, portanto, são, por definição, pessoais e subjetivos.

Análise quantitativa
A análise quantitativa baseia-se em princípios matemáticos, especificamente em métodos estatísticos de pesquisa e interrogação dos dados. O designer pode gerar uma produção em grupos de formas visuais para teste e posicionar esses objetos em locações específicas para "contar" as respostas positivas e negativas por parte de um público-alvo. Isso poderia ser feito conduzindo uma pesquisa de opinião com um grupo do público-alvo, possivelmente com perguntas de múltipla escolha planejadas para gerar uma pontuação em relação a um conjunto de critérios. Os dados coletados podem então ser analisados estatisticamente para descobrir qual das formas visuais é a mais bem-sucedida.

Linguagens e identidades

Um método qualitativo fundamental para designers envolve a análise, ou desconstrução, de artefatos criados por meio do design. O que isso significa, na prática, é a leitura das mensagens explícitas e implícitas em uma forma visual, para determinar a gama de significados que podem ser comunicados para um público em potencial através dos princípios de conotação e denotação (ver páginas 46–47). Se os princípios de comunicação visual forem decompostos nos temas irmãos da codificação e decodificação de significado (os sinônimos visuais dos atos de escrita e leitura), a gama de mensagens e interpretações sugeridas pode, em grande parte, ser determinada com antecedência. O design gráfico geralmente opera dentro de limites muito específicos, onde a intenção do briefing é esclarecida pelo cliente ou designer já de início.

Certos vocabulários extraídos das teorias da comunicação podem ajudar o designer a descrever as atividades envolvidas no processo de comunicação visual. Esses métodos são úteis para o designer gráfico, pois podem ajudar a construir restrições para a mensagem visual, de modo a orientar o espectador para a leitura desejada, e não para a interpretação errônea, da mensagem. A partir do entendimento de como uma mensagem pode ser entendida por uma variedade de leitores diferentes, o designer pode tentar evitar ambiguidades e leituras equivocadas. Esses temas serão explorados mais detalhadamente no Capítulo 4: Teoria na prática e no Capítulo 5: Público e mensagem.

O estabelecimento do design gráfico como objeto de estudo e disciplina que se desenvolveu a partir de suas raízes como atividade comercial até chegar ao seu status atual, estudado em nível de pós-graduação e servindo como o próprio objeto de inúmeras pesquisas e livros, foi um processo

Pensamento crítico
Em termos concisos, pensamento crítico é uma atitude em relação à comunicação visual que tem suas raízes na teoria e sua relação com o fazer. Trata-se, essencialmente, de um posicionamento filosófico: a prática embasada ou engajada tem menos a ver com as formas como a teoria pode servir de base para a prática – trata-se do design gráfico engajado na teoria da prática, ou *práxis*, com os aspectos teóricos e práticos do briefing tratados com igual prioridade. Como o designer e escritor americano Andrew Blauvelt observou, *"o design gráfico não começa nem termina nos objetos que faz"*.

O pensamento crítico pode ser descrito como um aspecto importante da prática reflexiva – uma reflexão sobre os efeitos e consequências das atividades de design gráfico. Em geral, a prática reflexiva em design gráfico pode ser descrita como uma localização da prática de design gráfico como o objeto do design gráfico. A reflexao na abordagem de um designer pode incluir o pensamento crítico acerca do sentido, da função e do valor do que é produzido e sua relação com as intenções do designer, pessoalmente, e de seu público.

rápido, e vale a pena lembrar o quão nova essa área realmente é. Dependendo de sua definição da disciplina, ela tem apenas cerca de cem anos de história, e boa parte do debate contemporâneo ainda lida com definições, responsabilidades e propósito. Isso é especialmente significativo quando comparado à história relativamente mais longa de áreas relacionadas e tangenciais ao design gráfico, a partir das quais são emprestadas ideias e linguagens descritivas.

Investigação do design

Essas "ideias emprestadas" de áreas como linguagem e comunicação, por exemplo, trazem consigo uma forma de palavras que permitem a discussão do que Jorge Frascara descreveu como "...*design de comunicação visual*" de uma maneira que transcende o comércio limitado ou a linguagem técnica do passado.

O aspecto novo do objeto e a adoção permanente de ideias e linguagens de fora da disciplina do design gráfico incentivaram a ideia de que "...*o design não possui um objeto de estudo próprio – ele existe na prática apenas em relação às exigências dos projetos determinados*", como escreveu o designer, educador e escritor Gunnar Swanson. Swanson sugere também que o design é "integrativo" e que a falta de um objeto de estudo específico contradiz seu verdadeiro potencial de unir e conectar muitas disciplinas. Isso está no cerne deste projeto: *Pesquisa Visual* estuda como os métodos e abordagens à prática do design gráfico podem ser explorados e explicados.

Reflexão crítica
Processo pelo qual o designer avalia o resultado de um projeto ou avalia o sucesso – ou fracasso – de um experimento, testando sua eficácia em relação a um conjunto de critérios predeterminados. Esses critérios podem ser autoimpostos ou podem fazer parte do próprio briefing.

Na área comercial, os testes de mercado e a mensuração da eficácia de uma mensagem gráfica são frequentemente aplicados com rigor. Nos casos em que o designer trabalha em um ambiente mais especulativo, como, por exemplo, em um projeto centrado em pesquisa pura, os meios pelos quais se pode determinar a eficácia devem ser mensurados em relação às intenções declaradas do projeto.

Por exemplo, um projeto que se propõe a tornar visíveis certas características subjacentes de um texto dentro de um livro precisaria ser avaliado de formas que reflitam esse objetivo específico. Os leitores podem ser convidados a interpretar o design para determinar se os significados sugeridos foram esclarecidos. O designer pode também se valer de uma pesquisa contextual que analise a variedade de linguagens gráficas operando na mesma área, descrevendo, assim, a gama de códigos já aceitos a partir dos quais o trabalho pode ser desenvolvido.

Conceitos fundamentais: Retórica

O conceito de **retórica**, geralmente aplicado em literatura e filosofia, refere-se ao uso estratégico da linguagem como base para um argumento fundamentado. A arte clássica da retórica envolve diversas fases distintas que, em relação ao design de comunicação visual, podem ser descritas como: descoberta de ideias, organização de ideias, tratamento estilístico de ideias e a maneira como o objeto de estudo é apresentado. Essas fases correspondem diretamente a metodologias gráficas como conceito, composição, estilo e formato.

      A retórica tradicionalmente abrange uma gama de figuras de linguagem, entre elas ironia, antítese, metonímia, sinédoque, trocadilho, metáfora, personificação e hipérbole. Pode ser útil comparar algumas dessas estratégias com uma variedade de metodologias semelhantes usadas em comunicação visual, para diferenciar abordagens e sugerir métodos alternativos a serem explorados. Os termos retóricos utilizados em design gráfico podem incluir:

Ironia – signo empregado para transmitir um sentido oposto ou para comunicar uma contradição. Muitas vezes, o humor pode ser usado para sugerir um posicionamento irônico, satírico ou contraditório, com elementos visuais empregados para destacar uma tensão subjacente ou incongruência com a qual o espectador muitas vezes já está familiarizado.

Antítese – termos contrastantes que são colocados juntos para enfatizar suas diferenças. Os designers gráficos podem usar imagens ou mensagens contrastantes para produzir um efeito expressivo.

Metonímia – uma palavra ou expressão substituída por outra com a qual está intimamente associada. Uma imagem ou nome podem ser substituídos por símbolos que englobam conotações semelhantes, como, por exemplo, uma coroa representando a monarquia.

Trocadilho – jogo de palavras, dito espirituoso ou piada que explora ambiguidades de sentido para obter um efeito humorístico. Um designer pode deliberadamente optar por empregar uma imagem ou símbolo que abrange mais que um sentido direto ou denotação para criar um trocadilho simples e espirituoso.

Metáfora – uma palavra ou expressão aplicada a um objeto ou ação que ela não denota, para sugerir uma certa característica. Os designers podem deliberadamente usar a gama de conotações de um signo ou símbolo para reforçar um valor específico.

Personificação – atribuição de traços e características humanos a animais e objetos inanimados.

Hipérbole – exagero com a intenção de enfatizar ou criar efeito dramático. Pode ser aplicada à escala relativa de tipos e imagens, por exemplo.

ROCK - AROUND THE CLOCK
MUSIC FOR EVERYONE
ROCK & ROLL
HIT TUNES
OLD FAVORITES
HIT TUNES

Estudo de caso 02: **Emotionally Vague**

Alguns tipos de trabalho de design autoral são construídos de tal forma que o próprio design do artefato visual já é um processo de descoberta. Este projeto, criado pela designer Orlagh O'Brien, se propõe a coletar feedback junto aos respondentes de um questionário que traz perguntas sobre como e onde eles experimentam emoções, representando os padrões das experiências viscerais frequentemente relatadas, mas mantendo-se firme às respostas idiossincráticas de cada pessoa.

    Como projeto de design, o trabalho está firmemente enraizado na esfera da pesquisa pura; os resultados de design são gerados diretamente a partir do feedback coletado junto aos participantes da pesquisa, organizados e compilados de modo a revelar consistências e respostas compartilhadas ou comuns. Porém, logo depois da publicação do projeto, pesquisadores de mercado e cientistas especializados em pesquisa afetiva expressaram interesse em desenvolver mais profundamente essa metodologia.

Embora os dados coletados pudessem ser encarados como inteiramente subjetivos, por sua própria natureza, e as técnicas de visualização sugerissem a aplicação de métodos qualitativos, a variedade e o número de respostas – houve 250 participantes e 170 opções de cores na paleta da pesquisa – levaram a resultados que podiam ser lidos, até certo ponto, tanto quantitativa quanto qualitativamente. Empregando uma variedade de métodos de design gráfico extraídos do design de informação e de tipologias, em combinação com a sobreposição criativa das imagens para revelar padrões e semelhanças, O'Brien conseguiu mostrar como os entrevistados visualizavam seus sentimentos por meio de cores, pontos e linhas em relação a seus próprios corpos.

    Ao longo do tempo, o refinamento cuidadoso da gama e do tipo de perguntas feitas nas pesquisas permitiu obter respostas mais explícitas dos participantes.

Revelando tropos
Em termos simples, a palavra "tropo" se refere a um objeto, imagem ou evento que serve como ilustração genérica de uma tendência comum, que pode ser fortemente característica de um grupo cultural ou de uma sociedade. Exemplos de tropos incluem representações visuais frequentes de princípios ou mensagens comuns dentro de um grupo, códigos de vestuário ou estilos e tendências ligados a um período ou local específico.

Esse método de trabalho como parte de um projeto de pesquisa também poderia ser descrito como pesquisa analítica – no sentido em que examina um grande corpo de dados qualitativos e permite que seja feita uma análise comparativa entre um grande número de respostas individuais ao questionário.

O'Brien usou a linguagem visual do design de informação para criar uma série de resultados especulativos que coletivamente revelam idiossincrasias e semelhanças na abordagem dos participantes à pesquisa, em alguns casos dispondo os dados em camadas para revelar padrões nas respostas visuais coletadas a partir dos questionários iniciais (página ao lado).

A designer também destacou a relação entre esse método de trabalho e elementos de branding: *"Houve uma decisão consciente de criar métodos para coletar pontos, linhas, cores e tipografia, como os elementos de uma marca. Seria possível dizer que se trata de uma "marca de engenharia inversa", uma vez que o ponto de partida é o sentimento, e o ponto de chegada é o visual".* (Orlagh O'Brien, 2011).

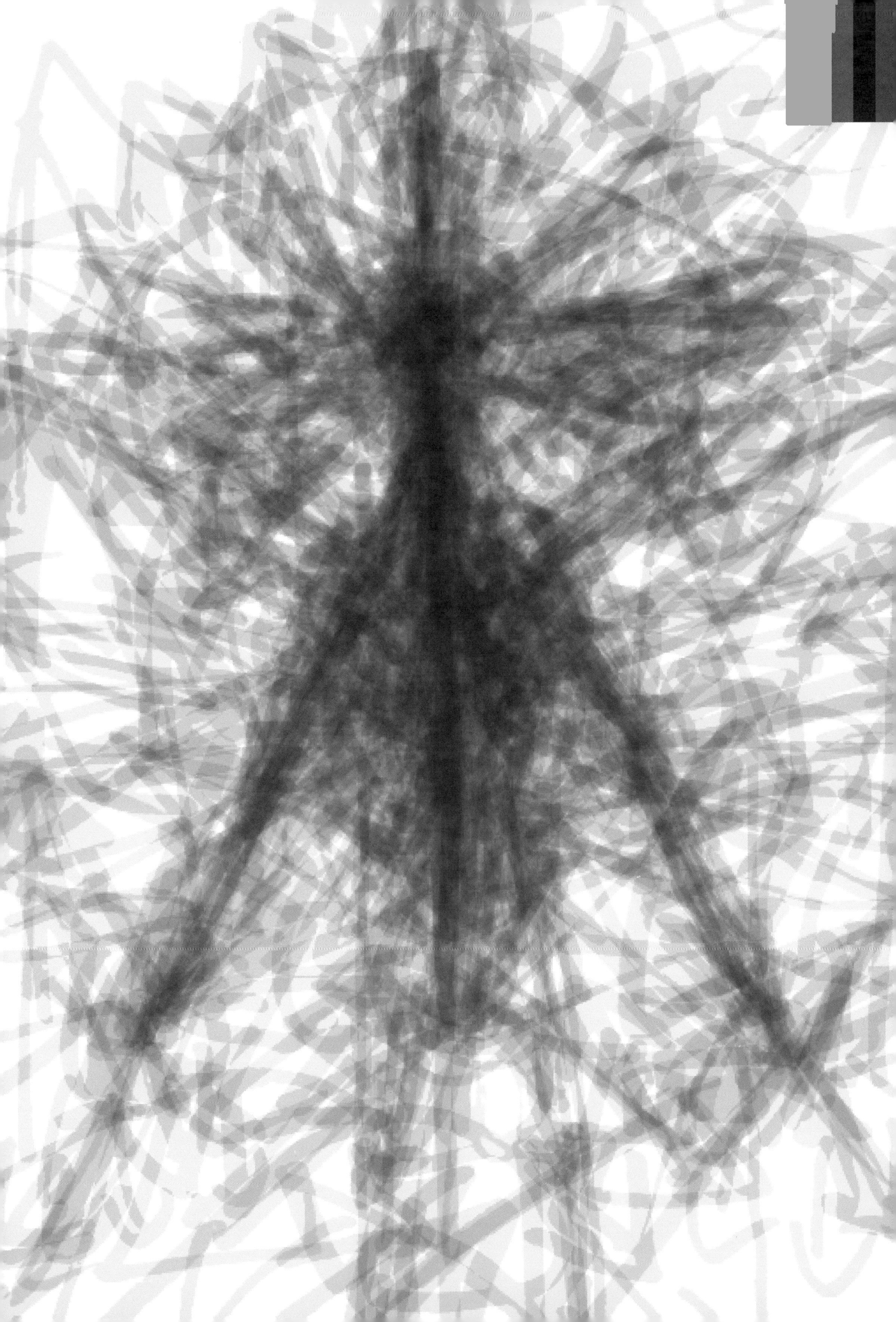

Estudo de caso 02: Emotionally Vague

Embora alguns métodos de controle tenham sido estabelecidos, como a gama de cores, a espessura das linhas e a estrutura diagramática dentro da qual as marcas gráficas seriam feitas, a designer teve o cuidado de não direcionar os entrevistados a conclusões preestabelecidas ou já existentes.

Refinamento das técnicas de pesquisa
A pesquisa inicial envolvia o desenvolvimento de vários questionários que pediam aos participantes que registrassem visualmente onde e como sentiam emoções específicas. Os questionários foram então aplicados em pequenas pesquisas "de teste" para a designer avaliar os resultados, refinar a natureza e a fraseologia das perguntas e ajustar os meios pelos quais os participantes faziam suas marcações.

Inicialmente, o questionário pedia também que os respondentes selecionassem uma caneta a partir de várias opções e que desenhassem seu próprio corpo, fazendo as marcas diretamente sobre a imagem no local e na forma em que cada emoção específica era experimentada. O'Brien começou desenvolvendo métodos para compilar as informações recebidas e para sobrepor as respostas visuais de modo a revelar padrões a partir do conjunto de respostas individuais. No entanto, a interpretação das respostas por categorização ou tema era problemática. A designer sentiu que estava impondo sua própria análise subjetiva sobre os desenhos. Uma melhor abordagem foi evitar isso com a completa alteração da metodologia, passando a agregar, em vez de categorizar, as informações coletadas.

Como o processo de coleta de dados registrava também as informações pessoais dos participantes, as informações visuais podiam ser classificadas e organizadas por idade, gênero e nacionalidade. Os dados visuais foram coletados, identificando o local, no corpo dos participantes, onde aquelas emoções eram sentidas, e a cor ou direção que eles associavam a cada sentimento, de modo a criar um banco de dados funcional de material visual.

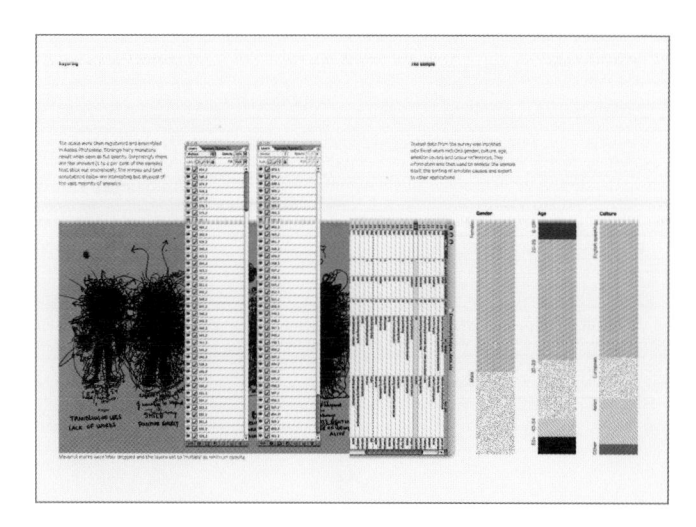

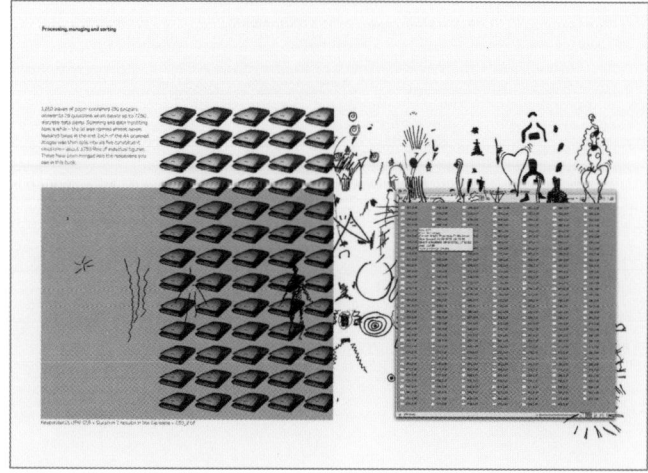

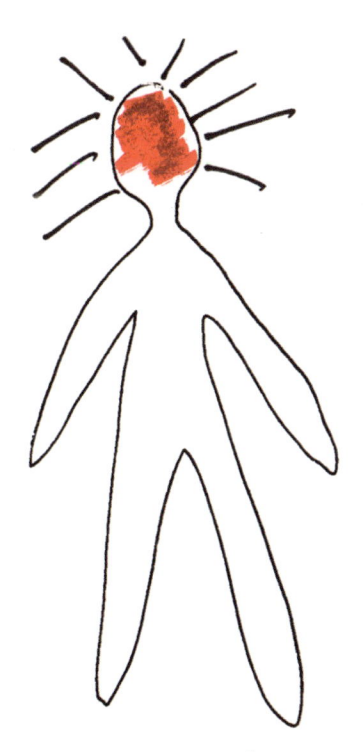

ANGER

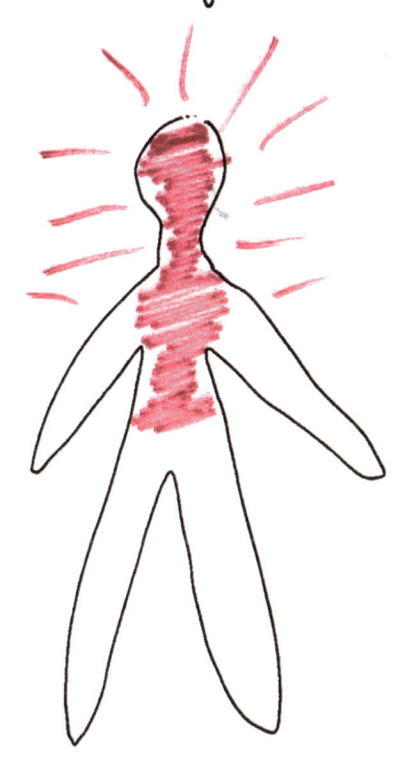

JOY

LOVE

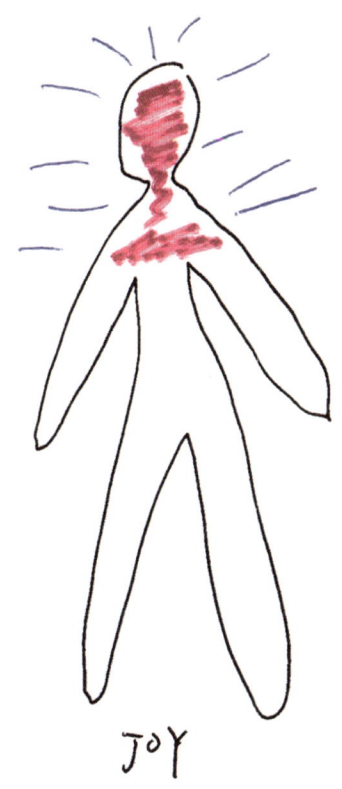

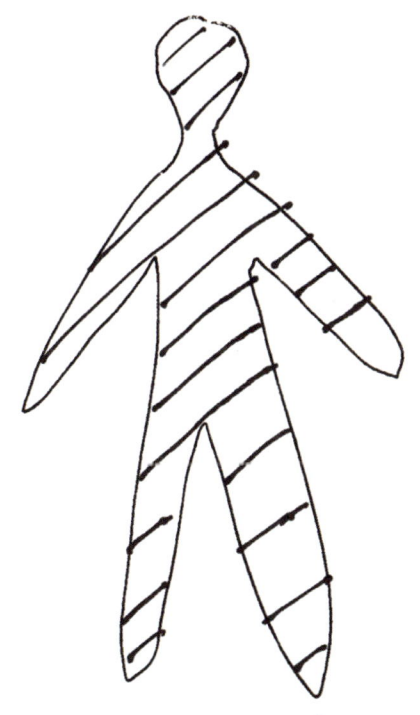

SADNESS.

3. Análise e proposição

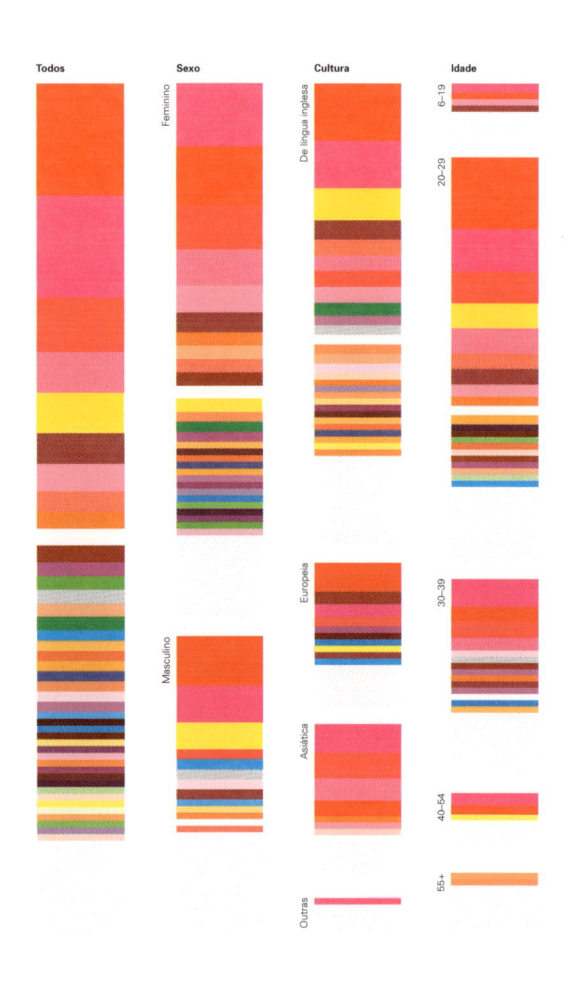

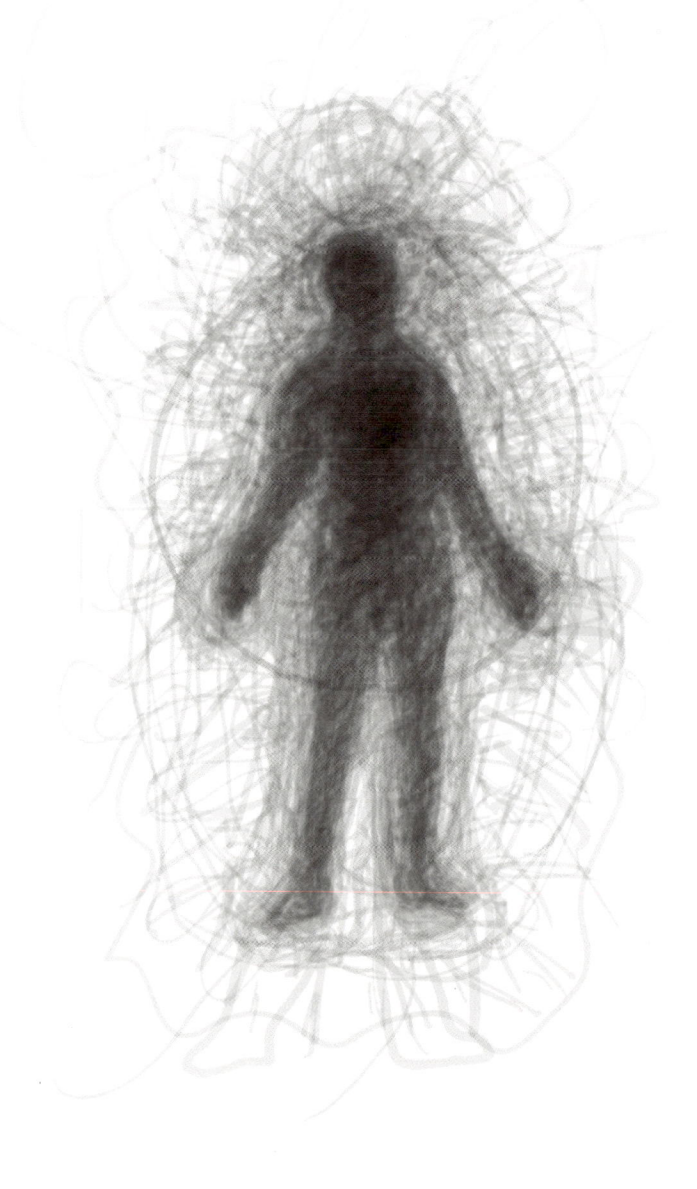

Refinamento do conjunto de dados

À medida que o questionário era refinado, seu design foi modificado para incluir uma série de desenhos simples representando o contorno de uma forma humana, com cabeçalhos como alegria, medo, tristeza e amor. Uma vez compilado, o contorno do corpo podia ser removido, se necessário, para revelar os padrões das "marcas de emoção" isoladamente.

As marcas que revelavam o local das emoções e a área que cada sentimento ocupa foram surpreendentemente consistentes entre as várias centenas de entrevistados (ver figura mapeando as respostas a "amor", no alto, à direita). Uma questão adicional para mostrar a direção das emoções produziu resultados visuais impressionantes, que foram sobrepostos pela designer para criar mapas agregados dos resultados coletivos. Pediu-se aos respondentes que escolhessem as cores específicas que associavam a determinadas emoções a partir de um mapa de cores, bem como que descrevessem onde e como aquelas sensações eram sentidas em relação ao próprio corpo. Os resultados dessas seleções foram então organizados por O'Brien em simples barras de cores para revelar semelhanças e diferenças (ver "amor", acima, à esquerda).

As perguntas sobre a emoção visceral variavam das mais vagas (julgamentos qualitativos ou subjetivos) às específicas (como pedir aos respondentes que indicassem um ponto e uma direção em relação às figuras desenhadas na página):

◊ : Como você sente essas emoções no seu corpo?
◊ : Onde você mais sente as emoções?
◊ : As emoções têm uma direção?
Sim ☑ Não ☒
Caso sim, por favor, use a caneta vermelha para desenhar flechas descrevendo cada emoção.

Alegria **Medo** **Tristeza** **Amor**

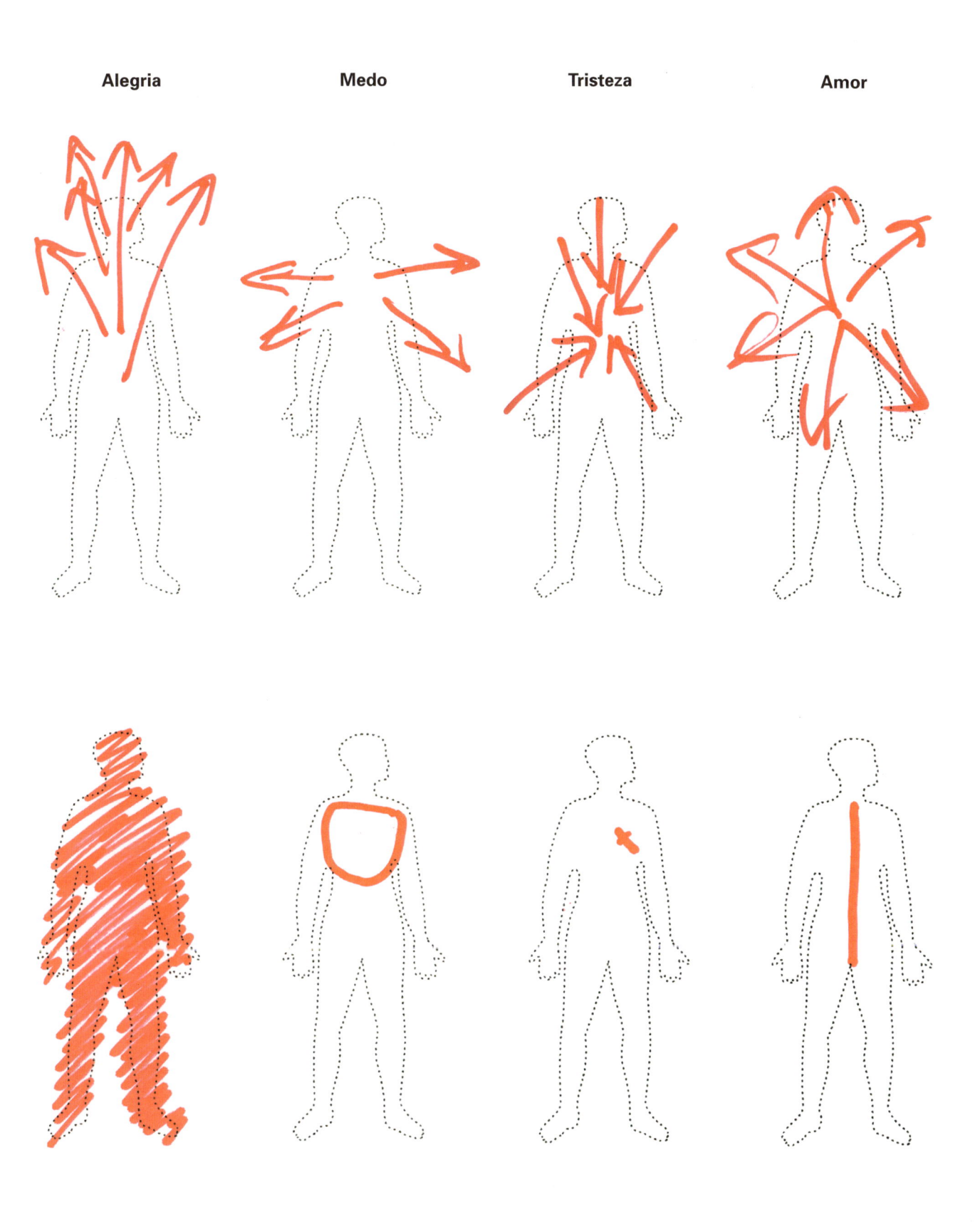

3. Análise e proposição

Resumo da pesquisa

Para o resultado final do projeto, O'Brien optou pelo formato de um livro (acima e à direita). A intenção original era criar cinco livros separados, cada um apresentando uma única emoção: alegria, tristeza, raiva, medo e amor. No entanto, em nome do cruzamento de dados, a designer acabou optando por um único livro. O documento final é um resumo do trabalho produzido dentro de um período de tempo delimitado para o projeto, e marca os achados obtidos até aquele momento. A designer optou por encarar isso como um "ponto de parada" dentro de uma investigação mais extensa sobre o tema.

Esse material visual pode ser visto como um resumo do processo de pesquisa; outros testes e explorações se encontram detalhados no site do projeto:

www.emotionallyvague.com

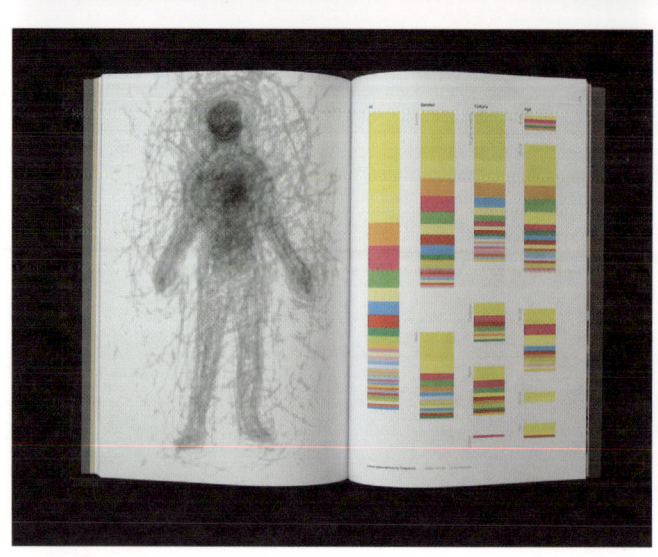

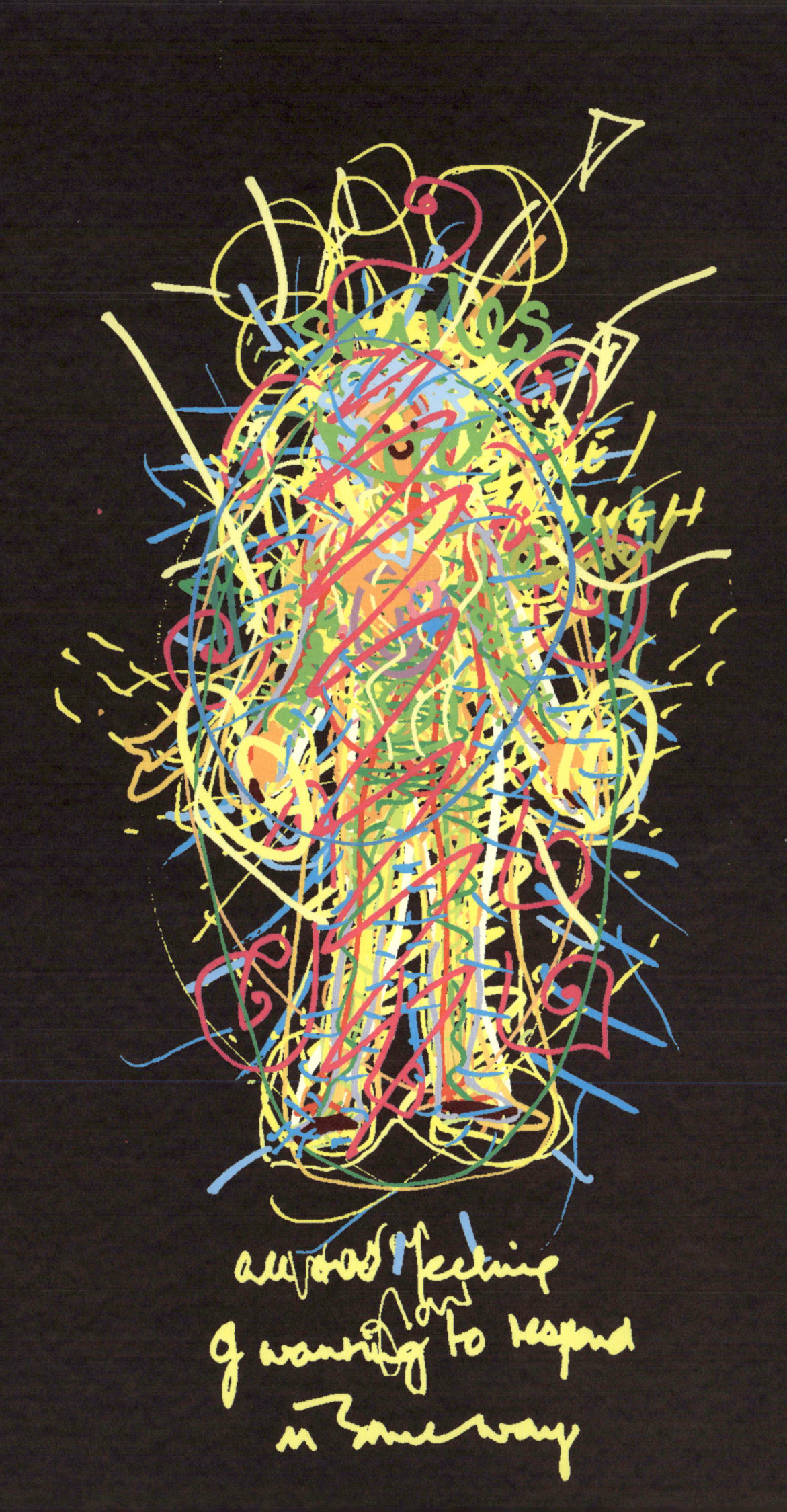

all voices speaking
& wanting to respond
in some way

Estudo de caso 03: Bibliospot

Um aspecto importante da autoria em design e da edição por iniciativa própria e da comunicação visual de conteúdo se encontra na área do design de informação. O designer pode coletar informações e tratá-las de modo a enfatizar novos significados que podem ser inerentes a conteúdos familiares, ou encontrar maneiras de revelar padrões, consistências e a organização subjacente interna.

Os designers têm a responsabilidade de criar obras que sejam tanto acessíveis quanto compreensíveis para seu público pretendido. Portanto, é essencial que seja conduzida uma pesquisa sobre os dados a serem visualizados, os modos como esses dados podem revelar informações específicas, o público-alvo de determinada mensagem e os contextos em que o trabalho poderá ser visualizado e interpretado. A designer Alexandra Hayes resolveu investigar uma variedade de abordagens de design de informação para mapear um sistema de bibliotecas.

Ela estava interessada em desenvolver um sistema visual que ajudasse a identificar e explicar o conteúdo e contexto do material do arquivo de forma a torná-lo mais acessível. Para isso, Hayes trabalhou em parceria com a biblioteca londrina St. Bride Library, um arquivo de obras tipográficas e impressas cujo extenso catálogo abriga uma complexa e variada gama de materiais. Ela se propôs a criar um sistema que fosse transferível, permitindo que o usuário comparasse diferentes arquivos e bibliotecas em relação às quantidades de corpos de informação contidas nas diferentes subcategorias de seus arquivos. O resultado final de Hayes incluiu um sistema impresso e online para comparar e contrastar o tamanho relativo do material de arquivo entre diferentes bibliotecas.

Bibliospot Interativo
O arquivo total é visualizado como um grande círculo, com dez subcategorias de classificação distintas. Cada uma dessas subcategorias é decomposta em mais dez subconjuntos, cada um dos quais pode ser reduzido a mais dez agrupamentos menores em um sistema decimalizado de organização (página ao lado).

Pela visualização de dois arquivos lado a lado, o usuário é capaz de buscar o tamanho relativo e a escala do acervo relacionado a uma subcategoria específica dentro de cada biblioteca. O benefício de usar um formato interativo é que nem todas as informações precisam ser visualizados o tempo inteiro – isso significa que as variáveis adicionais podem ser introduzidas sem criar uma linguagem visual excessivamente complicada ou confusa. A principal função da ferramenta interativa é permitir que os usuários descubram quais bibliotecas contêm mais itens sobre um dado assunto, comparando o tamanho do espaço da biblioteca para cada assunto. O sistema é direcionado a pesquisadores e acadêmicos e se concentra em bibliotecas especializadas.

O sistema online permite buscar um assunto usando a estrutura hierárquica de um sistema de classificação bibliográfica. Este protótipo utiliza a Classificação Decimal de Dewey (CDD), mas pode facilmente ser adaptado para funcionar exatamente do mesmo modo com qualquer outro sistema hierárquico – como o sistema de Classificação Decimal Universal (CDU). Quando o usuário clica sobre o ponto de uma categoria específica, o sistema de visualização na tela é animado e orientado ao redor daquela seleção específica, permitindo assim uma forma de navegar pelos diversos níveis dentro de um arquivo.

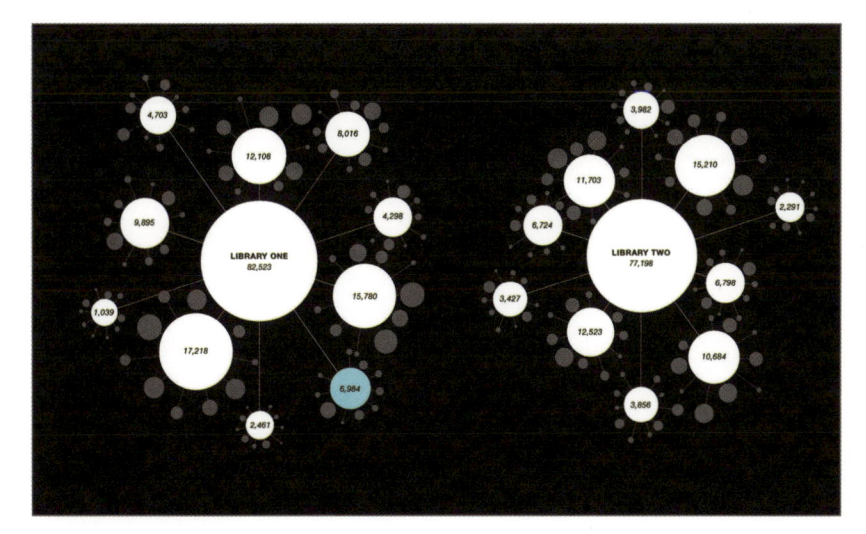

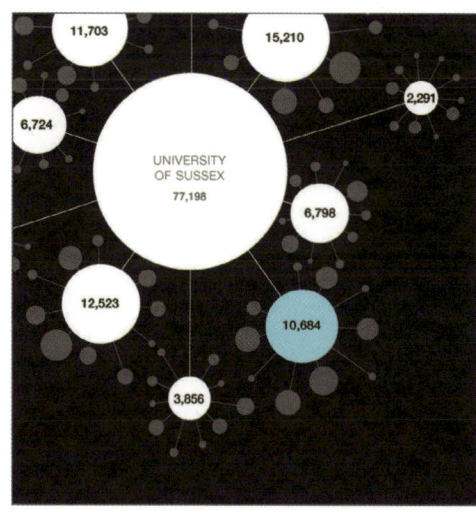

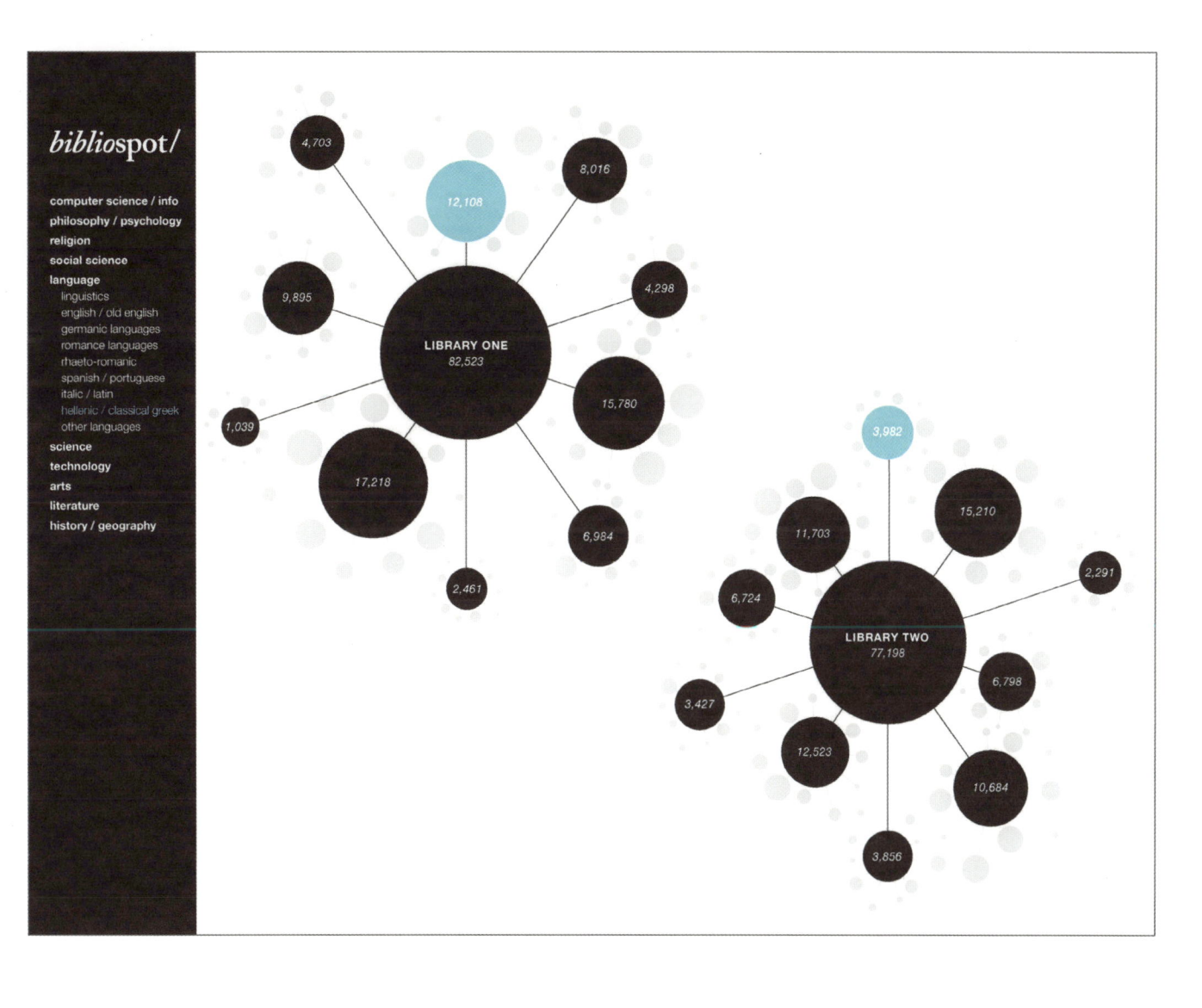

*biblio*spot/

computer science / info
philosophy / psychology
religion
social science
language
  linguistics
  english / old english
  germanic languages
  romance languages
  rhaeto-romanic
  spanish / portuguese
  italic / latin
  hellenic / classical greek
  other languages
science
technology
arts
literature
history / geography

LIBRARY ONE 82,523
LIBRARY TWO 77,198
UNIVERSITY OF SUSSEX 77,198

Estudo de caso 03: Bibliospot

Sistemas de organização

Bibliotecas e arquivos públicos organizam suas coleções de diversas formas, como, por exemplo, em ordem alfabética por autor, título ou assunto. Para construir um sistema que visualizasse o conteúdo das bibliotecas por assunto, a designer teve que entender como cada um desses tipos de sistema opera. Para simplificar ao máximo a busca por assunto, as bibliotecas utilizam um sistema de códigos de classificação e organização que agrupa itens que tratam do mesmo assunto para formar classes e, então, atribui um número específico a cada classe. Tipos diferentes de sistema podem incluir uma lista alfabética de assuntos ou assuntos ordenados em uma hierarquia interna, do mais geral ao específico.

   Um dos sistemas mais utilizados de classificação bibliográfica é a Classificação Decimal de Dewey (CDD), que organiza os itens em dez classes principais, que são então subdivididas em dez divisões, e cada divisão subdivide-se em dez seções. Isso resulta em dez classes principais, 100 divisões e 1.000 seções. Este sistema é hierárquico, o que significa que as dez classes superiores são as áreas de estudo gerais, as 100 divisões são levemente mais específicas e as 1.000 seções são as mais específicas. Muitas bibliotecas que utilizam o sistema CDD para organizar os itens por assunto usam o sistema também como forma de organizar o material físico na biblioteca e, portanto, como uma ferramenta para localizar itens. A pesquisa de Hayes sugeriu que seria útil incorporar ao novo sistema visual uma maneira de exibir a natureza hierárquica da organização da biblioteca por assunto.

Um problema matemático

O sistema de classificação da St. Bride Library é estruturado ao redor de dez classes principais, 100 divisões e 1.000 seções. No entanto, ao contrário do sistema de Classificação Decimal de Dewey usado em muitas outras bibliotecas, ele utiliza classes especiais com seu próprio sistema hierárquico. O catálogo online da biblioteca foi usado para coletar dados a partir das dez classes principais e 100 divisões. Digitando manualmente cada número de classificação, a designer conseguiu extrair o número de entradas contidas em cada classe. Isso gerou um conjunto básico de dados brutos. No entanto, desde 1980 o sistema de classificação tem estado em constante estado de revisão e há classes específicas que não estão corretamente representadas no catálogo da biblioteca. Para tornar os dados mais realistas em termos de conteúdo da biblioteca, Hayes trabalhou de perto com especialistas bibliotecários da biblioteca para revisar os dados quantitativos de modo a melhor refletir a "realidade" do arquivo completo. Uma vez que um banco de dados numérico adequado foi definido, Hayes desenvolveu uma gama de potenciais iterações de um mapa visual do arquivo (página ao lado).

A escala relativa de cada classe ou divisão era visualizada pela área de cada círculo dentro do sistema. No entanto, uma vez que algumas divisões continham números muito pequenos de objetos, e outras, conjuntos de dados muito grandes, uma variedade de abordagens matemáticas e geométricas foram exploradas. Na verdade, a maior classe dentro do estudo contém 8.460 itens, enquanto a menor contém apenas seis. Para que o sistema funcionasse bem, foi necessária uma equação de fatoração para permitir que a classe menor fosse visível e impedir que a classe maior exercesse uma dominância visual excessiva.

ABOUT
HOW IT WORKS
LIBRARY SEARCH
CLASSES

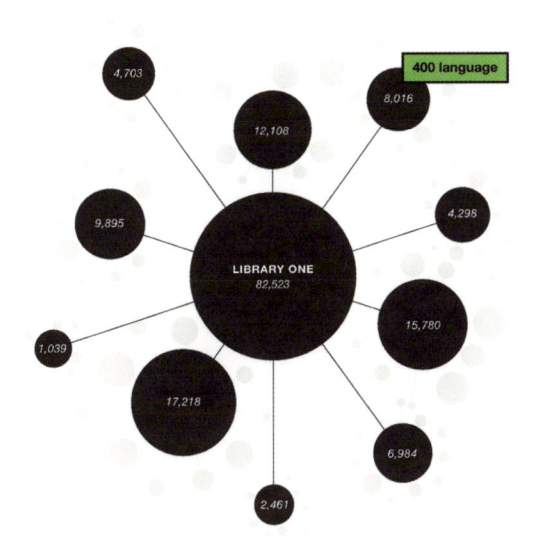

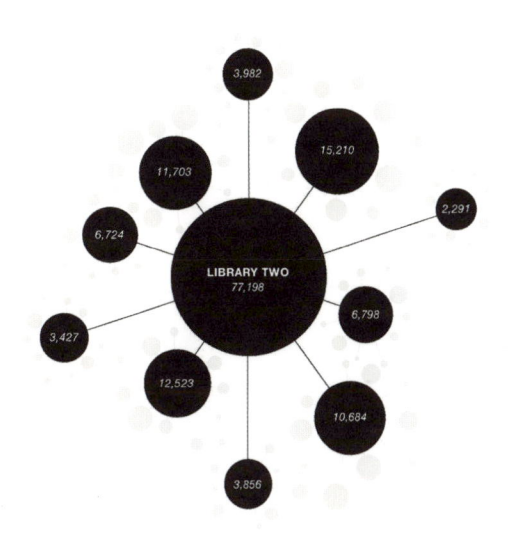

400 language

LIBRARY ONE
82,523

4,703
12,108
8,016
9,895
4,298
15,780
1,039
17,218
6,984
2,461

LIBRARY TWO
77,198

3,982
15,210
11,703
2,291
6,724
6,798
3,427
12,523
10,684
3,856

bibliospot/ COMPUTER SCIENCE / INFO   RELIGION   LANGUAGE   TECHNOLOGY   LITERATURE
                PHILOSOPHY / PSYCHOLOGY SOCIAL SCIENCE   SCIENCE   ARTS   HISTORY / GEOGRAPHY

LIBRARY ONE
82,523

4,703
8,016
12,108
4,298
9,895
15,780
1,039
17,218
6,984
2,461

LIBRARY TWO
77,198

3,982
15,210
11,703
2,291
6,724
6,798
3,427
12,523
10,684
3,856

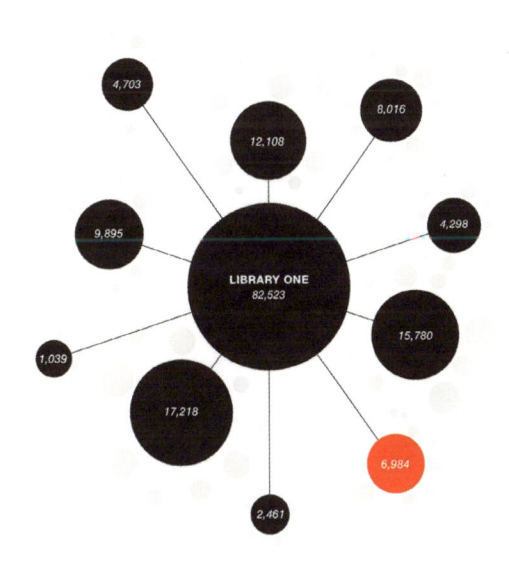

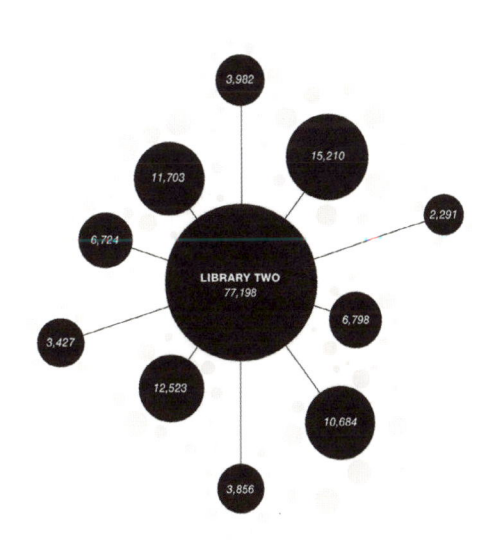

3. Análise e proposição

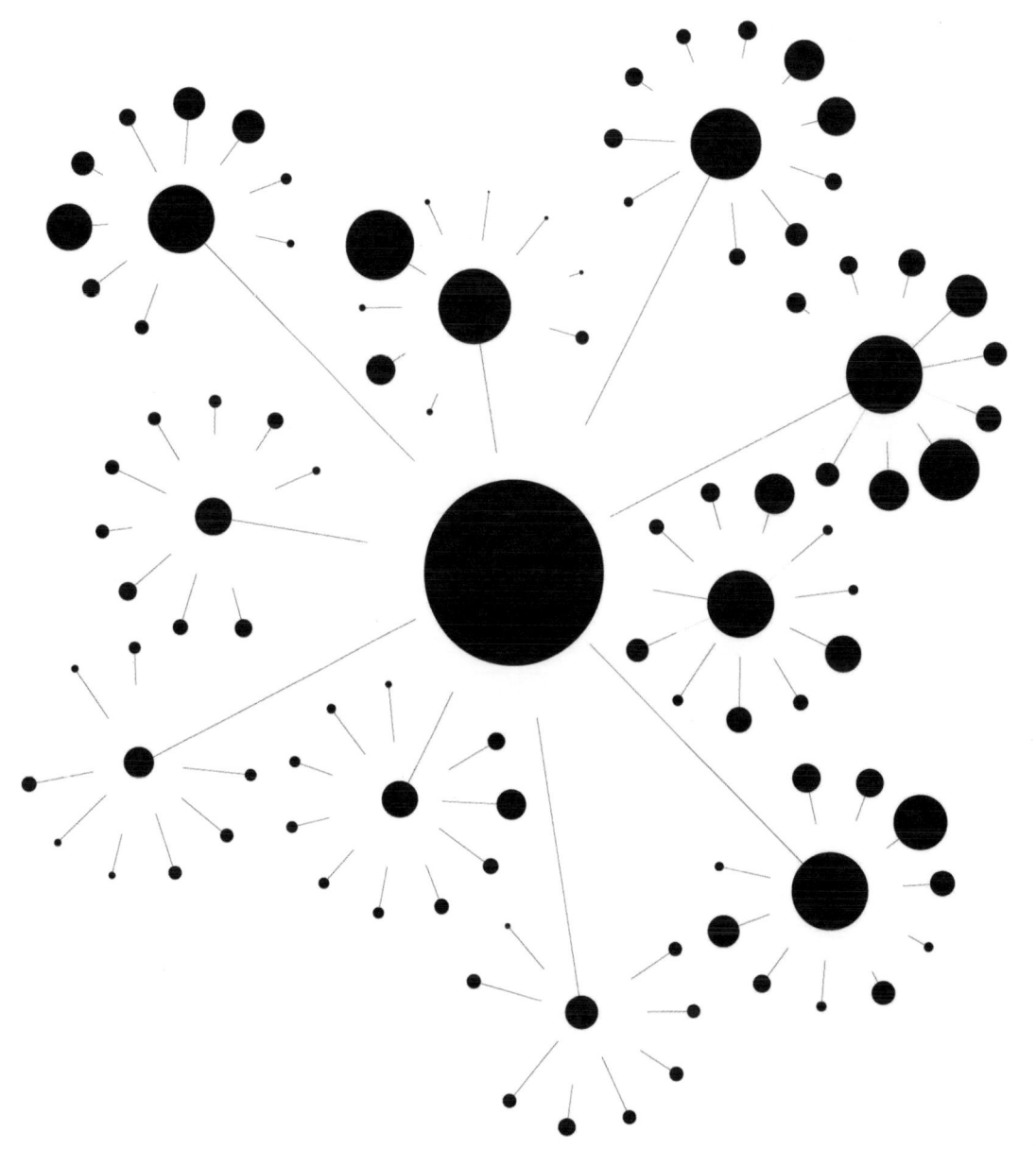

Testes visuais iniciais
Os primeiros testes visuais incorporavam linhas simples e gráficos de barra combinados a nuvens de palavras e hierarquias tipográficas exibindo a quantidade relativa de informações dentro do arquivo (acima e à direita); finalmente, a designer optou por desenvolver um sistema baseado em círculos conectados (página ao lado). Além disso, foi incluído texto dentro das linhas menores que interligavam os níveis do sistema, determinando cada classe, e indicações numéricas relacionadas ao valor quantitativo do número catalográfico de cada divisão (página ao lado, à direita).

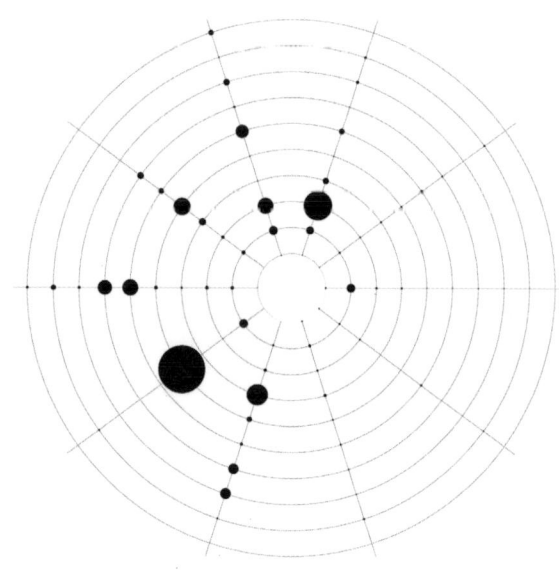

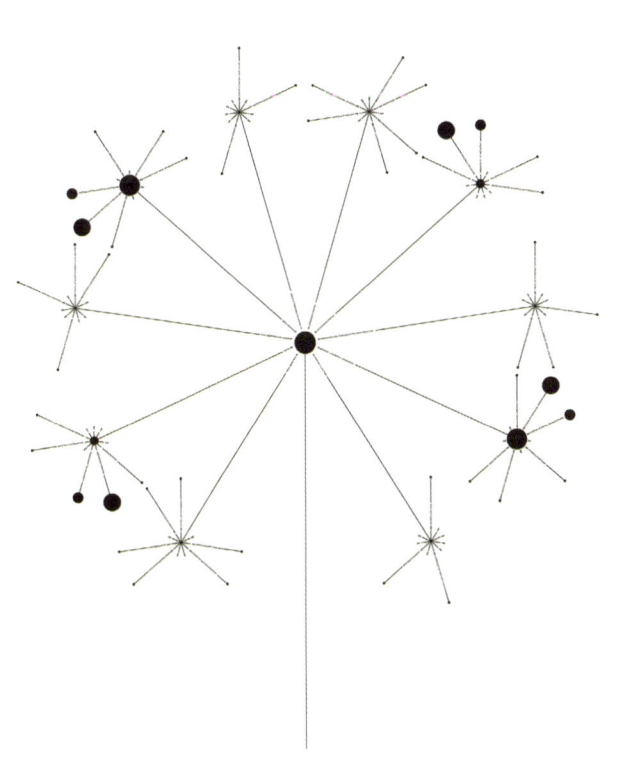

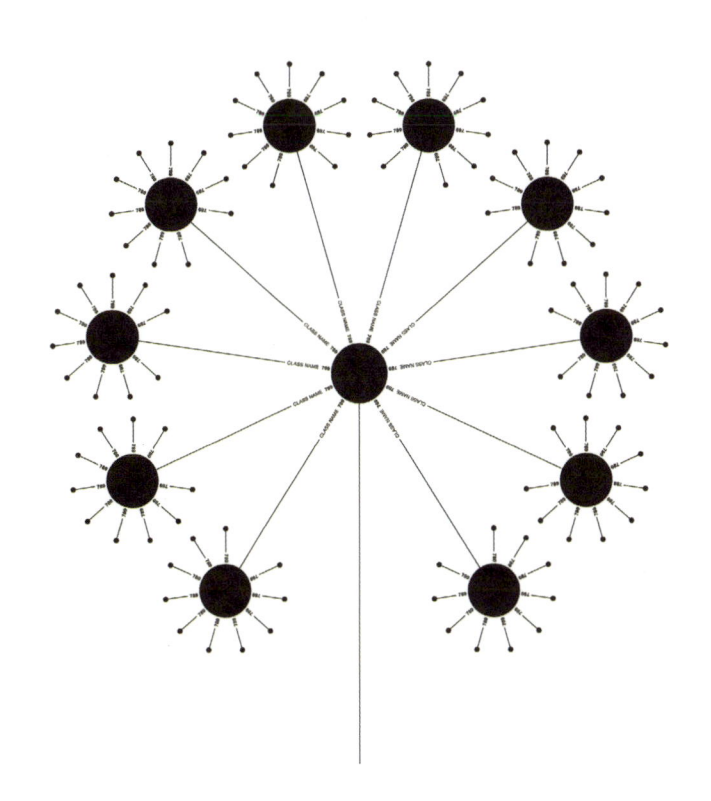

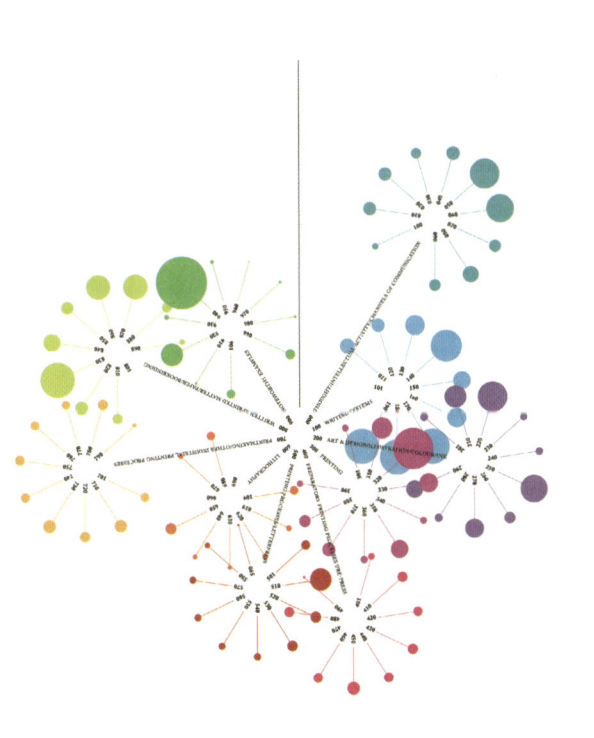

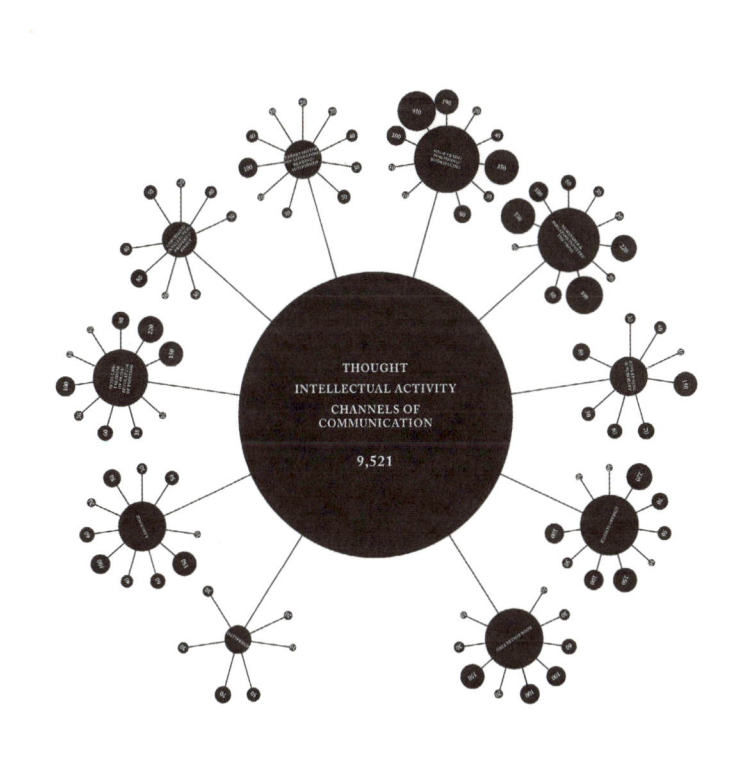

THOUGHT
INTELLECTUAL ACTIVITY
CHANNELS OF
COMMUNICATION

9,521

Sistemas em crescimento

Alguns dos melhores testes visuais levavam ao que poderia ser interpretado como uma estrutura mais "orgânica". Usando a estrutura de crescimento radial de uma árvore para exibir a hierarquia de classificação, Hayes decidiu posicionar as dez classes principais a distâncias variáveis em relação ao nó central, em vez de organizá-las de maneira uniforme e estática em uma órbita circular equidistante a partir do centro (acima e à direita). Outros níveis de informações relevantes podiam ser usados na base dessas distâncias relativas sobre princípios matemáticos semelhantes – por exemplo, o nível de "uso" de cada área ao longo de um período de tempo, ou sua posição dentro da geografia do edifício. No entanto, em vez de depender de dados adicionais ou de um sistema para isso, a designer optou por posicionar arbitrariamente os elementos para conferir um caráter mais orgânico à visualização e para sugerir um possível crescimento e mudança: uma decisão estética para equilibrar os métodos computacionais mais rígidos e exatos usados no restante do sistema.

Sistemas de cores também foram explorados para acrescentar níveis adicionais de informações específicas (página ao lado, no alto, à esquerda), mas novamente foram descartados, uma vez que o número de variáveis estava se tornando grande demais para ser legível sem um código de chave estendida que acompanhasse o "mapa".

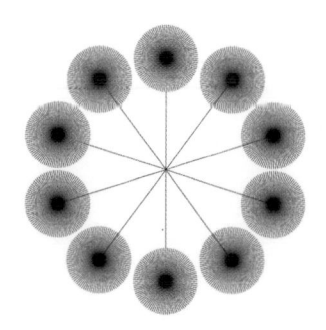

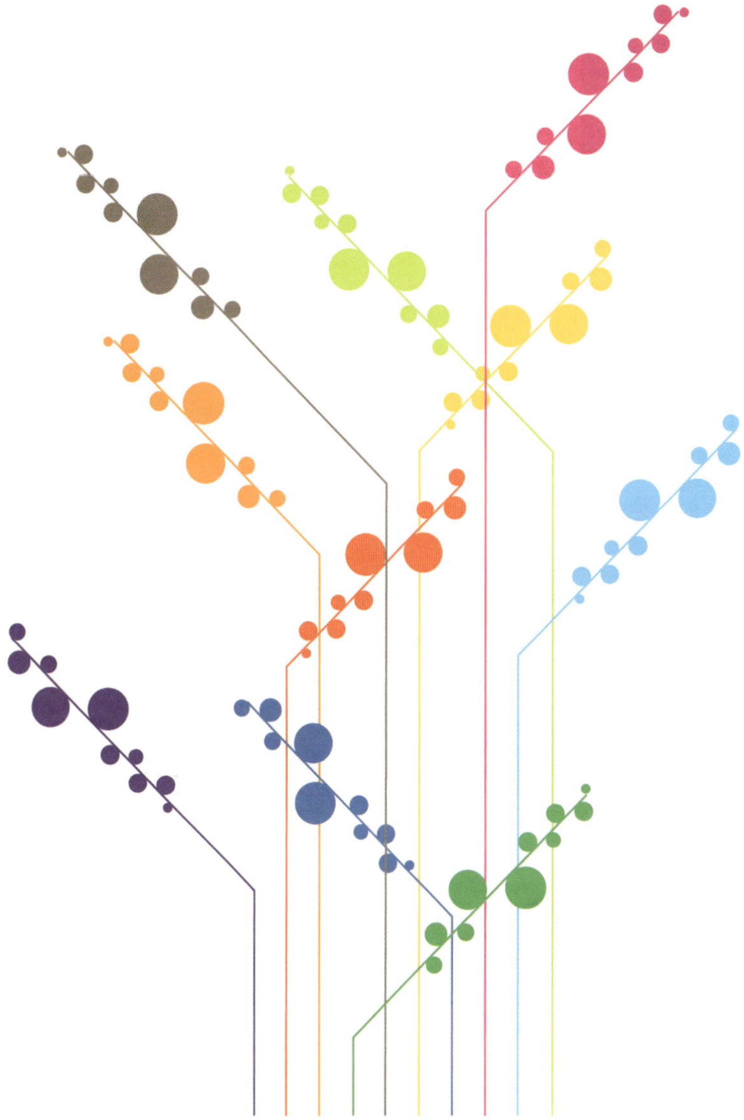

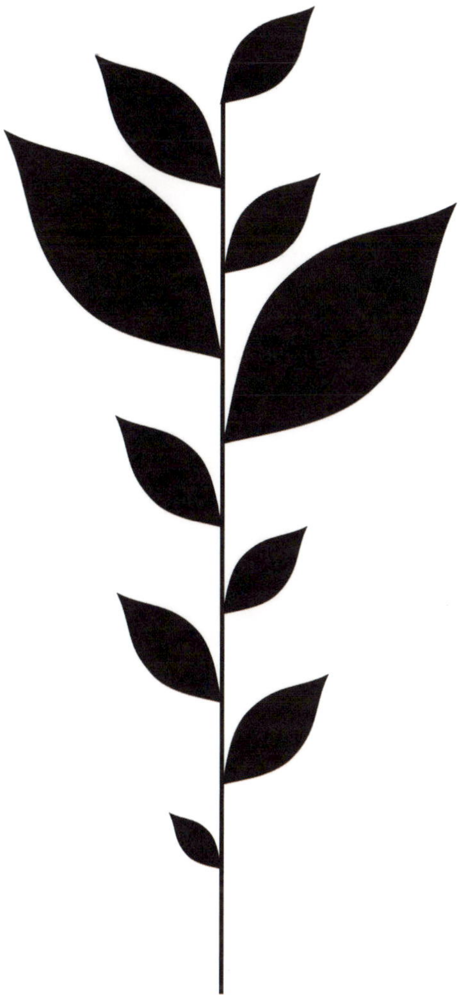

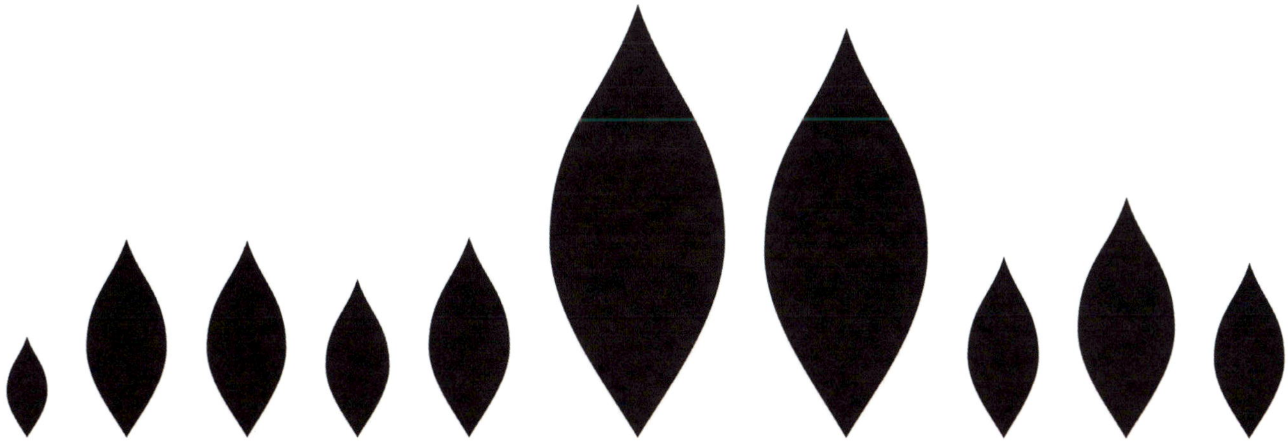

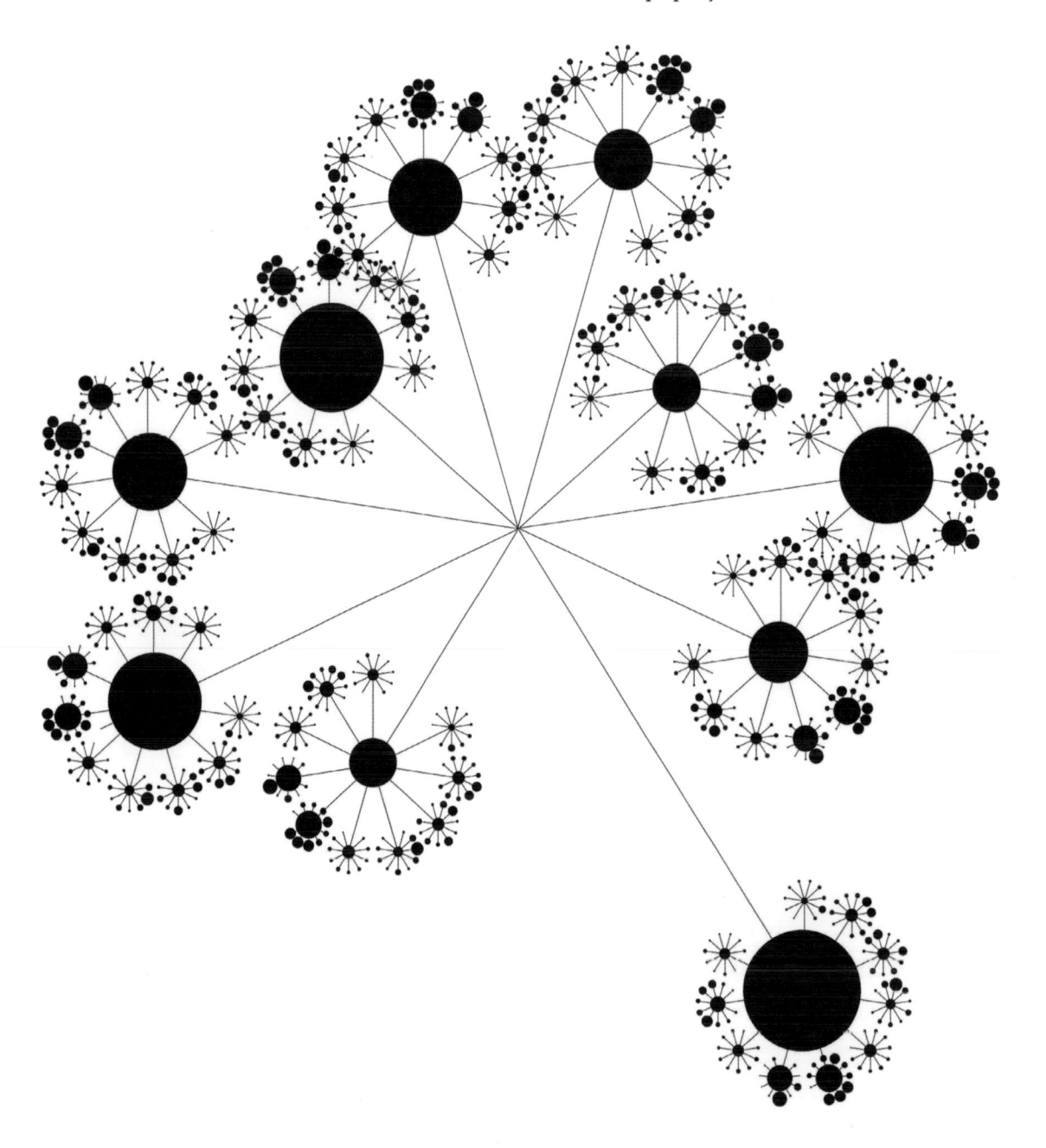

Estrutura revelada

O mapeamento da coleção por meio da utilização de estruturas orgânicas funcionou bem, tanto em nível visual quanto conceitual. Os melhores testes visuais usavam um círculo para representar cada classe (cujo tamanho era proporcional, em área, ao valor representado) e então mapeavam os círculos sobre uma estrutura radial em árvore (acima). Isso permitia ao espectador visualizar facilmente a estrutura do sistema de classificação e, além disso, comparar os valores de classe em cada nível dentro da estrutura. Links relacionados e informações quantitativas podiam ser claramente interpretados usando esse sistema visual simples.

Depois de encontrar uma técnica de visualização que funcionava bem, Hayes considerou a possibilidade de aumentar o nível de complexidade, acrescentando mais dados. Tendo originalmente coletado apenas valores de dados dos dois níveis superiores do sistema de classificação (dezenas e centenas), ficou claro que havia uma grande quantidade de dados adicionais que podiam ser coletados a partir do nível inferior (os milhares). Parecia que, fazendo isso, o nível de informações que poderiam ser extraídas a partir da visualização aumentaria significativamente e, portanto, o sistema poderia se tornar mais útil e potencialmente mais envolvente em termos visuais.

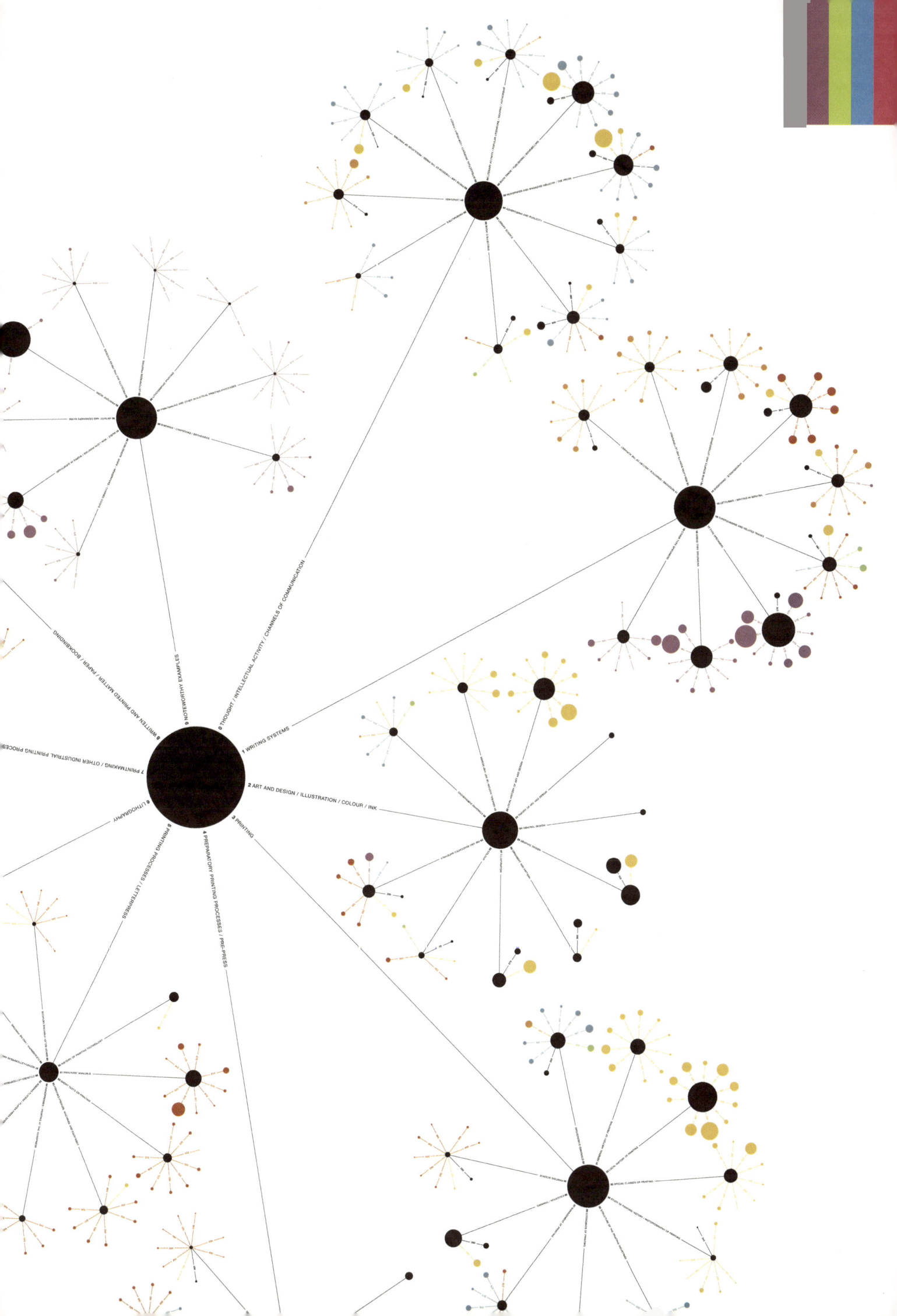

- 0 THOUGHT / INTELLECTUAL ACTIVITY / CHANNELS OF COMMUNICATION
- 1 WRITING SYSTEMS
- 2 ART AND DESIGN / ILLUSTRATION / COLOUR / INK
- 3 PRINTING
- 4 PREPARATORY PRINTING PROCESSES / PRE-PRESS
- 5 PRINTING PROCESSES / LETTERPRESS
- 6 LITHOGRAPHY
- 7 PRINTMAKING / OTHER INDUSTRIAL PRINTING PROCESSES
- 8 WRITTEN AND PRINTED MATTER / PAPER / BOOKBINDING
- 9 NOTEWORTHY EXAMPLES

Conceitos fundamentais: Estruturalismo e semiótica

De acordo com o linguista suíço Ferdinand de Saussure, a linguagem pode ser entendida como um sistema de signos. Em uma série de aulas (Curso de Linguística Geral) ministradas no início do século passado e publicadas postumamente em 1915, Saussure propôs que a unidade básica de qualquer língua é um **signo** ou fonema. Um signo é constituído por um **significante** (um objeto) e um **significado** (seu sentido).

Por exemplo, a palavra **bicicleta** serve para criar o conceito, ou significado, de um meio de transporte – uma máquina com duas rodas que é impulsionada pelo condutor e utilizada para viajar do ponto A até o ponto B. A relação entre significante e significado é arbitrária. Não há conexão lógica ou natural entre o som falado ou a representação gráfica 🚲 e o conceito de bicicleta (isso é conhecido como dualidade). A ligação ou relação é estabelecida unicamente no uso por parte dos falantes – da mesma forma que palavras de som diferente descrevem o mesmo objeto em diferentes línguas: bicyclette (francês), bicicletta (italiano), Fahrrad (alemão), polkupyöra (finlandês), rijwiel (holandês), sykkel (norueguês), reihjól (islandês), etc.

Basicamente, Saussure estava mais preocupado com a estrutura (langue) do que com o uso da língua (parole). Esta forma analítica de pensar sobre a estrutura da língua e do sentido ficou conhecida como **estruturalismo**. A unidade básica dessa estrutura, o signo, só possui sentido por causa de sua diferença em relação a outros signos no mesmo sistema – a langue

O estudo dos signos é também conhecido como **semiótica** – termo cunhado pelo filósofo, lexicógrafo e polímata norte-americano Charles S. Peirce. Suas teorias relativas à linguagem, lógica e semiótica foram desenvolvidas durante o mesmo período que as de Saussure. Peirce estava preocupado com o mundo em que vivemos e com a forma como usamos a linguagem e os signos para entender esse mundo. Peirce afirma que existem três tipos principais de signos: os signos **icônicos**, os signos **indiciais** e os signos **simbólicos** (ver página 102). Os signos icônicos são criados "à imagem e semelhança" daquilo que representam, imitando diretamente seu significado, como, por exemplo, um retrato ou desenho de alguma coisa. Os signos indiciais transmitem informações por meio de "indicações" de sua conexão física com aquilo que representam, como a fumaça, que indica fogo. Os simbólicos são signos gerais que foram associados ao seu sentido pelo uso convencional, como, por exemplo, as cores usadas em semáforos.

Fire

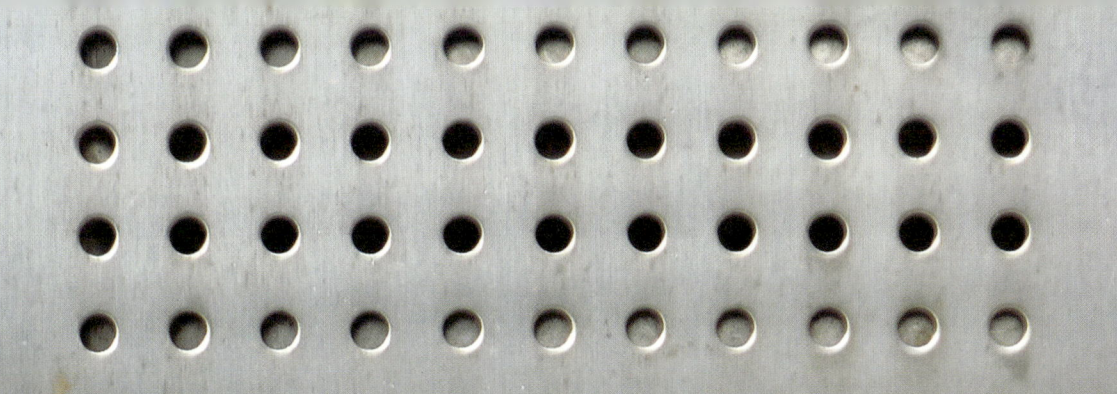

Police

FOR LIFT OR FOR LIFT OR

TO REPORT AN EMERGENCY
1. LIFT COVER
2. PUSH BUTTON
3. ANSWER OPERATOR

YOU MUST ANSWER TO GET HELP

FDNY

Exercícios: Análise de design

Objetivo

O objetivo deste projeto é desenvolver seus métodos e seu pensamento visual como ferramentas de análise. O resultado deste exercício não é necessariamente uma resposta; a ideia é demonstrar que uma boa pergunta de pesquisa permite um melhor entendimento do que está sendo investigado.

Uma tipologia nada mais é do que o estudo dos tipos: uma classificação de coisas semelhantes que compartilham características ou traços comuns (ver página 60). No contexto do design gráfico e da pesquisa, isso pode ser entendido como a criação de um sistema que permite um processo de comparação para revelar os padrões e as ligações que podem não terem sido óbvios para o espectador no primeiro encontro com o conjunto do material a ser analisado ou organizado.

Este projeto requer que você explore o uso da classificação tipológica de objetos na construção de significado. Ele foi planejado para destacar o papel da coleta, do arquivamento e da taxonomia como características fundamentais de investigação e análise.

O projeto será uma oportunidade para coletar dados em uma área temática específica, escolhida por você. Ele permitirá a você desenvolver habilidades úteis em documentação, análise comparativa e categorização e classificação criativas.

Criando o design de uma tipologia, você terá contato com um método de pesquisa útil que pode ser aplicado a outros projetos, seja como método de trabalho ou como um processo para encontrar um posicionamento crítico e uma pergunta de pesquisa em relação ao material sob investigação.

Textos fundamentais
Bailey, K. D. (1994) *Typologies and Taxonomies*. Thousand Oaks, CA: Sage Publications.

Dion, M. (1999) *Tate Thames Dig*. London: Tate Gallery.

Harvey, C. (1995) *Databases in Historical Research: Theory, Methods and Applications*. London: Palgrave Macmillan.

Klanten, R. (2008) *Data Flow: Visualising Information in Graphic Design*. Berlin: Die Gestalten Verlag.

Klanten, R. (2010) *Data Flow v.2: Visualising Information in Graphic Design*. Berlin: Die Gestalten Verlag.

Perec, G. (2008) *Species of Spaces and Other Pieces*. London: Penguin Classics.

Streijffert, C. (1998) *Carouschka's Tickets*. Stockholm: Testadora.

Tufte, E. (1997) *Visual and Statistical Thinking: Displays of Evidence for Decision Making*. New York: Graphics Press.

Parte 1: Coleta de materiais
Você vai precisar coletar os materiais para sua coleção. Ela deve incluir no mínimo 15 peças, que podem ter qualquer forma. Isso pode envolver a coleta de objetos físicos ou pode ser uma documentação a partir de um conjunto de informações, utilizando fotografia, por exemplo. Pense lateral e criativamente sobre que tipo de conteúdo pode ser "colecionado" e organizado em sequências específicas.

Parte 2: Descrição e exploração
Você precisará descrever o porquê de ter escolhido sua área temática específica, bem como suas observações e ideias iniciais sobre a coleção.

Em seguida, você deve começar a explorar e organizar seu corpo de material. Trabalhando em tamanho A3, utilizando apenas uma fotocopiadora ou impressora laser, você deve produzir pelo menos cinco variações, demonstrando, em cada etapa, uma abordagem diferente à organização de sua coleção. Leve em consideração valores como escala, material, local de origem, função e assim por diante.

Parte 3: Apresentação
Comece a explorar a melhor maneira de apresentar o material organizado de forma visual. Isso não precisa necessariamente ter a forma de uma série de fotografias; sua apresentação pode ser mais abstrata: por exemplo, números e valores podem ser substituídos por cores e formas geométricas.

4. Teoria na prática

Desconstrução de obras visuais e desenvolvimento de novas estratégias e métodos

Envolvendo-se com a pesquisa visual

A pesquisa visual abrange dois temas principais em relação ao que poderia ser chamado de métodos analíticos e propositivos – a desconstrução e a interpretação de trabalhos visuais existentes e o desenvolvimento de novas estratégias e métodos de design. Para desenvolver as ferramentas para análise de objetos e artefatos de design, é preciso que o designer se familiarize com uma terminologia emprestada de várias disciplinas que estão fora do papel tradicional do designer gráfico. Alguns desses termos podem ser apresentados ao estudante de design como parte de seus estudos culturais mais amplos, ou como parte de um programa de cultura e teoria visual, mas frequentemente são mantidos como distintos das atividades práticas do estúdio de design propriamente dito.

No entanto, é importante que o designer entenda o vocabulário associado à análise de textos – texto, nesse caso, significando formas visuais e textuais de comunicação – a fim de refletir com maior clareza acerca das decisões tomadas em seu próprio trabalho. Conforme discutido no capítulo anterior, é útil para o designer decompor essa atividade em uma série de etapas inter-relacionadas, mapeando os princípios básicos do campo de estudo, o foco do projeto, a metodologia, a tecnologia e os materiais. A terminologia utilizada na análise de textos pode ser reproduzida na descrição e na construção de novos materiais, a fim de qualificar com maior clareza a intenção do designer: isso pode ser encarado como uma transição da análise para a proposição.

Tanto métodos qualitativos quanto quantitativos de análise de design podem ser necessários para se conduzir um estudo de uma peça de comunicação visual, seja pela decodificação dos sentidos de artefatos individuais, seja pela coleta e comparação de uma série de exemplos relacionados, com o objetivo de avaliar os vocabulários de design selecionados como adequados a um contexto ou público específico.

Denotação e conotação
Determinada palavra ou signo pode ter um sentido literal – isso é chamado de denotação – e pode também ter uma conotação ou várias conotações.

Embora a denotação quase possa ser descrita como óbvia ou como derivada do senso comum em sua literalidade ("isso é uma fotografia de dois homens conversando e sorrindo"), a conotação se refere às interpretações culturais, sociais ou pessoais de um signo, imagem ou palavra (os dois homens na fotografia são irmãos, amantes, executivos fechando um negócio, etc.). A forma como a fotografia é impressa, em foco suave ou em preto e branco granulado, por exemplo, também gera uma interpretação e influencia o modo como o leitor entende a imagem (ver Materialidade, página 160).

07 Aves >>
Estas imagens (nesta página e na página ao lado) são signos que reconhecemos como denotativos de ilustrações simples ou silhuetas de uma variedade de espécies pertencentes ao gênero biológico *aves*.

Porém, eles possuem também conotações individuais. Eles podem indicar uma variedade de animais silvestres ou domésticos, fontes de alimento, espécies raras ou em extinção. Eles também podem conotar atributos como velocidade, agilidade, estupidez, graciosidade ou beleza, ou podem simbolizar o voo, a vida selvagem, a natureza ou o meio ambiente. Talvez pudessem ainda ser um logotipo de uma corporação específica ou um conjunto de símbolos em uma reserva de fauna silvestre que permite aos visitantes identificar diferentes animais a serem vistos naquele ambiente.

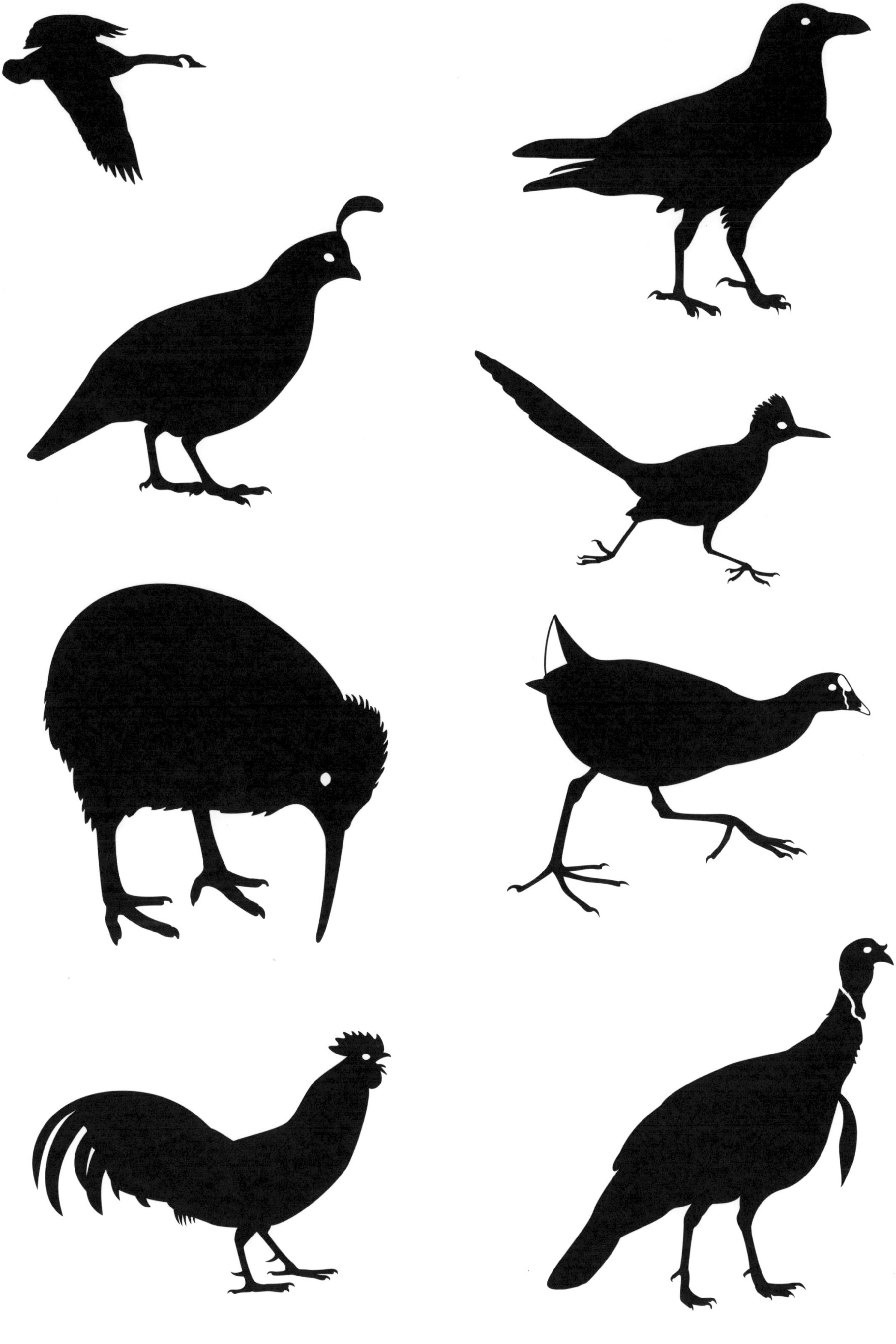

Envolvendo-se com a pesquisa visual

A pesquisa visual envolve o designer em uma vasta gama de atividades, que contribuem de diversas maneiras para o desenvolvimento de novas proposições em design. Em primeiro lugar, o designer precisa entender o contexto no qual o trabalho será inserido. Isso significa que é necessário levar em consideração os materiais já existentes nesse contexto, as expectativas do público-alvo e as mensagens existentes e com as quais o trabalho poderá competir.

Tradicionalmente, o ensino de design sempre trabalhou com pesquisa visual contextual, em termos de coleta de materiais e construção de "quadros de inspiração" – layouts rudimentares que agrupam uma variedade de objetos relacionados à mensagem, transmitindo a ideia geral do tipo de "sensação" que o designer pretende atingir no início do projeto. Alguns desses objetos e elementos visuais podem estar diretamente relacionados à resolução pretendida, enquanto outros são incorporados para denotar as aspirações emocionais e os sentimentos subjacentes que o produto deve evocar. Embora esse exercício possa ser útil, especialmente em design de produto, publicidade e marketing, os designers gráficos também precisam desenvolver uma metodologia mais sofisticada para analisar uma série de materiais relevantes para o projeto proposto.

Familiaridade é importante

É importante que o designer compreenda a variedade de linguagens visuais e textos já existentes no espaço que o projeto proposto ocupará. Todos os públicos têm expectativas a partir das quais questionam e interagem com as mensagens visuais – o objetivo do design inovador é se relacionar com essas formas já conhecidas e expandir a linguagem visual utilizada

Textos abertos
Na ciência ou arte da semiótica (ver páginas 92–93), denotação e conotação dizem respeito à relação entre significante e significado. As formas em que o sentido conotativo de uma imagem ou signo é interpretado ou entendido pelo "leitor" podem ser utilizadas como ferramenta analítica na teorização da comunicação visual. Esse método é muitas vezes aplicado em relação à publicidade e à fotografia.

Além disso, ele forma a base de uma estratégia útil para o designer gráfico na construção de formas visuais de comunicação complexas e envolventes. O entendimento de que as mensagens visuais podem ser tratadas como "textos abertos" (ver Texto, página 30), e que sua conotação é baseada na interpretação do leitor de acordo com sua classe socioeconômica, gênero e nível educacional, é conhecido como "polissemia" e sugere múltiplos sentidos inferidos.

Ancoragem e revezamento
De acordo com a teoria semiótica de Barthes, existem dois tipos de relações entre texto e imagem: *ancoragem* e *revezamento*. Todas as imagens são *polissêmicas* – estão abertas a infinitas leituras e interpretações diferentes, sugerindo uma incerteza de sentidos. Por conta disso, uma mensagem linguística é muitas vezes associada à imagem no design, para orientar sua interpretação. Na ancoragem, o texto "ancora" o sentido da imagem, nomeando a denotação pretendida e ajudando na identificação. O texto dirige o leitor pelos significados da imagem (e, portanto, na direção de um sentido previamente selecionado).

No revezamento, o texto e a imagem formam uma relação complementar, e o texto se propõe a expandir a leitura inicial da imagem. O revezamento pode ser encontrado em histórias em quadrinhos e filmes.

de maneiras novas e empolgantes. Isso significa que a forma da linguagem visual contém sentido, mesmo antes de começarmos a analisar o conteúdo da mensagem. Como Marshall McLuhan resumiu em seu manifesto de 1967, "... o meio é a mensagem" – em outras palavras, as formas como transmitimos e recebemos informações têm um efeito importante e direto sobre o conteúdo dessas informações e sobre como esse conteúdo é lido e compreendido.

Uma maneira coloquial de dizer isso poderia ser a expressão "a primeira impressão é a que fica" – nosso primeiro encontro com uma forma visual cria uma impressão e um nível de expectativa instantâneos. Uma vez que já vimos a forma visual inicial, antecipamos pelo menos uma parte do que esperamos ver ou ouvir depois. Esse princípio pode ser observado em ação, por exemplo, no cinema contemporâneo, em que o diretor pode criar transições suaves entre tomadas e pontos de vista para estabelecer uma estrutura narrativa, ou pode fazer um corte para um quadro inesperado com o objetivo de criar elementos de surpresa, choque ou humor.

Como afirmou o teórico da linguística Roman Jakobson, "...a mensagem não fornece e não pode fornecer todo o significado da transação, [e] ... boa parte do que é comunicado deriva do contexto, do código e do meio de contato. O significado, em suma, reside no ato total de comunicação". A expectativa do público é um fator fundamental no desenvolvimento de boas soluções de design e na exploração de novas formas de comunicação visual com base no diálogo e na interação com o público, temas que serão explorados no Capítulo 5: Público e mensagem.

A palavra "teoria" vem da palavra grega *theórema*, que significa rever ou refletir. O dicionário define teoria como uma explicação ou sistema de qualquer coisa: uma exposição de princípios abstratos de uma ciência ou arte. Teoria é uma especulação sobre algo, e não uma prática.

David Crow
Visible Signs: An Introduction to Semiotics in the Visual Arts (2010)

Autoria gráfica

O design gráfico contemporâneo nem sempre se concentra na resolução de problemas ou na atuação em relação ao briefing de um cliente. A exploração de um tema que interessa ao designer gráfico e a resposta a esse tema, que pode trazer à luz e ajudar a descrever novas linguagens visuais aplicáveis a outras soluções gráficas, são uma parte essencial da agenda de pesquisa. Isso coloca a metodologia de projeto como um componente central do processo de design. O teste e o desenvolvimento de um vocabulário visual relevante para um contexto específico pode evoluir para abordar uma série de problemas dentro desse mesmo contexto. A "solução" resultante pode então ser utilizada pelo designer em relação a trabalhos mais práticos e comerciais.

Porém, desde o início, é importante que o designer estabeleça um conjunto claro de intenções para o projeto, bem como um posicionamento crítico acerca do assunto a ser explorado, para poder refletir sobre como o projeto progride e para testar o resultado das mensagens gráficas em relação a um conjunto de critérios declarados – substituindo o briefing do cliente por um briefing criado pelo próprio designer. As proposições de design são, portanto, uma combinação entre a exploração pessoal do assunto e uma linguagem visual que opera dentro de um conjunto de objetivos predeterminados.

As teorias semióticas de Peirce definiram três tipos principais de signos usados na comunicação visual e verbal ou outras formas de comunicação: ícone, índice e símbolo.

Ícone/Icônico
Ícones são criados "à imagem e semelhança" daquilo que representam, transmitindo a ideia da coisa, lembrando ou imitando diretamente seu significado, assumindo sua aparência, som, sensação, sabor ou aroma – é o caso, por exemplo, de um retrato, desenho animado ou maquete.

Índice/Indicial
Índices ou indicações transmitem informações por meio de sua conexão física com aquilo que representam. O significante não é arbitrário, e sim diretamente conectado de alguma forma (física ou causal) ao significado – essa ligação pode ser observada ou inferida. Exemplos comuns incluem fumaça indicando fogo, "sinais" como o toque do telefone ou uma campainha, e "indicadores" como uma marca ou placa de orientação espacial.

Símbolo/Simbólico
Símbolos são signos gerais que foram associados aos seus sentidos por meio do uso e da convenção, de modo que a relação precisa ser aprendida. Exemplos de símbolo incluem linguagens faladas e escritas, sinais de pontuação, números, códigos, bandeiras e muitas marcas gráficas que indicam notação ou uma linguagem simbólica sugerida para serem interpretadas e lidas por um público que já está familiarizado com aquele código específico.

08 Grande e forte >>
Outdoor à beira de estrada promovendo o restaurante de filés The Big Texan, próximo à cidade de Amarillo, no Texas (Estados Unidos). Pense sobre as conotações desta imagem: que tipo de comida você esperaria encontrar no The Big Texan? Que qualidades você esperaria encontrar – incluindo serviço, cardápio, decoração e mobiliário do restaurante?

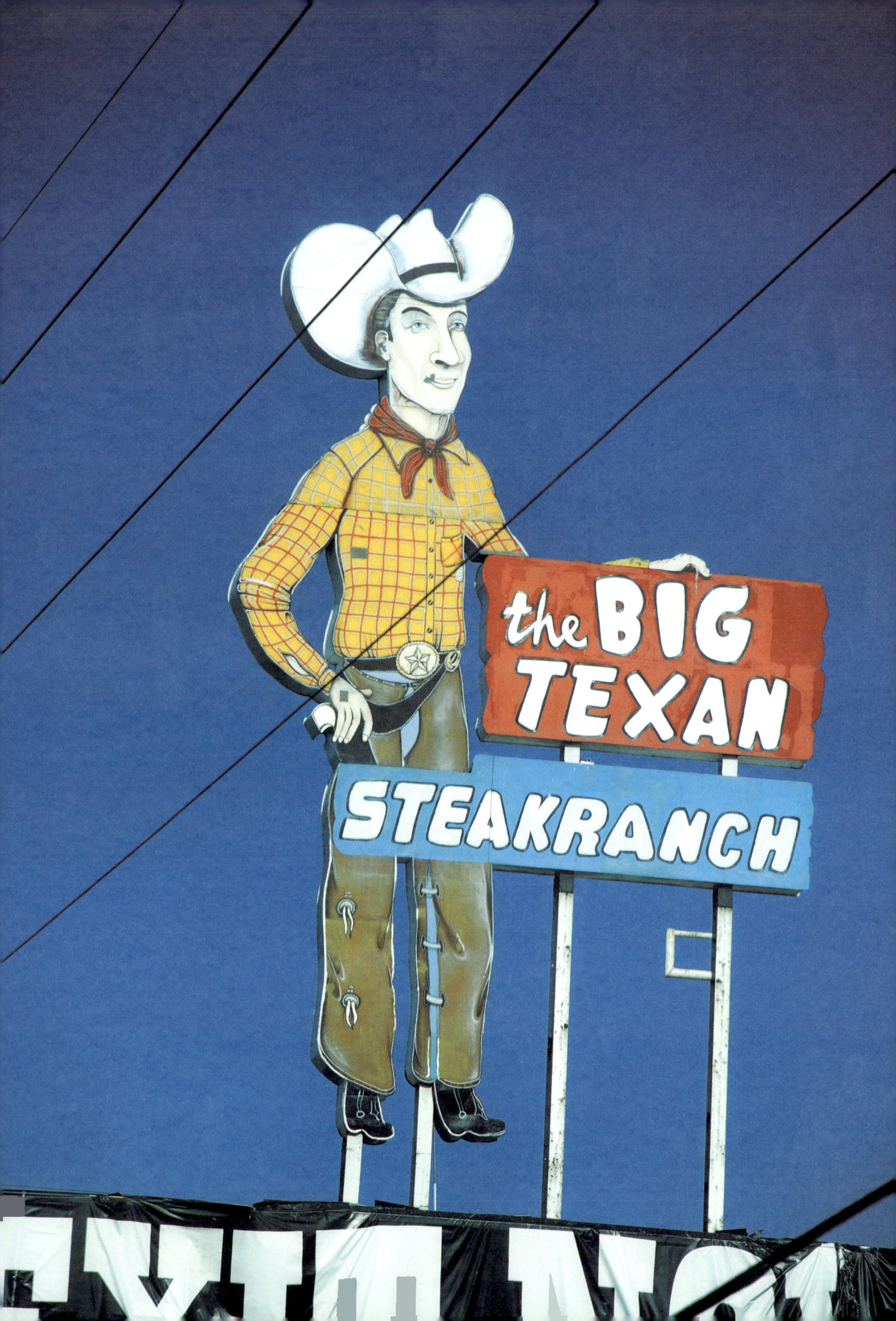
the BIG
TEXAN
STEAKRANCH

Conceitos fundamentais: Pós-estruturalismo

O pós-estruturalismo, em especial a **desconstrução**, tem o seu ponto de partida nas ideias anteriores do estruturalismo, propostas por Saussure e Peirce (ver páginas 92-93), e é importante, enquanto teoria ou estrutura, para pensar na exploração da oposição entre fala e escrita. Em sua obra seminal, *Gramatologia* (1998), o filósofo francês Jacques Derrida contesta a ideia de que a fala é mais importante do que a escrita. Ele afirma que todos os sistemas ou estruturas têm um centro – um ponto de origem – e são construídos a partir de pares binários que existem em relação ou oposição um ao outro.

    O foco na fala *versus* escrita é um exemplo de sistema binário: fala = presença (contato físico entre falante e ouvinte) e escrita = ausência (a palavra escrita pode ser lida sem qualquer necessidade de contato no tempo ou no espaço – podemos ler as palavras de autores que morreram há muito tempo, ou de escritores do outro lado do mundo). A fala, que está associada à presença, é tradicionalmente favorecida sobre a escrita e a ausência – Derrida chama isso de **logocentrismo**. Essas oposições (também chamadas de antônimos) existem para definir umas às outras (BEM-MAL, por exemplo), e em vez de operarem separadamente, funcionam em conjunto e fazem parte uma da outra.

    As ideias pós-estruturalistas negam a distinção entre significante e significado – significantes são palavras que se referem a outras palavras e seu significado é determinado pela diferença entre uma palavra e outra. O sentido de um objeto (seu significado) não está presente no signo em si, mas em sua relação com outros signos. Derrida chama isso de **"différance"**. Os conceitos de **denotação** e **conotação** (ver páginas 46-47) são úteis nesse contexto – toda palavra ou expressão tem potencialmente dois tipos de sentido: o sentido **primário** e literal – **denotação** – e o sentido **secundário**, ou **conotação**. Isso pode ser aplicado a todos os signos visuais e consiste em uma ferramenta poderosa, sobretudo nos campos relacionados a branding e publicidade.

    Por exemplo, um anúncio de revista que retrata um casal atraente e bem-vestido em um carro que parece caro pode estar promovendo as roupas ou joias que estão usando. O sentido conotativo pode sugerir que a compra de um desses itens é a chave para alcançar uma vida feliz e uma carreira de sucesso, para dirigir um carro caro e ter um relacionamento com um parceiro atraente. O contexto desse anúncio em uma revista de consumo ou estilo de vida, em combinação com nossas experiências e bagagem cultural, terá um impacto sobre a forma como "lemos" a imagem usada e nossa relação com suas mensagens codificadas. O sentido da representação e a forma como fazemos sua "leitura" não são fixados por seu criador ou autor, mas sim igualmente determinados pelo leitor.

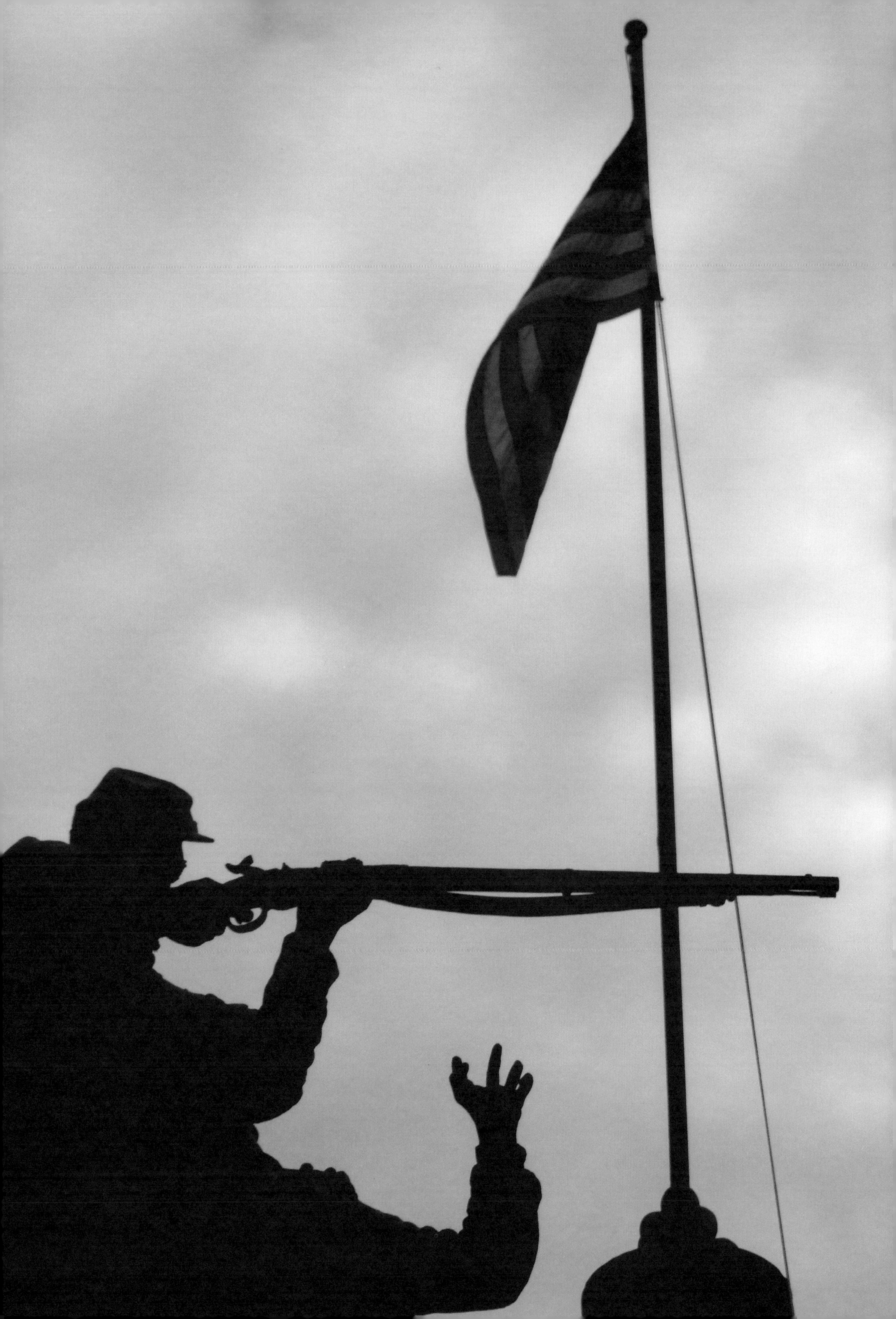

Estudo de caso 04: The English

O projeto de Gemma Dinham se propõe a explorar a noção de "inglesidade" (*Englishness*), termo usado para representar a fusão de uma série de fatores relacionados à identidade nacional inglesa, sua cultura e seu caráter. A interação entre esses elementos oferece ao povo inglês uma ideia de quem eles são, ou, cada vez mais, uma ideia do que não são. Por meio do uso do humor, que é uma das bases da identidade nacional inglesa, e da apropriação de clichês visuais comumente associados à cultura, Dinham buscou explorar e parodiar aspectos do caráter nacional como veículo para obter uma melhor compreensão crítica acerca daquela identidade cultural.

O uso do humor é prolífico em quase todas as interações sociais na sociedade inglesa. Um dos fatores centrais na identificação do senso de humor inglês é o amor pela ironia. Existem muitas definições de ironia, mas talvez a mais simples delas seja: fazer entender algo expressando o seu oposto. O sarcasmo é uma forma de ironia considerada uma marca característica do humor inglês.

Kate Fox, autora de *Watching the English* (2005), descreve o sentido de humor inglês como uma mistura de "cinismo de poltrona, indiferença irônica e uma verdadeira aversão pelo sentimentalismo". O humor é tão onipresente na sociedade inglesa que até mesmo o próprio povo se torna alvo de uma forma irônica e autorreferencial de zombaria. Essa longa tradição de autodepreciação e eufemismo é outra característica fortemente associada à cultura. Para conseguir fazer piadas sobre si mesmo, é preciso que um grupo cultural observe de perto sua própria sociedade e comportamento, e a cultura inglesa tem um longo histórico de reflexão crítica e irônica nas artes, na literatura e na comédia.

O esquema inglês
Muitos clichês visuais são originados em produtos e embalagens. Da mesma forma, muitas marcas tradicionalmente inglesas têm um peso emotivo bem acima de seu valor intrínseco como mercadorias básicas. O apego emocional do consumidor a esses produtos tradicionais muitas vezes está tão relacionado ao apelo visual da embalagem quanto à qualidade do conteúdo.

Depois de uma extensa pesquisa sobre bens e identidades de marca tradicionalmente ingleses, Dinham encontrou um forte senso de identidade nacional e familiaridade em embalagens de alimentos e de produtos domésticos comuns. Ela inicialmente optou por parodiar esses estilos fortíssimos por meio da incorporação de uma variedade de descrições comuns de características nacionais (página ao lado).

IMPOTENT FURY
THE ENGLISH PERSPECTIVE

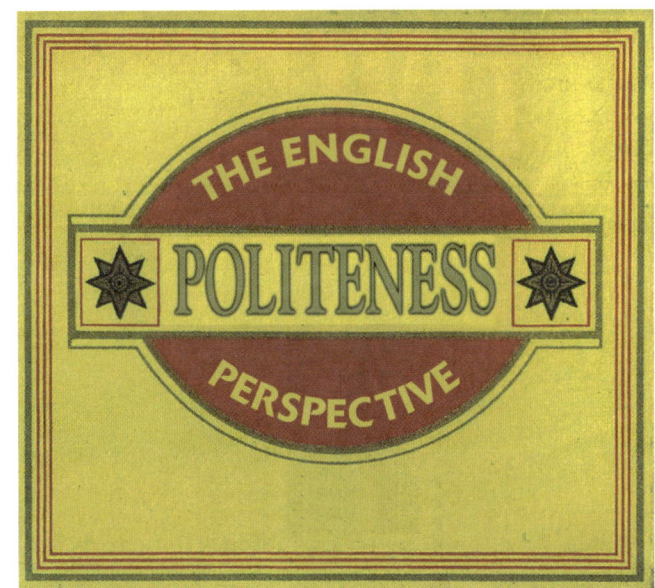

THE ENGLISH
POLITENESS
PERSPECTIVE

THE ENGLISH PERSPECTIVE
IMPOTENCE
THE ORIGINAL FORMULA
MADE FROM VIRGIN ENGLISH INHIBITION
50ml

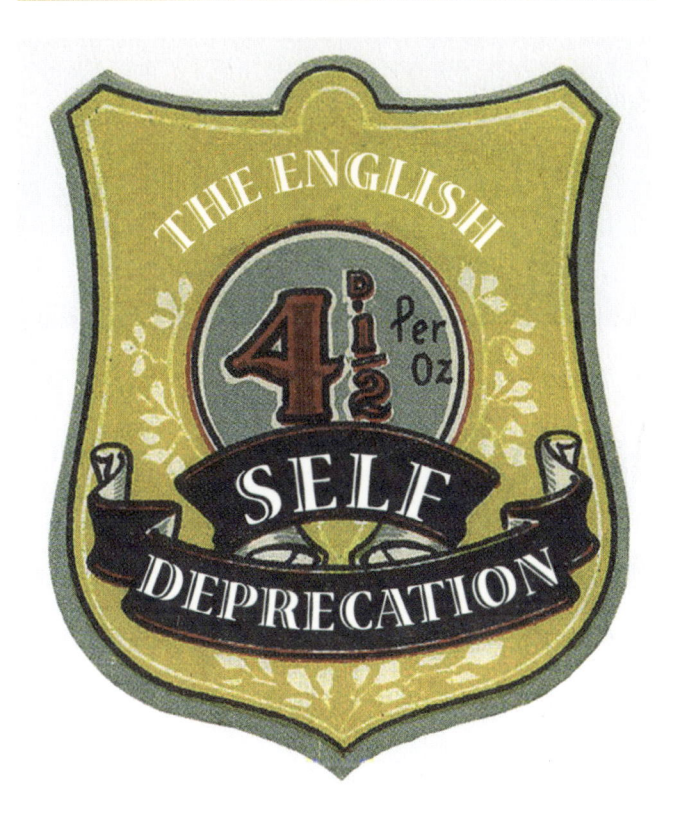

THE ENGLISH
4½ Per Oz
SELF DEPRECATION

Estudo de caso 04: The English

Embora faça sentido usar a ironia como um método para revelar aspectos do caráter nacional, isso tem seus riscos: o problema de usar ironia é que as pessoas nem sempre percebem – para ser irônico, é preciso em primeiro lugar ter uma cultura em que a ironia é regularmente usada e compreendida. A pesquisa de Dinham mostra o quão profundamente o humor está incorporado na psique nacional inglesa e como ele influencia quase todos os aspectos da vida dos ingleses.

Dinham começou sua pesquisa documentando uma grande variedade de narrativas, a maioria cômicas e bem-humoradas, relacionadas à identidade e ao caráter nacional. Isso deu origem a uma série de caricaturas e estereótipos que pretendem representar o povo inglês e sua identidade cultural. Para visualizar e parodiar esses traços do caráter nacional, a designer precisava de um veículo gráfico pelo qual fosse possível construir um comentário retórico. Depois de investigar a identidade visual inglesa, ficou claro que muitas pessoas têm um apego nostálgico especial pelas marcas inglesas tradicionais, em particular por suas embalagens. Parodiando elementos dessas embalagens e usando seu estilo gráfico como base para a criação de novos rótulos para produtos existentes, Dinham conseguiu controlar essas associações familiares e trabalhar a partir de suas conotações culturais implícitas.

É evidente que, para funcionar, o humor precisa ser culturalmente específico tanto em termos das situações ou comportamentos aos quais se refere quanto ao tipo de humor utilizado para criar a graça. A cultura inglesa é fortemente baseada na ironia e na autodepreciação e os "produtos" finais de Dinham simplesmente apontam o espelho para a própria cultura – empregando expressões associadas ao caráter nacional estereotípico e usando essas expressões como rótulos para sua linha de bebidas alcoólicas fictícias.

Engarrafamento

Humor é um termo que geralmente se refere a algum absurdo na natureza ou conduta humana que diverte e, eventualmente, faz rir. Pode ser encontrado em todas as culturas, nos mais diversos cantos do mundo, e muitas vezes só funciona se for baseado em observações e comentários sociais dentro de cada sociedade específica – o humor pode ser autorreflexivo e referencial, entendido dentro do grupo cultural mas não necessariamente fora dele. Por essa razão, tipos específicos de humor de orientação cultural podem ser intraduzíveis para outras culturas.

Como indagou o apresentador e jornalista britânico Jeremy Paxman, *"...alguma outra sociedade dá tamanha importância a ter senso de humor?"* O humor é um elemento central do modo de vida inglês. Pode ser encontrado em praticamente qualquer situação social e é parte integrante do senso de identidade nacional e do entendimento compartilhado da cultura e dos valores ingleses.

Dinham prosseguiu com seus rótulos irônicos de produtos, concentrando-se em uma gama mais específica de marcas e tipos de mercadorias. Ela optou por trabalhar com uma seleção de bebidas alcoólicas e suas embalagens, para tecer um comentário sobre a associação nacional com diferentes tipos de consumo de álcool e a relação entre etiqueta social, classe, maneirismos e bebidas alcoólicas.

Essas embalagens foram estilizadas como paródias diretas de convenções gráficas existentes, como os rótulos e o estilo genérico das cervejas tradicionais e *real ale* (página ao lado).

ENGLISH
EST. 1845

CYNICISM

CRISP, DRY & SARCASTIC

BREWED FROM ENGLAND'S FINEST

4.2% VOLUME

Caráter de classe

Para fazer com que os "produtos" fossem o mais realistas possível, a designer optou por desenvolver rótulos adicionais, incluindo detalhes sobre informações nutricionais, volume, ingredientes, instruções de armazenamento e consumo e outros elementos efêmeros tipicamente encontrados em cada produto. Esse espaço adicional para informações textuais foi utilizado para desenvolver ainda mais sua abordagem satírica ao caráter nacional. Isso permitiu também afinar melhor o conteúdo com o consumidor estereotípico de cada bebida alcoólica e com as associações de classe desses tipos de pessoas (acima e à direita).

Para manter o projeto dentro dos limites da identidade inglesa, Dinham escolheu bebidas que eram tradicionalmente associadas ao país ou que haviam ganho grande popularidade dentro da cultura e que, portanto, passaram a fazer parte da sociedade inglesa contemporânea. Por exemplo, a cerveja tipo *lager*, embora não seja tradicionalmente inglesa como a cerveja tipo *ale*, ganhou popularidade a partir dos anos 1960 e é atualmente a bebida alcoólica mais consumida no país. A linha final de "produtos" incluía embalagens de *real ale*, vinho branco, cidra barata, cerveja *lager* forte e gin (próxima página).

ENGLISH
EST. 1858

Detachment

EXPORT STRENGTH | TRIPLE DISTILLED FOR PURER APATHY

ALC 37.5% VOLUME

4. Teoria na prática

ENGLISH
EST. 1960
RESTRAINT
BREWED IN ENGLAND
PLEASE DRINK RESPONSIBLY
ALC 7.3% VOLUME

ENGLISH
EST. 1858
Detachment
EXPORT STRENGTH | TRIPLE DISTILLED FOR PURER APATHY
ALC 37.5% VOLUME

Estudo de caso 05: An Inventory of Loss

Os museus colecionam e exibem artefatos para educar e informar seus visitantes e para preservar realizações culturais importantes do passado e do presente. O projeto de Neil Mabbs se concentra em uma variedade de itens que não são considerados "valiosos" – os objetos usados e rejeitados encontrados em bazares de caridade e feiras de usados. O trabalho explora a ideia de que, em cada uma dessas lojas, cada objeto é um "artefato" em potencial, e de que tudo tem sua importância. O designer descreve Um Inventário da Perda (*An Inventory of Loss*) como "...Um inventário visual de objetos rejeitados encontrados em bazares de caridade, os museus da vida cotidiana do passado, onde as coisas que perderam seu antigo valor de uso atualmente estão em busca de uma nova utilidade." Por meio de uma série de livros, ele buscou desconstruir o que chama de "semiótica do abandono": a estrutura semiótica dos objetos abandonados encontrados em bazares de caridade e feiras de objetos usados, as mercadorias do tipo "elefante branco" que já não são úteis para seus donos. Buscando inspiração no comum e no cotidiano, seu trabalho explora nossa relação com a natureza transitória dos objetos com os quais nos cercamos.

Mabbs buscou estudar a mudança no destino de uma variedade de itens e documentar sua jornada de artefatos úteis ou estimados para objetos abandonados e desenganados. Seu objetivo era explorar a forma como esses objetos perdem seu apelo, como eles saem de moda ou deixam de funcionar e como perdem seu significado social ou cultural e suas associações pessoais. Baseando-se em teorias do valor estético, funcional e cultural dos objetos, o trabalho de Mabbs reflete visualmente o que Thomas Seelig e Urs Stahel descrevem em sua história fotográfica dos objetos de design, *The Ecstasy of Things* (O Êxtase das Coisas) (2008), como: "... estes objetos, já inutilizados, indesejados, tornam-se divas envelhecidas, enrugadas e roucas, ainda à espera de uma última grande apresentação no bazar de caridade ou feira de usados".

Perda da forma

Mabbs produziu um conjunto de quatro livros, cada um explorando um tema diferente e um método de design prático relacionado. Na sequência de sua tipologia inicial de arquivo completo do material visual coletado, *Book #1: Inventory of Evetything*, o *Book #2: Loss of Form* alude a esquemas científicos para fins de estudo comparativo e, nas palavras do designer, "...busca evocar uma resposta mais fetichista e exótica aos objetos cotidianos documentados."

Loss of Form pergunta se o que vemos é uma função do que sabemos. Quando confrontados com algo que não compreendemos, na tentativa de nos orientarmos dentro do caos visual, é preciso encontrar formas para criar uma organização, é preciso criar categorias e tipos.

O livro documenta uma série de objetos embrulhados, adquiridos em bazares de caridade, que desafia ou mina uma linguagem descritiva, tornando impossível identificar, rotular ou classificar o objeto (página ao lado). A irregularidade da forma estilhaça nosso entendimento de nomes comuns, destruindo a sintaxe com a qual construímos sentido: essas "coisas" não têm qualquer referência clara ou contexto que permita articulá-las como objetos.

Neste livro, o designer considerou que a importância de saber quais objetos residem onde, quando e onde foram fabricados, que tamanho têm e de que material são feitos seria secundária. Essas informações, no entanto, estão incluídas no fim do livro.

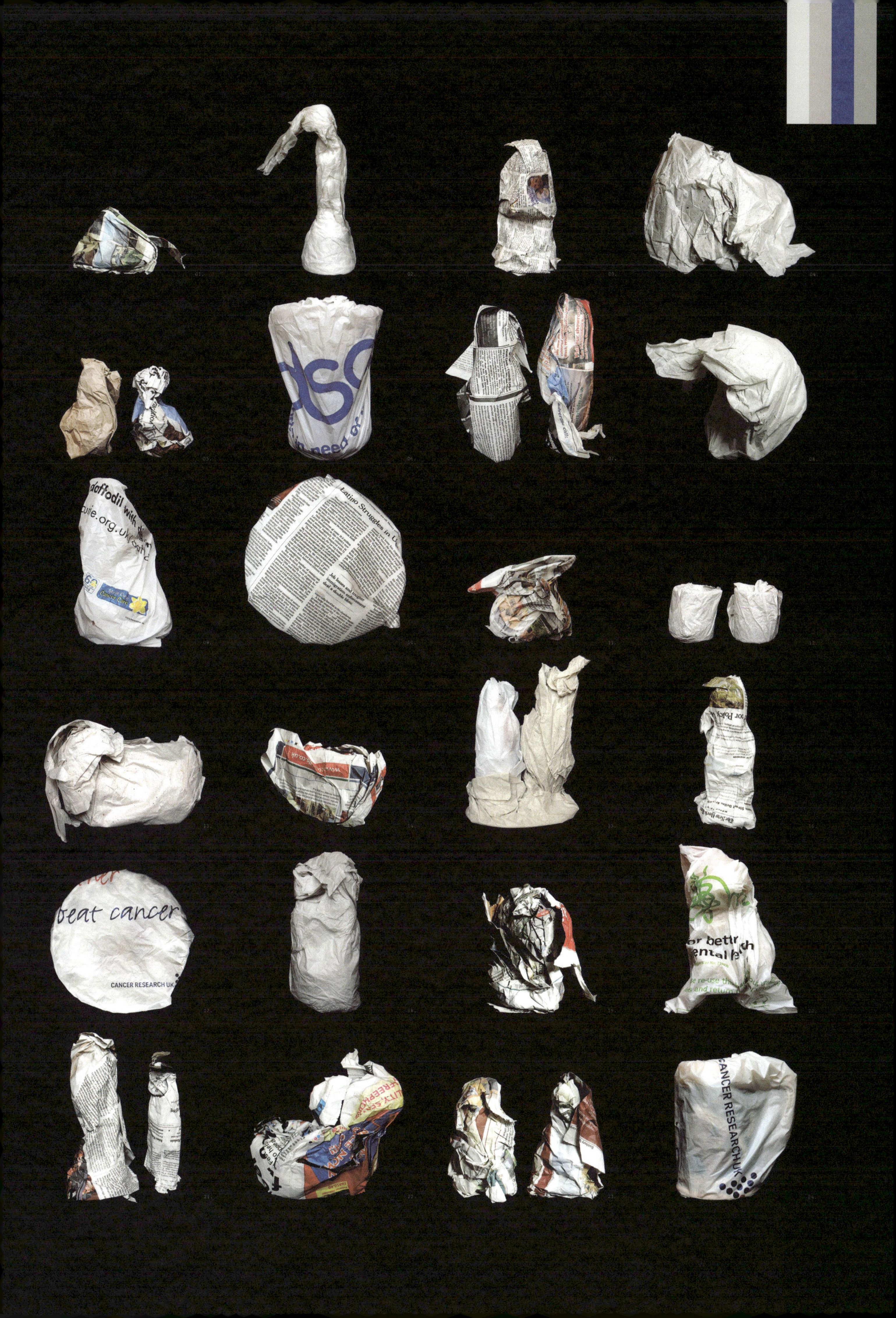
beat cancer
CANCER RESEARCH UK
CANCER RESEARCHUK

Estudo de caso 05: An Inventory of Loss

Semiótica do valor

Uma preocupação central de *An Inventory of Loss* é levar o espectador a pensar, para além dos objetos, em sua proveniência, suas origens e linhagens de propriedade, bem como nas formas como o colecionismo funciona como uma base central do conhecimento no Ocidente. Mabbs também referenciou a Teoria do Lixo (em inglês, *Rubbish Theory* – ver páginas 124-125) – a criação e destruição do valor atribuído a esses objetos e sua transição de itens desejáveis para detritos da vida moderna. Ele adotou um percurso de investigação alternativo, documentando suas descobertas por meio de uma variedade de métodos e processos de design gráfico, desde a simples tipologia fotográfica de objetos e locais de origem até uma série de métodos práticos que buscavam refletir valores relacionados a custo ou valor, forma, idade e tempo. O trabalho também está intimamente relacionado a uma série de teorias da imagem fotográfica – Mabbs usou a fotografia como processo de trabalho durante toda a pesquisa, e estava particularmente interessado na leitura dessas fotografias como imagens de objetos, em vez dos próprios objetos.

Foram produzidos quatro livros finais, mapeando os diferentes percursos de pesquisa e métodos de design gráfico empregados. O *Book #1: Inventory of Everything* (Livro #1: Inventário de Todas as Coisas) apresenta o banco de dados de fotografias completo como uma série de tipologias; o *Book #2: Loss of Form* (Livro #2: Perda da Forma) explora a leitura dos objetos como formas desprovidas de conteúdo ou contexto; o *Book #3: Loss of Order* (Livro #3: Perda da Ordem) mapeia a relação percebida entre objetos aleatoriamente agrupados em balaios de liquidação; e o *Book #4: Loss of Nostalgia* (Livro #4: Perda da Nostalgia) se concentra em um subconjunto específico de itens – ornamentos comemorativos de visitas a destinos turísticos. Os métodos de design gráfico foram utilizados não apenas para apresentar as informações coletadas, mas também para revelar aspectos do processo de investigação do designer por meio de sua forma material ou visual.

Inventário de todas as coisas

Uma boneca de plástico, um vaso de vidro, um porco de cerâmica, um secador de cabelo, um quebra-cabeça, uma foto emoldurada, um par de óculos de sol – todos esses objetos são incongruentes. Mas o que eles têm em comum? Pelo menos isto: todos são signos.

Quando entramos em um bazar de caridade ou visitamos uma feira de objetos usados, encontramos esses objetos e, sem perceber, fazemos uma "leitura" deles. Como membros da mesma cultura, compartilhamos essas "leituras", interpretando o mundo de forma semelhante. De modo geral, as leituras precisam compartilhar os mesmos "códigos culturais". Da mesma forma, para comunicar esses sentidos para outras pessoas, os participantes de qualquer troca relevante precisam também conseguir usar os mesmos códigos linguísticos – eles precisam "falar a mesma língua".

Um objeto é definido como: qualquer coisa que seja visível ou tangível e relativamente estável em sua forma; uma coisa, pessoa ou assunto ao qual se dirige um pensamento ou ação. Em suma, um objeto é "algo" e as coisas que em geral chamamos de objetos normalmente refletem produção em massa – a noção do objeto reproduzido em milhares de exemplos, em milhões de cópias. Normalmente, definimos esses objetos como possuidores de uma função, uma utilidade, um propósito, e é assim que nos relacionamos com eles, como instrumentos.

O exaustivo documentário fotográfico de Mabbs sobre objetos à venda em bazares de caridade, brechós e feiras de objetos usados formou a base de uma tipologia em seu primeiro livro da série *Book #1 Inventory of Everything* (página ao lado).

08/215 08/216 08/217

08/239 08/240 08/241

08/218 08/219 08/220

08/242 08/243 08/244

08/221 08/222 08/223

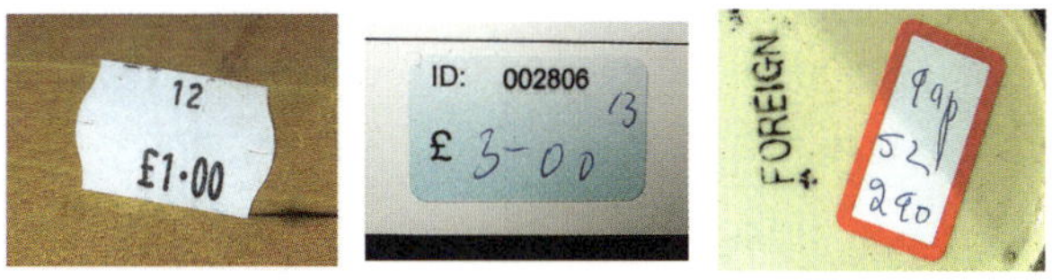

08/245 08/246 08/247

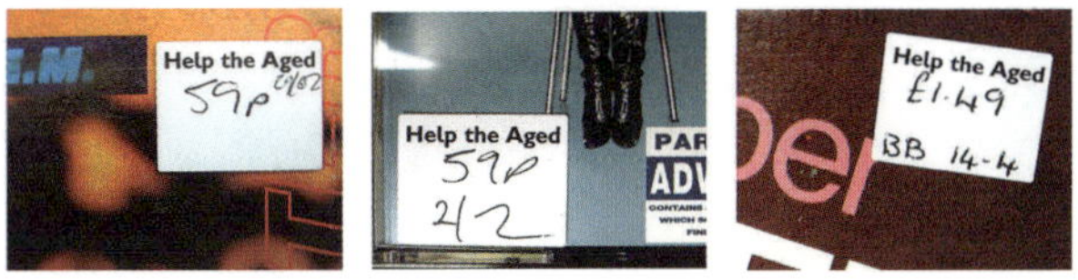

08/224 08/225 08/226

08/248 08/249 08/250

08/284 08/285 08/286

08/061 08/062 08/063

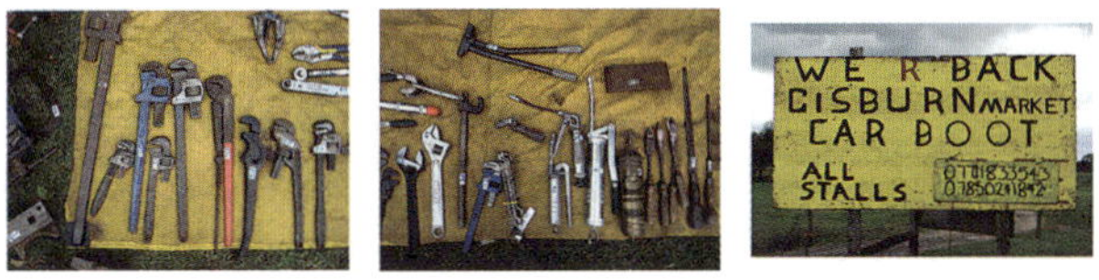

08/287 08/288 08/289

08/064 08/065 08/066

08/290 08/291 08/292

08/067 08/068 08/069

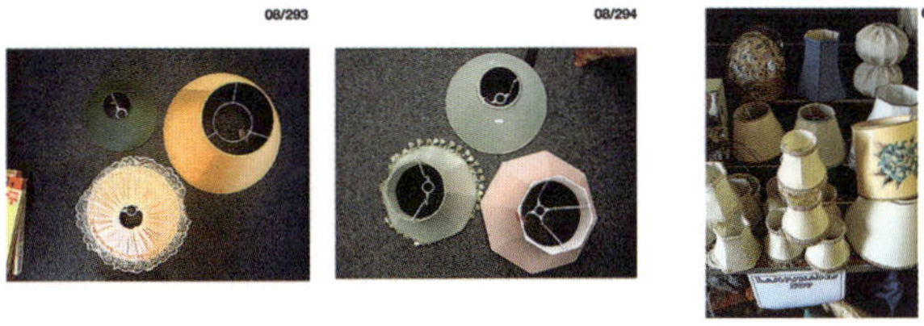

08/293 08/294 08/295

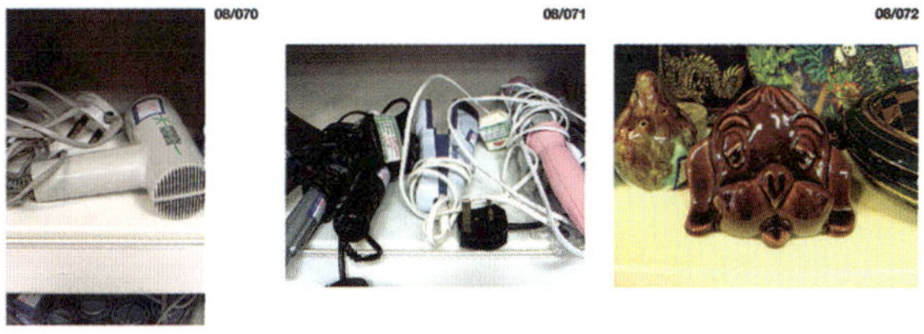

08/070 08/071 08/072

4. Teoria na prática

Relações de objetos

Quando uma coleção de objetos é compilada, o sentido não é mais produzido a partir de qualquer objeto único, e sim a partir do conjunto de objetos. Não importa se eles são enfeites e móveis em uma sala ou uma coleção de objetos na prateleira de um bazar de caridade; os objetos são ligados por uma única forma de conexão: a simples justaposição de elementos. Roland Barthes chama esse tipo de justaposição de "parataxe".

No entanto, embora alguns elementos se proponham a ser exibidos em adjacência uns aos outros – como no design de interiores, ou em uma exibição formal em um museu ou loja, por exemplo –, os significados do sistema de objetos reunidos em bazares de caridade e feiras de objetos usados são mais difíceis de decifrar, uma vez que sua organização pode ser acidental. Os significados desses objetos não dependem tanto do organizador dos objetos (o emissor da mensagem), mas sim do receptor, do leitor desses objetos. E, uma vez que cada um de nós possui várias formas de leitura, dependendo dos tipos de conhecimento e cultura que possuímos, quando nos deparamos com uma coleção desses objetos efêmeros, muitas leituras de sentido são possíveis.

Fotografias de arquivo são tipicamente caracterizadas por um aspecto direto, frontal, regular e aparentemente desprovido de artifício ou arte. Esse tipo de fotografia permite leituras comparativas de tipos, criando sistemas visuais de classificação, de semelhança e diferença. Mabbs desenvolveu uma abordagem altamente sistemática à documentação dos diversos objetos em estudo, formalmente fotografando os itens a partir de dois aspectos opostos (página ao lado, no alto) e catalogando coleções de objetos por data e local, junto a agrupamentos de objetos observados (página ao lado, embaixo).

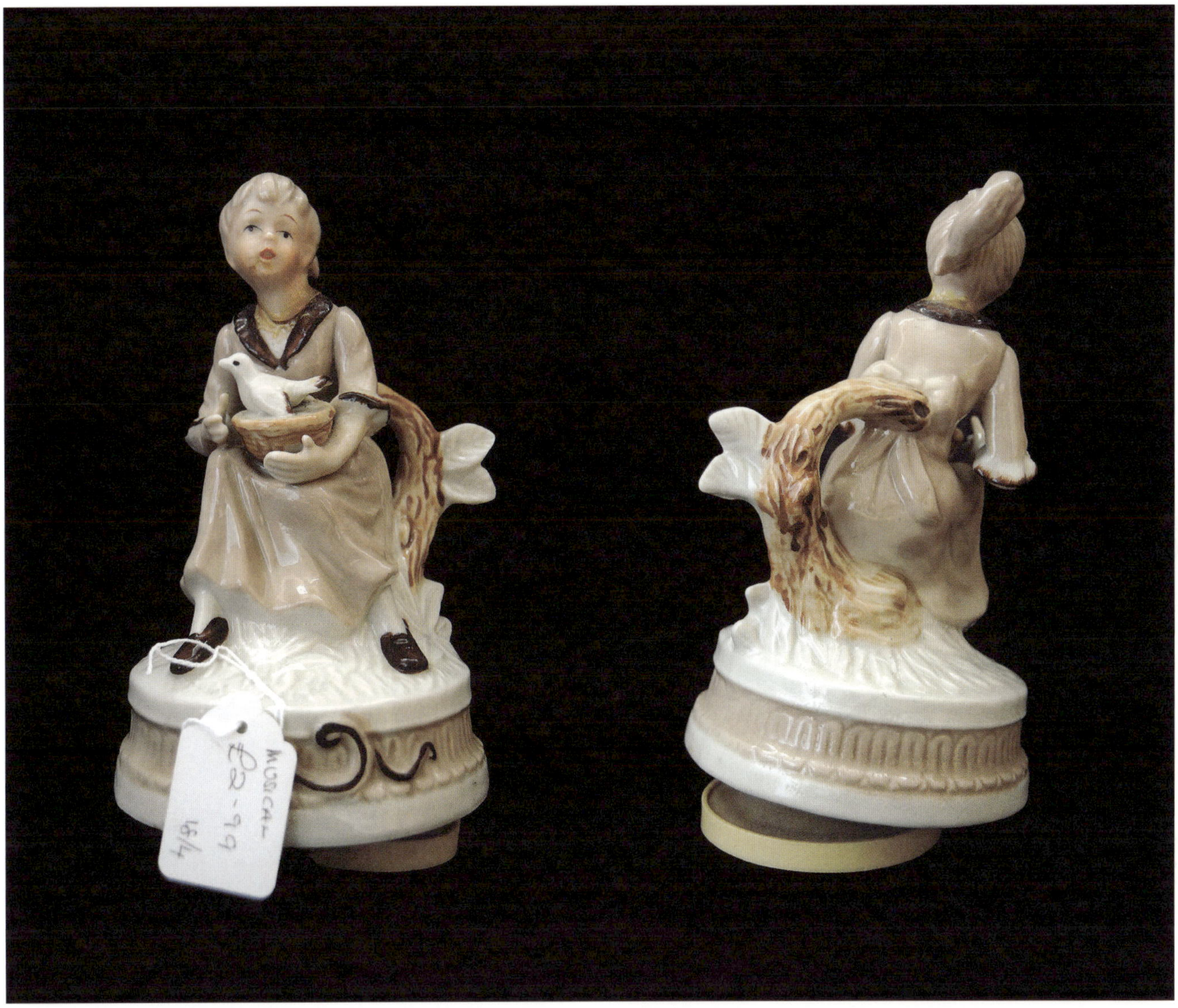
MUSICAL
£2-99
18/4

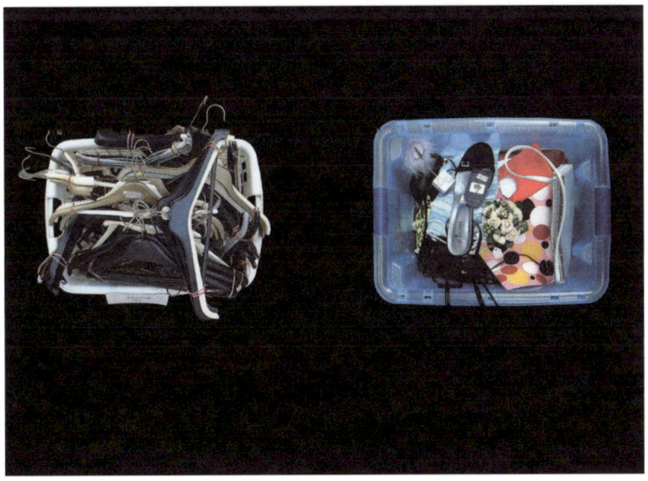

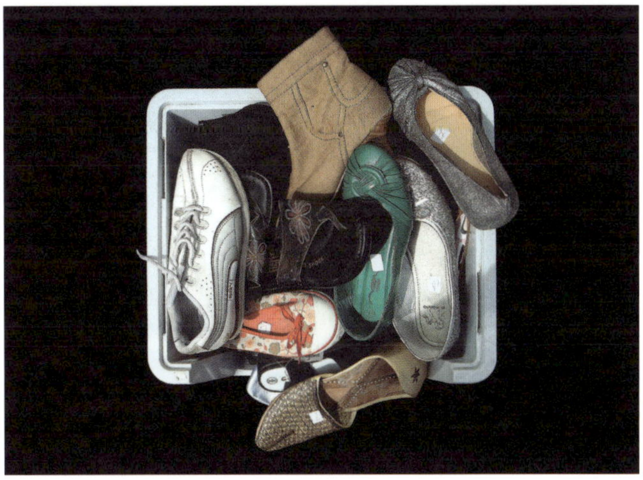

4. Teoria na prática

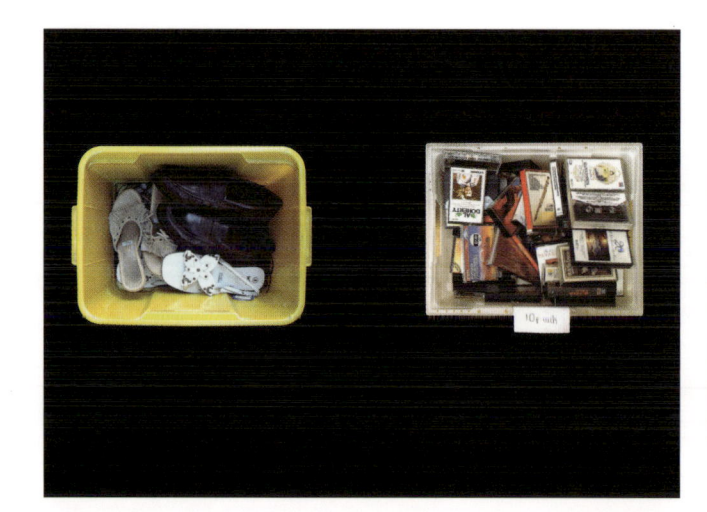

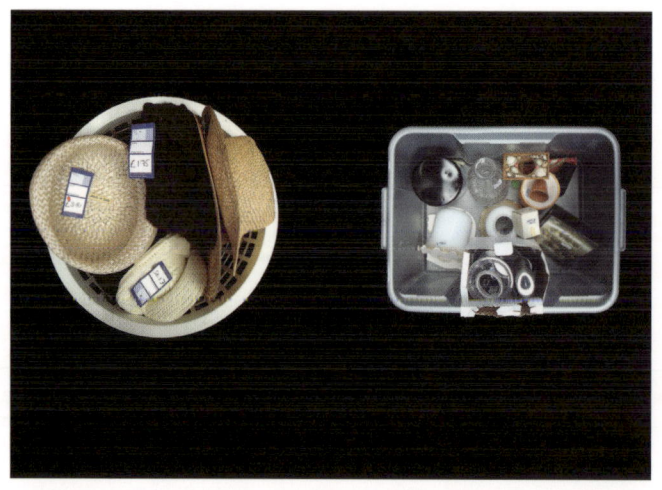

Fora de ordem

Book #3: Loss of Order explora uma variedade de justaposições ou objetos não relacionados e o efeito familiar e ao mesmo tempo desconcertante que ocorre quando conectamos coisas ou objetos que têm pouca ou qualquer semelhança entre si. O livro é uma coleção de fotografias de itens em liquidação encontrados em quarenta "balaios" ("tubs of tat") em bazares de caridade. O termo coloquial inglês "tat" é definido como "mau gosto pelo caráter barato e vulgar: barateza" (www.dictionary.com).

Na introdução ao livro, Mabbs declara que "…*há uma teimosia nesses objetos, uma resistência à nossa necessidade de classificá-los e ordená-los.*" A singularidade de cada objeto enfatiza seu isolamento em relação aos objetos que o cercam, e destaca a perda do contexto no qual ele normalmente está inserido. A abordagem do designer se propunha a sobrepor a prática fotográfica com métodos taxonômicos, explorando a sutil relação entre estética subjetiva e documentação objetiva. A obra tenta utilizar de forma eficaz a capacidade essencial da fotografia para descrever e apresentar, em diversos graus de fidelidade e complexidade, evidências visuais extraídas do mundo real. O trabalho explora a retórica da fotografia como evidência científica e combina técnicas como exposição, rótulos, notas, fotografias de campo e elementos efêmeros.

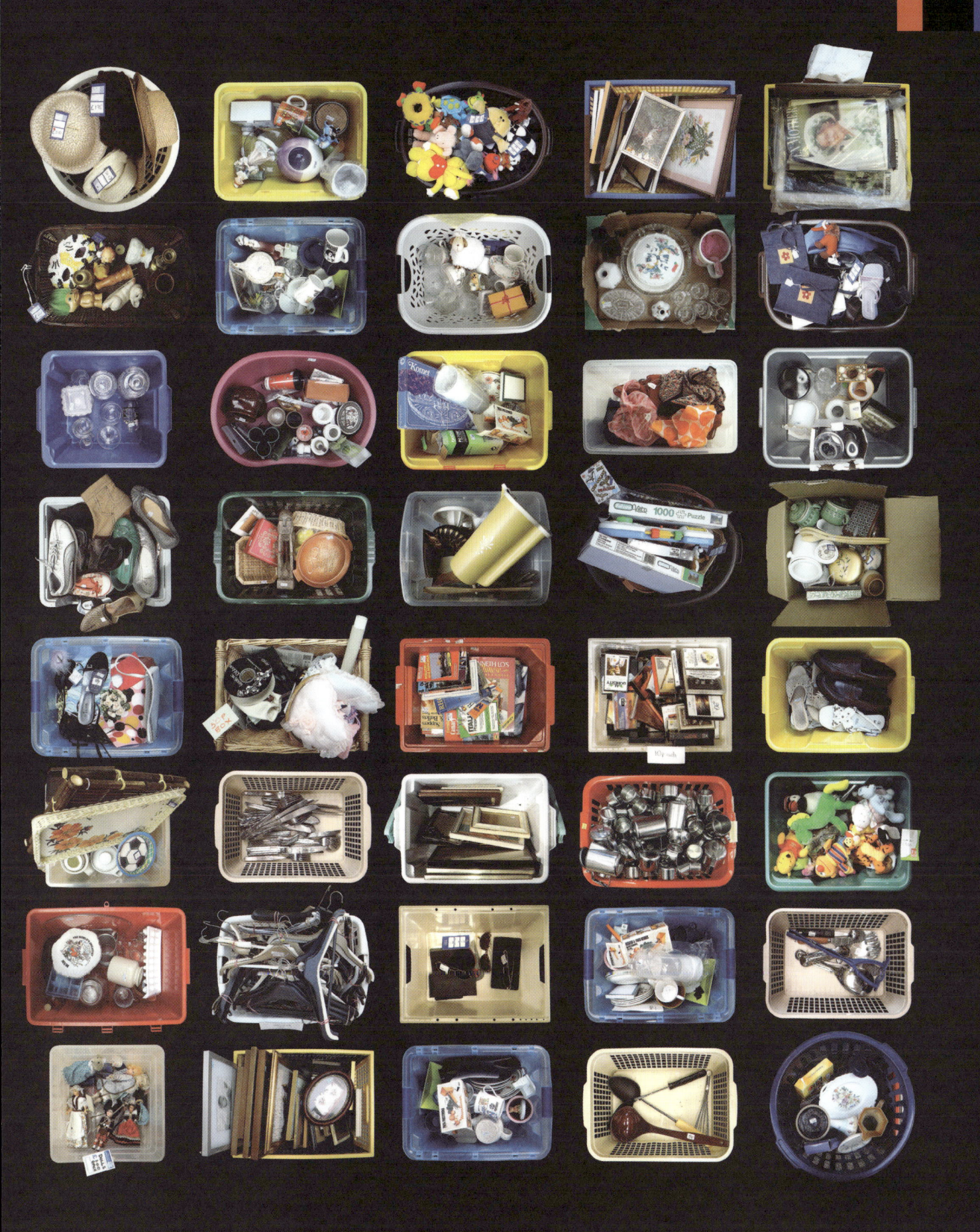

Was | Now

4. Teoria na prática

Nostalgia

Book #4: Loss of Nostalgia continua a explorar o que Mabbs chama de objeto marginal, neste caso uma série de cianótipos produzidos para registrar uma coleção de 21 *souvenirs* turísticos encontrados em bazares de caridade. O livro é um convite para refletir sobre as camadas de tempo e as experiências impregnadas nesses objetos, e pensar nas estruturas que moldam a vida cotidiana. Essas camadas de tempo sugerem diferentes histórias: as histórias pessoais dos objetos nas prateleiras e de seus antigos donos.

O processo de cianótipo para criar as impressões foi criado pelo astrônomo Sir John Herschel em 1842 e envolve o uso de papel tratado com uma solução de sal de ferro sobre a qual o objeto ou negativo a ser produzido é posicionado e, então, deixado sob a luz do sol. Depois de um curto período de tempo (cerca de dois a oito minutos), uma impressão do objeto é vista sobre um fundo azul brilhante ou ciano. Embora todas as imagens dessa coleção contenham objetos notadamente contemporâneos, o processo confere a eles uma atmosfera vitoriana.

O *souvenir* é um objeto que surge a partir das exigências insaciáveis da nostalgia. Os *souvenirs* turísticos que colecionamos são representações de coisas que foram feitas, vistas e admiradas. Todos esses elementos efêmeros podem ser classificados como "marcadores" de experiências pessoais ou eventos. O livro final é uma coleção de fotografias de "marcadores" rejeitados e utiliza o tempo de exposição como um marcador para sua representação visual (acima e na página ao lado, embaixo). A exposição de cada objeto no processo de cianotipia foi calculada em relação ao período de tempo que a peça passara em exposição no bazar de caridade (página ao lado, acima).

Cyanotype tests

Date: 28/7 Weather: ☁/☀ Time of day: 11:00 – 3:00

Conclusion:
don't use Somerset → pale imagery, faded.
Fabriano absorbs cyanotype →
results in deeper blue image.

Object (negative)	Neg no./type	Paper	Exp Time (MINS)	Method application / no. of coats.	Neg no./type	Paper	Exp Time (MINS)	Method
Musical lady	20.Laser	Somerset	full sun 10 mins	1 coat old sensitiser/rod	2. Laser	Fabriano	full sun 5	old / rod / 1
Ardeche bowl	3. Laser	Somerset	full sun 10	new / rod / 1	4. Laser	Somerset	full sun 5	new / rod / 2 coats
Verona Arena	5. Laser	Fabriano	full sun 5	new / brush / 1	22. Spanish Dolls	inkjet Langton	12 sun	rod 1.
Big Ben bell	6. inkjet	FAB 5.	sun 7.5	new / rod / 2,1	7. Laser	FAB 5.	sun 7.	new / rod / 2
Doll in box	11. Laser	Fabriano	sun 7.	new / rod / 1.	Spanish 21 pan.	object	sun 12 mins	brush 1.
Drachen German mug	Laser	Fabriano	sun 5.	rod / new / 1	9. inkjet	Somerset	sun 6	new / rod / 1.
Southsea seagull	12 inkjet	Somerset	cloudy 6.	new / rod / 1.	13. inkjet	Somerset	cloudy 8	new / rod / 1.
Snow Storm Holland	2 inkjet	FABRIANO ARTISTICO	full sun 2.5	rod / old / 1	4 ink	full sun	1 min	6 ink 30-40 secs full sun
Clockwork monkey (full)	1 inkjet	" 200gsm	" "	rod / old / 1.	3 ink	full sun	1 min	5 ink 30-40 secs full sun
Monkey (close-up) seagull	23 Gicleé	inkjet / Langton	2½ sun	rod / 2.	15 Monkey/ink	Fabriano 300gsm	4 mins sun	rod / 1.
Donkey & cart	14 inkjet	FAB 5.	cloudy 10	new / rod / 1.	17 monkey/ink	Lot 200	6½ sun	" "
Turkey clock	7 ink	Lot 200gsm	cloudy	2 / old / old	24 Spanish Dolls	inkjet / Langton	1½ sun	rod / 2.
Italian Gondola	8 ink	Lot 200gsm	cloudy	2 / old / old	27 seagull	Langton	2½ sun	rod / 2
Paris Hanky	9 ink	full sun 1 min	FAB 200gsm	10 → hanky	Langton	3 mins	11 hanky - Langton - 5 mins
								12 - 10 mins

Redo chart → neg no | type | paper | Method no. of coats / application | exp. time | result poor / faded etc.

Conceitos fundamentais: Teoria do Lixo

Proposta inicialmente por Michael Thompson em seu livro ***Rubbish Theory*** (1979), a Teoria do Lixo diz respeito **à criação e destruição de valor** nos objetos artificiais, artefatos culturais e ideias. Como sociólogo, Thompson se interessou pelas formas como os objetos contêm um valor econômico ou cultural, o qual diminui ao longo do tempo até o ponto em que se tornam redundantes e inúteis. No entanto, Thompson observou que, depois disso, alguns objetos começam a agregar valor novamente à medida que o tempo passa – como, por exemplo, antiguidades, carros antigos e casas geminadas de arquitetura georgiana.

Assim, os objetos podem fazer uma jornada, partindo de uma região que Thompson descreve como **transitoriedade** (valor decrescente), passando pelo **detrito** (sem valor) e chegando à **durabilidade** (valor crescente). Quando essa ideia é aplicada a uma casa, por exemplo, podemos observar que uma construção pode ter um valor inicialmente alto, dependendo de seu status, custo e função, que pode ser reduzido ao longo do tempo em relação a uma vida útil esperada. Depois disso, ela pode passar a ter um valor residual baixo ou nulo e ser demolida para dar lugar a uma nova construção. No entanto, embora essa obsolescência tenda a acontecer com certos tipos de propriedade (residências de baixo custo construídas na década de 1960, por exemplo), não é esse o caso dos sobrados ingleses de arquitetura georgiana ou vitoriana, que são chamados de "propriedades de época" pelos agentes imobiliários e que se tornam altamente desejáveis e caros. A durabilidade é, portanto, socialmente construída.

As ações de um indivíduo estão relacionadas à sua própria **visão de mundo** – o modo como a pessoa percebe o mundo com base em sua herança cultural, educação e experiência – e a teoria de Thompson tenta chamar nossa atenção para as formas como nossa compreensão dos objetos é socialmente construída e entendida. O autor ainda vai além, refutando os ideais da **teoria transacional**, segundo os quais há um acordo implícito entre os indivíduos envolvidos na transação de um objeto de valor, com base nos pressupostos compartilhados por eles.

Embora diferentes, esses pressupostos são harmonizados ao longo do tempo, à medida que cada indivíduo adapta sua abordagem para obter melhores resultados em sua próxima transação – o que leva a uma visão de mundo homogênea (ou a valores culturais compartilhados) em um grupo social ou comunidade. Thompson afirma que esse processo é, por definição, estático na sua exclusão das influências externas sobre os indivíduos envolvidos, e que a percepção desses indivíduos sobre os resultados de suas ações pode não condizer com a realidade. Essas ideias podem ajudar os produtores de objetos transitórios e duráveis – como os designers gráficos – a descrever a complexa relação entre o artefato cultural e seu valor ou utilidade percebidos.

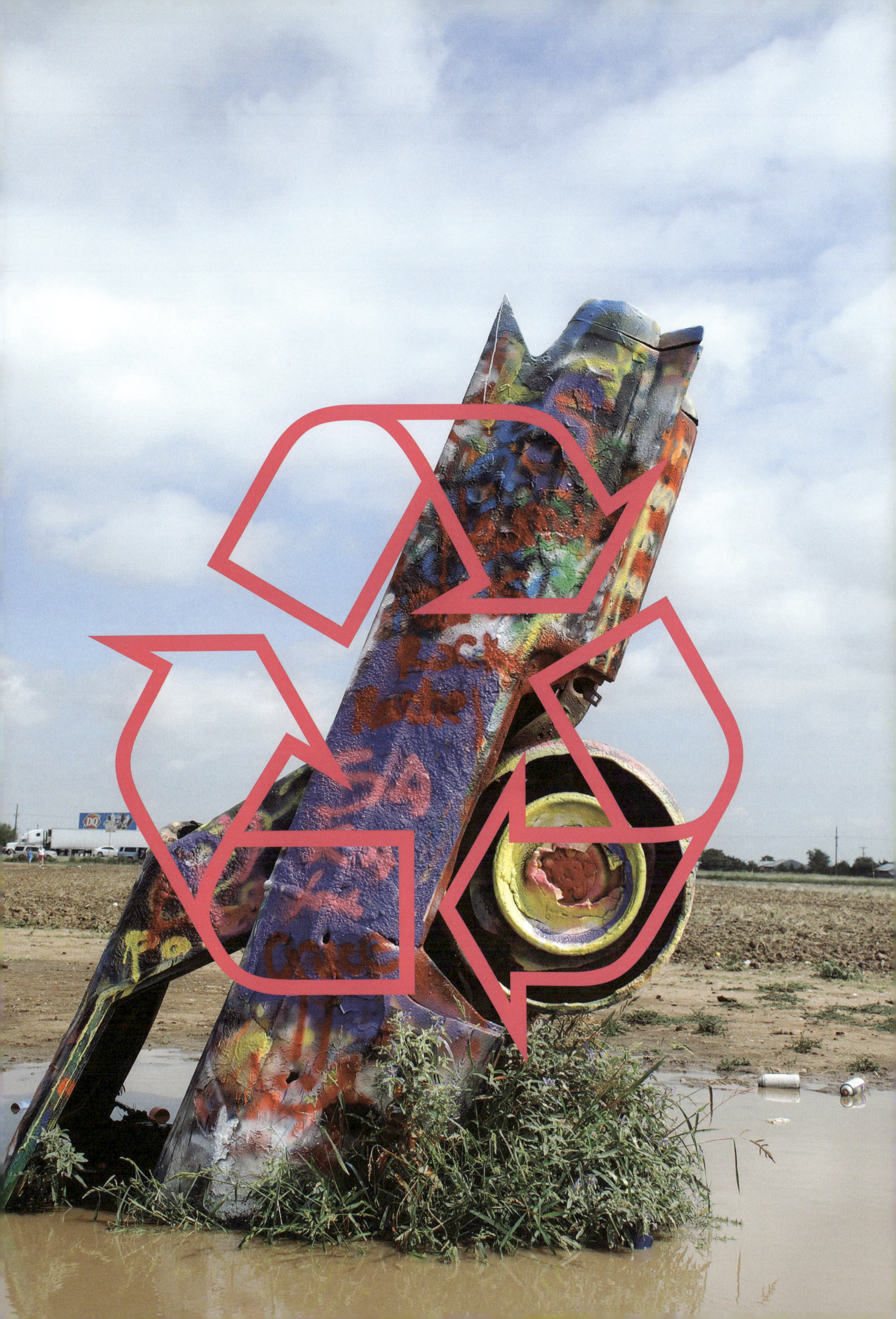

Exercícios: A prática da teoria

Objetivo

Este exercício explora como ideias teóricas podem ser empregadas para dar suporte a projetos de design e a práticas de design em geral. A teoria, por si só, não possui qualquer aplicação prática, mas é uma ferramenta útil para a compreensão. Quando usada na atividade de design, a teoria passa a fazer parte de uma abordagem mais estratégica ao design – algo que o educador e designer americano Thomas Ockerse chamava de "princípios em ação". Este exercício tem como base a noção de retórica visual – em grande parte baseada no entendimento de que a comunicação eficaz de uma ideia está intimamente ligada ao ato da persuasão.

A retórica tradicionalmente envolve uma gama de figuras de linguagem, como ironia, antítese, metonímia, sinédoque, trocadilho, metáfora, personificação e hipérbole, algumas das quais podem ser utilizadas como parte das estratégias visuais do designer (ver páginas 72-73).

Gui Bonsiepe escreveu que a informação "pura" só existe, para o designer, como abstração. Assim que ele começa a atribuir forma concreta à informação, tem início um processo de infiltração retórica.

Parte 1: Ironia e trocadilho visual
Sua tarefa é explorar o uso de ironia visual a partir de um signo já existente – um logotipo, imagem ou dispositivo visual – e alterar seu sentido. Um bom exemplo disso pode ser observado no *détournement** de logotipos e identidades visuais de empresas multinacionais por parte de organizações como, por exemplo, Adbusters e outras *culture jammers*, de modo a contradizer os valores e atividades percebidos dessas empresas.

Escolha uma empresa, produto ou signo informacional e comece a explorar como você pode fazer algo que é familiar e, em grande medida, despercebido, comunicar

Textos fundamentais
Barthes, R. (1993) *Image – Music – Text*. Fontana Books.

Berger, J. (2008) *Ways of Seeing*. London: Penguin Classics.

Crow, D. (2006) *Left to Right: The Cultural Shift from Words to Pictures*. Worthing: AVA Publishing SA.

Crow, D. (2010) *Visible Signs: An Introduction to Semiotics*, 2nd edition. Worthing: AVA Publishing SA.

Gage, J. (2000) *Colour and Meaning: Art, Science and Symbolism*. London: Thames and Hudson.

Kress, G. R. and Van Leeuwen, T. (1996) *Reading Images: The Grammar of Visual Design*. London and New York: Routledge.

Lupton, E., Abbott Miller, J. (1996) *Design Writing Research: Writing on Graphic Design*. London: Phaidon.

Poynor, R. (2003) *No More Rules: Graphic Design and Postmodernism*. London: Laurence King Publishing.

algo diferente ou contraditório. Você pode fazer isso alterando um ou mais atributos essenciais: cor, fonte, símbolo ou imagem, por exemplo, ou mudando o contexto ou a localização do signo/mídia. É importante que você tenha cuidado em sua seleção da mídia "original" de modo que o público esteja suficientemente familiarizado com a mídia para conseguir entender e apreciar sua nova leitura opositiva. Esse processo também pode ser explicado pela Semiótica (ver páginas 92-93) – a relação entre aquilo que é visto e o conceito mental que a coisa produz – e pelas noções de conotação e denotação (ver páginas 46-47).

Parte 2: Metáfora
Sua tarefa é selecionar um filme ou romance e produzir um cartaz que explore como o(s) sentido(s) ou a ideia narrativa da obra podem ser representados pela utilização de um dispositivo visual ou de uma série de itens visuais. A metáfora visual funciona de forma semelhante aos processos de trabalho na Parte 1 deste exercício: para que seja eficaz, é necessário partir da compreensão que o público já tem.

Tente escolher um filme ou romance que seja bem conhecido – um clássico. Inicialmente, você deve explorar as metáforas óbvias; por exemplo, Romeu e Julieta pode ser facilmente compreendido pelo uso de símbolos que representem o amor. Você deve partir dessa base para desenvolver suas ideias em um nível mais sofisticado. Como outros subtextos narrativos podem ser ilustrados de forma metafórica? O que se pode dizer visualmente para criar uma conexão mais forte e mais abstrata com as mentes do público e seu conhecimento já existente sobre o filme ou livro? Você pode atualizar o sentido usando uma metáfora ou ideia contemporânea, por exemplo?

Détournement
Técnica desenvolvida nos anos 1950 pela Internacional Situacionista com o intuito de converter as mensagens e intenções do capitalismo contra ele próprio.

É interessante perceber que esse processo também pode ser visto em ação no modo como a corrente dominante da cultura, em particular a mídia, consegue se apropriar de símbolos de oposição ou subversão e transformá-los em mercadorias ou torná-los "inofensivos" – esse processo foi chamado de "recuperação" pelos Situacionistas (ver página 139).

5. Público e mensagem

A relação entre designer, público e mensagem e os princípios da comunicação

Recepção

Com base nos preceitos da teoria da comunicação descritos no Capítulo 3: Análise e proposição, este capítulo investiga mais a fundo a relação entre público, designer e mensagem, e pensa em estratégias alternativas para a comunicação por meios diretos e indiretos. A produção de design dentro de um contexto social, cultural e político é explorada em maior profundidade, colocando o designer e o público como coparticipantes em estruturas predefinidas.

Qualquer definição geral de design gráfico e de suas intenções não pode deixar de falar em comunicação e em público. Nesse sentido, os designers gráficos poderiam desenvolver um vocabulário para descrever e compreender seus métodos de trabalho por meio da linguagem e da teoria dos estudos da comunicação. Embora se trate de uma disciplina separada, com uma missão muito mais ampla que a do design gráfico, os estudos da comunicação incorporam uma série de metodologias analíticas e descritivas úteis, que estão fortemente relacionadas à comunicação gráfica e visual.

Como está a recepção?

Existem duas escolas de pensamento dentro da teoria da comunicação. A primeira delas poderia ser descrita como a "escola do processo" – uma abordagem que se concentra sobre os processos reais de comunicação. Essa escola destaca os canais e meios de comunicação pelos quais as mensagens são transmitidas e pelos quais os emissores e receptores as codificam e decodificam, concentrando-se particularmente sobre a criação de um modelo de análise focado em questões de eficiência e precisão.

Se o processo de comunicação cria um efeito diferente do pretendido pelo emissor e isso, por sua vez, leva a uma leitura equivocada ou a uma interpretação anômala, isso revela um ruído na transmissão, uma falha no sistema ou canal. Essa

Visão de mundo
Termo adotado a partir da tradução da palavra alemã *Weltanschauung*, visão de mundo é uma perspectiva geral a partir da qual um indivíduo ou grupo vê e interpreta o mundo ao seu redor.

Pode ser usado também para descrever um conjunto de crenças sobre o mundo, observado por um indivíduo ou grupo. Esses sistemas de crenças muitas vezes são representados por mitos, cerimônias, padrões de comportamento social e pelo conjunto de valores gerais compartilhados por um grupo social ou cultural.

escola de pensamento encara a mensagem como aquilo que é transmitido pelo processo de comunicação (e afirma que a intenção é um fator crucial para decidir o que constitui uma mensagem).

Em contraste, a "escola semiótica" está preocupada com a mensagem como uma construção de signos que, por meio da interação com os receptores, produz significado. Essa escola de pensamento encara a comunicação como um agente na construção e troca de sentido: usando termos como significação (relacionado às partes constituintes de uma mensagem), ela não acredita que os mal-entendidos sejam necessariamente prova de uma falha na comunicação. Os defensores desse modelo argumentam que uma interpretação diferente no processo de comunicação validaria um posicionamento mais preocupado com a natureza instável e plural das mensagens e com sua percepção de um público dependente da cultura e do contexto.

(Pós)Modernidade

As abordagens dessas duas escolas de pensamento também podem ser aplicadas ao que muitas vezes é descrito como os posicionamentos modernista e pós-modernista na prática e na teoria do design gráfico atual. A "escola do processo" do design gráfico – a modernidade e seu legado – é motivada pelas noções de universalidade, racionalidade, clareza de comunicação por meio da neutralidade, legibilidade e grid. Essa visão de mundo, que poderia ser taxada de utópica, está baseada em forma e funcionalidade e em um processo homogêneo, e pode ser caracterizada por lidar com os absolutos dentro da comunicação.

Por outro lado, as abordagens pós-modernas ao design gráfico adotam e defendem uma visão do design e da comunicação visual como componentes importantes na pluralidade da cultura contemporânea, e buscam salientar seu papel na construção de uma matriz interpretativa.

Pós-estruturalismo
Corpo teórico que trata das distinções entre fala e escrita. O filósofo francês Jacques Derrida, em sua obra seminal *Gramatologia* (1998), desafiou a ideia de que a fala é mais importante do que a escrita. Derrida declarou que todos os sistemas ou estruturas têm um centro – um ponto de origem – e que todos os sistemas são construídos a partir de pares binários que se relacionam ou se opõem entre si.

Desconstrução
O termo desconstrução denota um tipo específico de prática em leitura e um modo de investigação crítica analítica. Trata-se de uma teoria de leitura que busca expor e enfraquecer a lógica de oposição dentro de textos (tanto escritos quanto visuais).

Essa análise crítica se propõe a questionar a prioridade de coisas que se apresentam como sendo originais, naturais ou evidentes por si mesmas. Leituras desconstrutivas muitas vezes são parte de uma forma de interpretação mais ampla, baseada em um posicionamento crítico firme (por exemplo, feminismo, neo-historicismo ou crítica marxista). Muitas vezes, elas são usadas para desestabilizar as oposições hierárquicas inerentes em um texto (entre homem e mulher, cultura de elite e popular, classe econômica, etc.). Para obter leituras complementares, consulte Conceitos fundamentais: Pós-estruturalismo, na página 104.

Recepção

Menos preocupada com as grandes faixas de comunicação, essa abordagem à construção e leitura da comunicação visual lida com comunidades e grupos específicos e focados, muitas vezes menores, que podem ser descritos em termos sociais, econômicos ou geográficos.

    O reconhecimento de que os objetos de design existem dentro de uma estrutura social e são lidos por seus receptores a partir de determinada perspectiva cultural e de uma visão de mundo subjetiva é essencial para o entendimento do design gráfico orientado a um público específico. Embora certas formas de design gráfico possam servir de suporte aos objetivos modernistas de universalidade e comunicação de massa, grande parte do trabalho de design contemporâneo opera dentro de limites mais restritos e específicos. Assim, um senso de familiaridade com as linguagens gráficas já compreendidas pelo público-alvo é fundamental para desenvolver soluções de design eficazes. Tanto a abordagem qualitativa quanto a quantitativa são úteis aqui, na coleta e análise de material visual que atue dentro do mesmo espaço que a mensagem pretendida.

    Uma análise qualitativa dos artefatos e soluções visuais existentes, a partir dos princípios semióticos de conotação e denotação discutidos no Capítulo 2: Alfabetização em design, pode ajudar o designer a investigar os princípios subjacentes em mensagens visuais eficazes direcionadas ao mesmo público. Ao mesmo tempo, métodos quantitativos para examinar e analisar objetos no mesmo espaço, bem como para coletar feedback de grupos focais ou de pesquisa, podem ajudar a criar um panorama mais amplo acerca das leituras e mensagens culturais existentes. Conhecer o material existente com o qual a mensagem proposta irá concorrer é crucial para o desenvolvimento de uma solução de design bem-sucedida.

Social
Relativo à sociedade humana e seus membros, esse termo é usado para descrever o contexto dentro do qual os seres humanos vivem juntos em comunidades ou grupos organizados. No que diz respeito às formas públicas de comunicação visual e design gráfico direcionadas a um grupo demográfico amplo, o espaço social é o plano no qual a interação e a comunicação geralmente ocorrem entre indivíduos.

Cultural
Em seu seminal dicionário de termos usados em filosofia e estudos culturais, *Keywords* [*Palavras-chave*] (1976), Raymond Williams observa que "...*cultura é uma das duas ou três palavras mais complicadas na língua inglesa*".

O substantivo "cultura" é muitas vezes utilizado para descrever determinada sociedade em um ponto específico do tempo e do espaço, junto com as atitudes e comportamentos característicos de um grupo ou organização social (muitas vezes em um contexto contemporâneo). No entanto, o termo é extremamente amplo e pode referir-se a uma vasta gama de temas paralelos e distintos, muitas vezes inter-relacionados com uma variedade de valores e convenções sociais.

O adjetivo "cultural" refere-se ao que é considerado bom gosto em arte e aos costumes que são favorecidos por um grupo social, muitas vezes pela elite social em relação à sociedade em geral. Assim, o termo pode ser interpretado como pejorativo, descrevendo um posicionamento hierárquico dentro de um sistema de valor.

Parentes distantes

É importante também pensar na relação entre designer e cliente e entre cliente e público, bem como na relação entre designer, objeto de design e público. É importante observar que o designer pode desempenhar apenas uma função dentro da equipe criativa envolvida em um projeto, cujos membros podem variar, desde consultores de marketing até redatores, programadores e fabricantes.

Essa é uma área por vezes negligenciada, mas o relacionamento e o processo de negociação entre cliente e designer são elementos-chave na definição do próprio briefing. Às vezes, o cliente pode não estar certo sobre qual a melhor maneira de atingir um público específico, ou não ter clareza quanto às intenções específicas da mensagem, que podem ser necessárias para atingir o objetivo desejado. Nesse caso, o designer pode desempenhar um papel central na revisão e definição do briefing, a fim de satisfazer necessidades específicas e proporcionar uma solução prática para o cliente.

Na prática comercial, a necessidade desse tipo de negociação pode marcar a distinção entre os modelos de pesquisa contexto-definição e contexto-experimento, mencionados anteriormente (ver página 59). O modelo contexto-definição pode ser adequado quando o cliente tem um bom conhecimento do seu mercado ou público, e o briefing pode refletir isso por ser fortemente prescritivo em relação às atividades que se espera do designer.

Quando o cliente não tem certeza de qual o problema específico a ser abordado, o modelo contexto-experimento pode ajudar a refinar o projeto. Nesse caso, a investigação inicial do designer pode servir de base para a direção que o projeto tomará, e o processo de negociação entre cliente e designer é colocado em evidência.

O design não é uma disciplina teórica abstrata – ele produz artefatos tangíveis, expressa prioridades sociais e contém valores culturais. Precisamente as prioridades e valores de quem está no centro do debate.

Andrew Howard
"A New Kind of Dialogue", *Adbusters: Design Anarchy* (2001)

Construção de sentido

A pesquisa contextual realizada pelo designer gráfico pode dar suporte ao cliente e definir o foco do projeto, e, além disso, oferece uma base sólida a partir da qual é possível desenvolver uma solução adequada e útil. É importante também pensar no papel que o público irá desempenhar na construção de sentido, dentro de um contexto de comunicação visual.

    Alguns designers vêm buscando romper com as tradições do modelo emissor-receptor de comunicação visual, seja por meio de abordagens mais consultivas ao design (particularmente em áreas como design de serviços e design de transformação) ou pela criação de resultados de design gráfico que dão mais espaço para o "diálogo" e para a interpretação.

    Embora a noção de receptor passivo de uma mensagem há anos venha sendo questionada nos estudos da comunicação e da linguagem, ela é ainda um princípio fundamental no design gráfico, tanto no âmbito da profissão quanto no acadêmico. Por meio da criação de mensagens visuais mais fluidas e "abertas", o designer pode tentar engajar o leitor em um diálogo, conferindo ao receptor o poder de construir sentido a partir de uma mensagem. Rompendo com a hierarquia implícita na transmissão de mensagens, esse modelo também pode ajudar a construir uma crítica dos valores subjacentes à própria mensagem, bem como à mídia pela qual ela é transmitida, nesse caso, o design gráfico. Entre os experimentos nessa área, destaca-se a variedade de respostas visuais às teorias do pós-estruturalismo e da desconstrução (ver páginas 104-105), especialmente as conduzidas na Cranbrook Academy of Art (Estados Unidos) em meados dos anos 1990, bem como os trabalhos "reflexivos" de designers politicamente ativos, como o holandês Jan van Toorn.

Público
Grupo de espectadores ou ouvintes em um espetáculo ou peça, ou grupo de pessoas que são alcançadas por um livro, filme, programa de rádio ou televisão, por exemplo. O público de um produto de design gráfico é geralmente definido claramente pelo cliente ou, depois de um período de pesquisa primária, pelo designer, com consultas ao cliente.

O termo do inglês "audiencing" refere-se às formas como os leitores interpretam e compreendem textos. As pesquisas de leitura do público são muitas vezes baseadas em métodos adotados a partir das ciências sociais qualitativas, como entrevistas e estudos etnográficos, juntamente com métodos quantitativos baseados em análise estatística.

No entanto, um outro modelo a ser considerado por designers gráficos é a interpretação crítica e reflexiva de imagens, que muitas vezes pode incluir uma desconstrução pessoal de trabalhos existentes ou uma reflexão crítica sobre o trabalho que está sendo realizado pelo designer. A partir dessa análise dos métodos de design, o designer pode se tornar mais especializado na variedade de formas e abordagens adequadas a um contexto ou público específico.

09 A caixa de correio preta >>
Localizada na Rodovia 375, também conhecida como Rodovia Extraterrestre, no deserto de Nevada, nos Estados Unidos, próxima à controversa base aérea militar Área 51, essa caixa de correspondência se tornou um dos principais pontos turísticos para os caçadores de OVNIs. A caixa preta original foi vendida a um colecionador de itens relacionados a OVNIs e substituída por uma caixa branca reforçada com aço, mas o nome permanece inalterado.

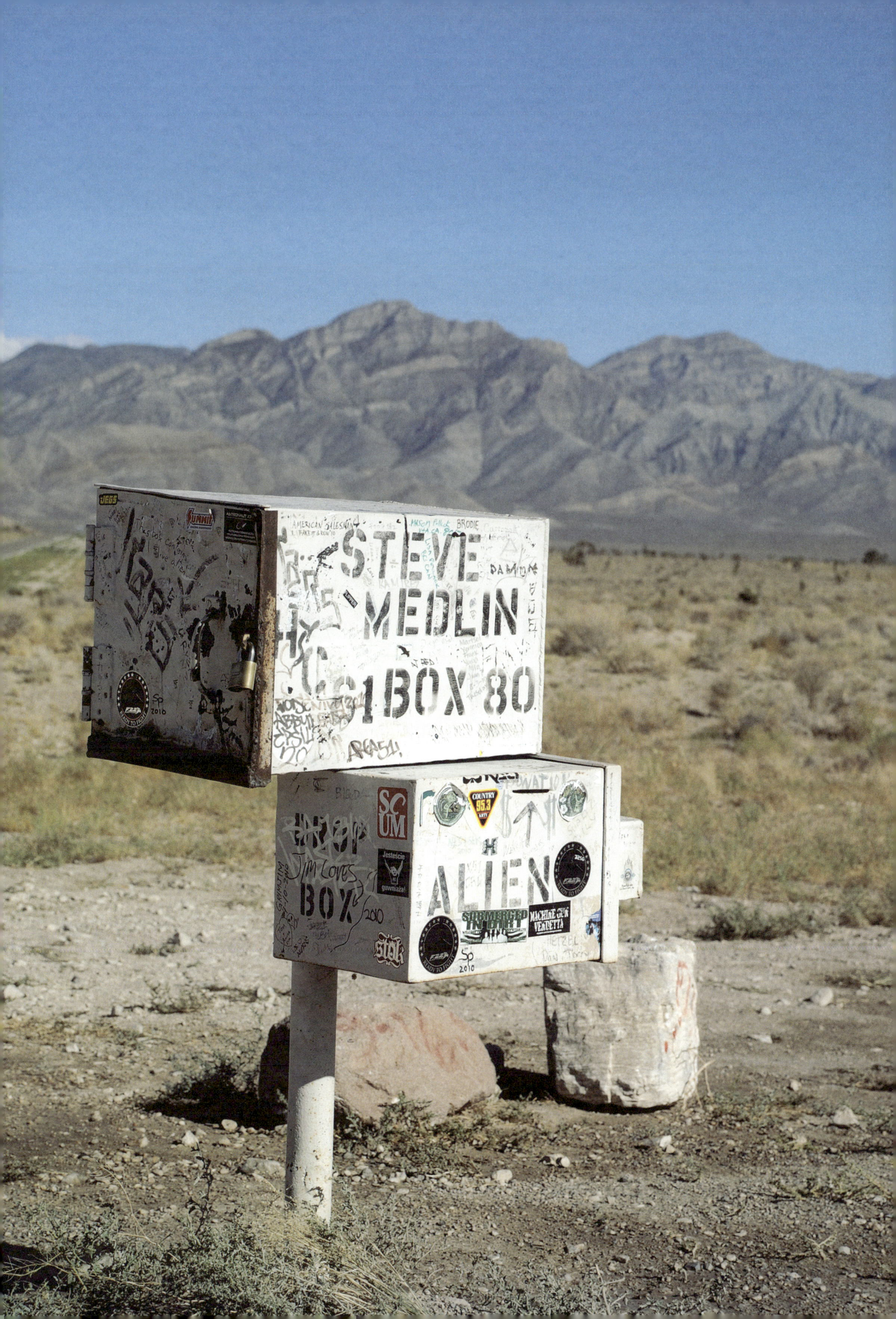
STEVE
MEDLIN
BOX 80
ALIEN
BOX
SCUM
MACHINE GUN VENDETTA

ENVIAR

RECEBER

Comunicação de mão dupla

Experimentos diretamente relacionados à teoria da comunicação podem ajudar os designers gráficos a mapear visões alternativas acerca da função e do propósito da comunicação visual – especialmente os que enfatizam o receptor da mensagem. Essa maneira de pensar sobre design e comunicação é útil, pois permite que o designer encare o leitor como um participante ativo, e não passivo, no processo. A construção e a interpretação da mensagem – aqui entendidas como atividades centradas na visão de mundo e nos contextos social e cultural do receptor – podem levar a uma forma mais engajada e, portanto, mais eficaz de comunicação.

Naturalmente, isso é relevante tanto na esfera acadêmica quanto na comercial: mesmo quando um projeto comercial busca atingir um segmento de mercado específico, uma investigação sobre o público desse ambiente é crucial para o desenvolvimento de uma solução bem-sucedida. Isso é essencial em relação ao projeto de branding e identidade de marca, em que o engajamento e a resposta do público são fundamentais para o sucesso e a longevidade da mensagem gráfica. A fidelidade de marca depende de muito mais do que a identidade gráfica, naturalmente, mas uma vez que um público "compra" a gama de sentimentos promovida dentro de uma identidade, o designer pode fazer ajustes sutis e graduais a fim de manter um senso de exclusividade ou de conhecimento privilegiado na mente de um cliente fiel da marca.

Nos campos afins do marketing e da publicidade, a análise de público e os estudos demográficos são tidos como as principais áreas de pesquisa no desenvolvimento de um projeto ou campanha. Esse aspecto do processo criativo vêm ganhando uma importância cada vez maior nas áreas do design gráfico que buscam atingir grupos

Paródia
Uma paródia é uma obra criada para zombar, comentar ou ridicularizar uma obra original, seu tema, autor, estilo ou algum outro alvo, por meio de uma imitação humorística, satírica ou irônica. O termo é derivado da literatura, mas pode ser encontrado amplamente em áreas do design gráfico, como símbolos de ativismo e protesto (mesclando-se com abordagens satíricas), bem como nas áreas da propaganda e do entretenimento.

Pastiche
Um pastiche é uma imitação de uma obra (embora com uma intenção diferente de uma paródia) que busca fazer uma referência, em si mesma, à familiaridade do público com o original. Um pastiche pode sugerir uma imitação estilística bem intencionada que, apesar de humorística, é em geral respeitosa, mas pode também ser encarado como uma "cópia" de menor valor, sem qualquer referência clara ou pretendida à obra original.

Sátira
A sátira é normalmente definida estritamente como uma técnica de escrita literária que ridiculariza seu tema, muitas vezes com a intenção de provocar uma mudança ou reação. Mais recentemente, a técnica vem sendo utilizada em design gráfico, comédia, performance e cinema com efeitos excelentes. Muitas vezes o humor é utilizado para dar suporte ao posicionamento satírico, adotando um uso generalizado de ridicularização, ironia e sarcasmo.

específicos de pessoas, como o design editorial e o design de informação, bem como no design gráfico voltado para um público-alvo específico em áreas da cultura de massa, como moda e música popular.

O design gráfico centrado no público-alvo, portanto, abrange uma vasta gama de atividades, desde comunicações específicas destinadas a um grupo bem definido de leitores ou de mercado até tentativas de conferir maior poder ao receptor da mensagem por meio do emprego de dispositivos visuais que revelam e ostentam a própria mídia, destacando, assim, o processo de comunicação em ação. Há um corpo substancial de obras relacionadas a *audiencing* e recepção dentro dos estudos de televisão e da teoria do cinema, mas pouco foi feito nessa área no que diz respeito ao design gráfico e aos campos mais amplos da comunicação visual. Uma análise das maneiras pelas quais os leitores interpretam mensagens visuais em forma impressa, dentro de animações em tela ou por displays interativos poderia ser benéfica tanto para os designers quanto para os teóricos culturais. Uma vez que o design gráfico é fortemente baseado em intenções muito claras e específicas no que diz respeito ao conteúdo e ao contexto de uma mensagem, esta parece ser uma área potencialmente rica para estudos mais aprofundados.

Détournement

Termo criado pela Internacional Situacionista, um grupo de protesto artístico ativo entre a metade e o fim dos anos 1960 na França e em países vizinhos, *détournement* descreve o ato de reverter as estruturas de poder contidas em imagens e outras formas de comunicação de massa por meio da apropriação e da intervenção satírica. A intenção original do *détournement* era romper com o que os situacionistas encaravam como *Espetáculo*, os códigos e convenções invisíveis da sociedade e da cultura, que, segundo eles, serviam para apoiar e reforçar as estruturas dominantes de poder ideológico e hegemonias.

A estratégia foi posteriormente adotada por designers célebres em meados dos anos 1970, como foi o caso de Jamie Reid, designer de capas de disco e cartazes da banda punk Sex Pistols, que refinou a abordagem no contexto de um design gráfico abrasivo, agitador e de confronto político. Como linguagem gráfica de protesto e subversão, o estilo ecoa até os dias de hoje.

Estudo de caso 06: **Romances híbridos**

As histórias são um aspecto importante da cultura. Muitas obras de arte, e a maioria das obras literárias, contam histórias, e a narrativa foi provavelmente uma das primeiras formas de comunicação humana. Em um momento em que a tradição da leitura de livros físicos está saindo de moda e a venda de *e-books* cresce vertiginosamente, o designer Alberto Hernandez sentiu que o uso de dispositivos visuais que nos incentivem a ler os livros em nossas próprias mãos e a sentir a experiência de envolvimento com um artefato físico pode se tornar cada vez mais importante.

A intenção do designer neste projeto era tentar – acrescentando dispositivos gráficos lúdicos a um romance escolhido – envolver os leitores em uma experiência narrativa mais dinâmica, ajudá-los a entender mais facilmente a história e conferir à página impressa uma superfície visual multidimensional. Ele não estava interessado apenas na história que o autor cria para os leitores, mas também na história que os leitores criam em suas mentes. Intervindo na narrativa de um romance por meio de uma série de técnicas e dispositivos gráficos, ele se propôs a envolver os leitores de novas maneiras e a ajudá-los a entender a narrativa de uma forma que ele considerava mais satisfatória em termos de experiência. Hernandez considerou várias possibilidades de texto base até optar por *O Médico e o Monstro*, escrito pelo autor escocês Robert Louis Stevenson e publicado inicialmente em 1886. A principal razão por trás dessa escolha foi a forma incomum como a narrativa é apresentada: descrevendo uma série de eventos sob a forma de um dossiê com depoimentos de testemunhas.

De acordo com a definição de Hernandez, um romance híbrido não é um livro infantil, *graphic novel*/quadrinhos ou livro ilustrado, mas sim um livro em que o texto escrito e os dispositivos gráficos, como ilustrações, fotografias, gráficos, informações ou tratamentos tipográficos, podem intervir para manter o interesse do leitor, oferecendo um senso de interação.

Imagens vitorianas
Hernández queria que seu romance híbrido refletisse uma gama de estilos visuais e imagens extraídos do período de sua publicação original, no fim da era vitoriana. Ele visitou uma série de locais relacionados à história, como o cemitério Hampstead, que abriga muitos túmulos vitorianos; a antiga catedral de St. Pancras, onde aconteceram incidentes de roubo de túmulos e de corpos durante a era vitoriana; o museu Hunterian, já que se diz que a casa onde o Dr. Jekyll mora, na história, é baseada na casa do Dr. Hunter no mesmo local; e o museu de Freud, uma vez que suas ideias em relação à psicanálise e ao inconsciente são um tema central no texto original.

Além disso, Hernández visitou o museu V&A, a Biblioteca Britânica e a coleção Wellcome, para coletar informações e materiais de consulta extraídos de livros e pesquisas científicas da era vitoriana. Embora quisesse que o livro final tivesse uma "atmosfera" vitoriana, o designer não restringiu sua coleção de gráficos efêmeros puramente a um contexto histórico rígido, utilizando outro exemplos de imagens médicas e publicidade (página ao lado, no alto e embaixo, à direita), junto com sua própria fotografia (página ao lado, embaixo, à direita) para destacar uma variedade de temas dentro do texto.

Depois dessa auditoria visual de material secundário, um extenso conjunto de informações visuais retiradas da publicidade e da pesquisa biológica foi compilado para utilização dentro do romance híbrido, e uma variedade de abordagens gráficas alternativas foi investigada para desenvolver o estilo visual final.

ST ACTIVE LYMPH.
ROBERTS & CO.,
New Bond St., LONDON, W.
goes with a swing again
very severe
heumatism...
DeWitt's
Kidney & Bladder PILLS
RHEUMATISM, BACKACHE, SCIATICA
LUMBAGO, PAINS AROUND JOINTS and MUSCLES
FREE SAMPLE
PORTER SCIEN
month of October, 18–,
39

DR JEKYLL AND MR HYDE

Estudo de caso 06: Romances híbridos

Assim, o romance híbrido é um livro que precisa ser manuseado e experimentado, que exige uma ação por parte do leitor.

A história de Stevenson sobre Dr. Jekyll e Mr. Hyde fala de dualidade e de dupla personalidade, mas também contém diversas ideias secundárias relacionadas a psicanálise e sexualidade, antropologia evolucionária, criminologia, frenologia, ciência, religião e o reino dos sonhos. O designer começou a incorporar esses subtextos ao design do livro híbrido, buscando seu material em imagens vitorianas, publicações e corpos de conhecimento da época. O livro reeditado é um compêndio de elementos relacionados ao dualismo, à assimetria e às combinações, utilizando diferentes fontes, tipos de papel e paletas de cores a fim de visualizar o conceito.

Duas fontes completamente diferentes foram usadas para compor o texto da narrativa: New Caledonia, que possui elementos da fonte Scotch Roman, uma das mais usadas em livros da época vitoriana, e Grotesque, uma das primeiras fontes não serifadas, que foi utilizada para compor o título e as páginas do sumário. Essas duas fontes conservam um sabor vitoriano na reedição, sem abrir mão do elemento da dualidade.

Foi empregada uma grande variedade de tipos de papel, de papel Bíblia a papel-jornal, papel-textura e até mesmo papel-lustre. Além disso, foram usadas várias cores nos tons pêssego e salmão, como conexão com o subtexto de homossexualidade do romance. A variedade de cores também confere à reedição um senso de inquietação, e sugere a ideia de que há diferentes documentos contidos no mesmo volume encadernado. A série final de livretos foi reunida em um estojo e apresentada como um compêndio de eventos registrados, enfatizando ainda mais a ideia do dossiê de informações.

Camadas e dualidade
Dois formatos de página diferentes foram selecionados para a reedição final. O maior formato de página mantém as dimensoes do romance original: tamanho Crown Octavo (medida de origem anglo-saxã, com área de aproximadamente 19 x 13 cm), enquanto as páginas menores são proporcionalmente dimensionadas usando a mesma razão de aspecto. Na maior parte do tempo, um dos livros repousa dentro do outro: o conceito por trás disso é o de que Hyde está dentro de Jekyll.

Alguns dos livretos possuem um design que possibilita ao leitor duas formas diferentes de experimentar a história: por meio das imagens contidas em uma das partes, ou por meio do texto contido na outra. Além disso, embora haja dois tipos diferentes de formato de página, para manter a consistência visual, a composição do texto utiliza o mesmo tamanho e entrelinha ao longo do livro. As imagens usadas na coleção final vêm de uma variedade de fontes diferentes, sobretudo de estudos medicos e exemplos dos primeiros tempos da fotografia, e as obras de Eadweard Muybridge.

Hernández experimentou uma variedade de abordagens visuais, entre elas o mapeamento do conteúdo da narrativa por meio de notas simples, dobras e código de cores (página ao lado, no alto) e cortando partes do texto para revelar outra história por trás da página (página ao lado, à esquerda, embaixo). O romance híbrido final é agrupado, de acordo com sua tensão narrativa subjacente, em sete livretos diferentes, contendo os dez capítulos do romance original, todos contidos em um estojo e apresentados como uma coleção de documentos (próxima página).

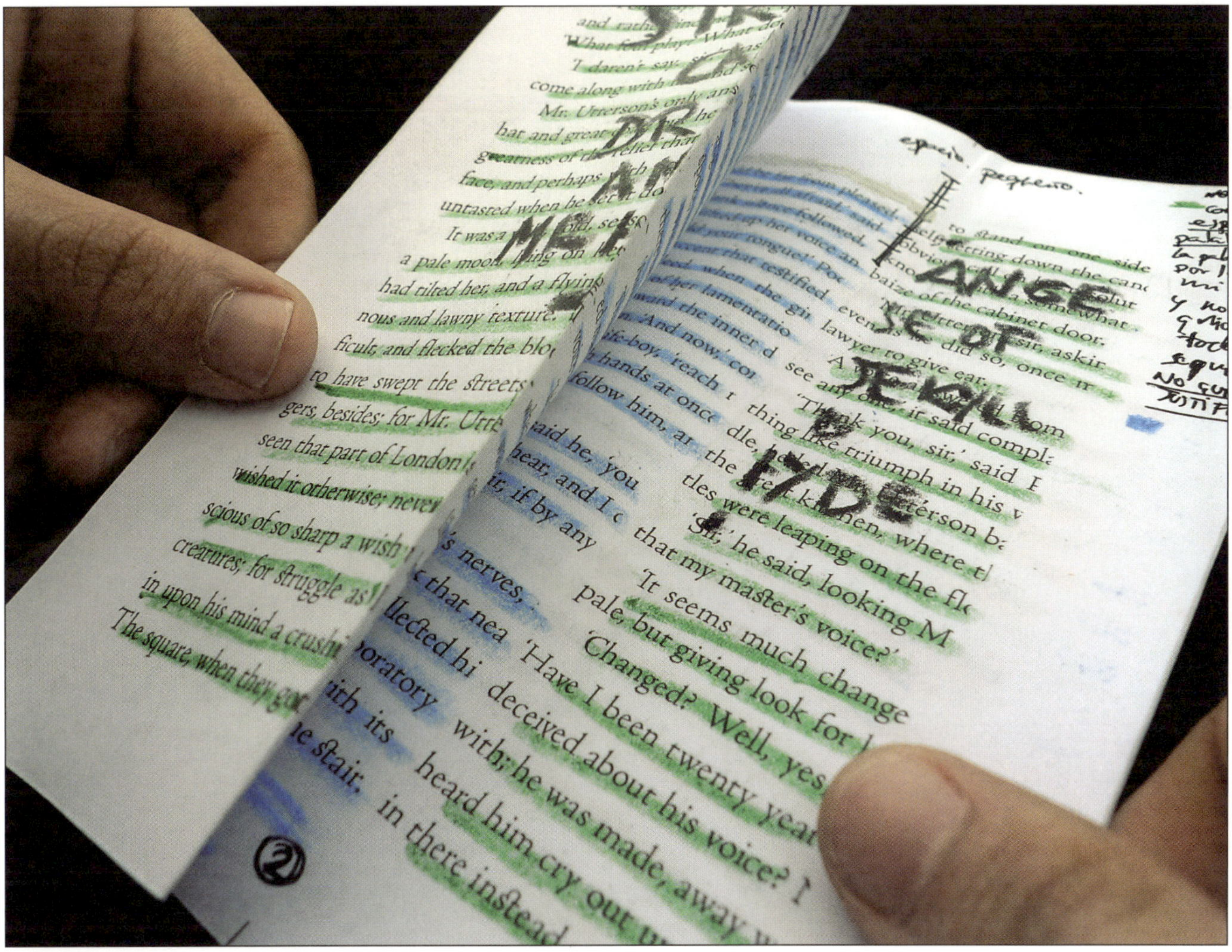

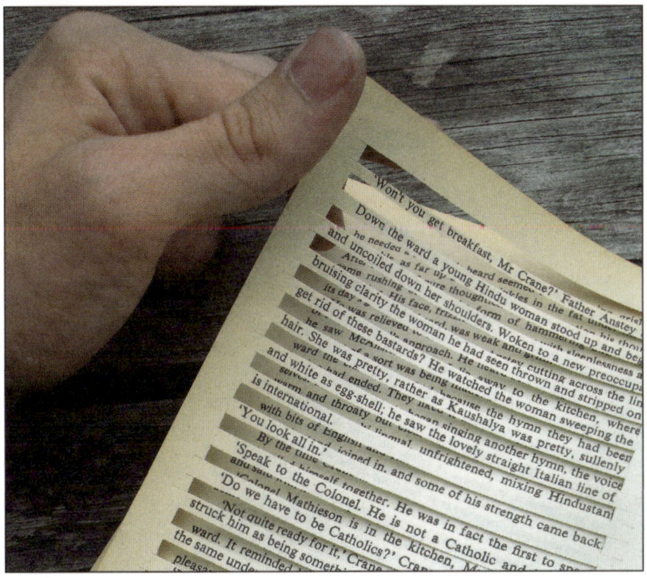

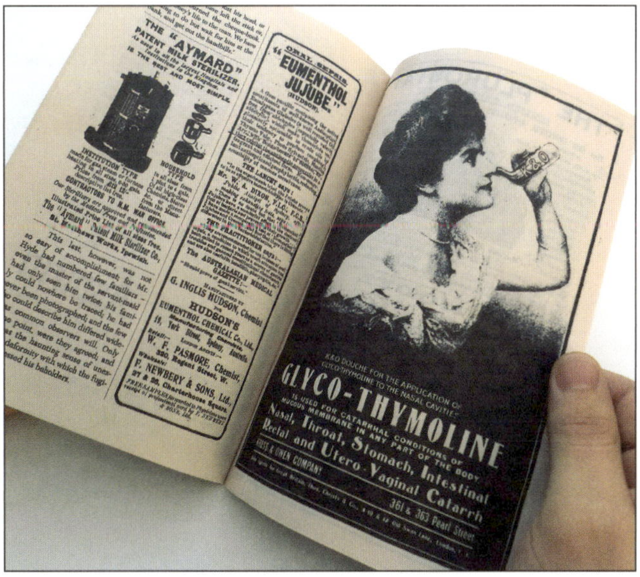

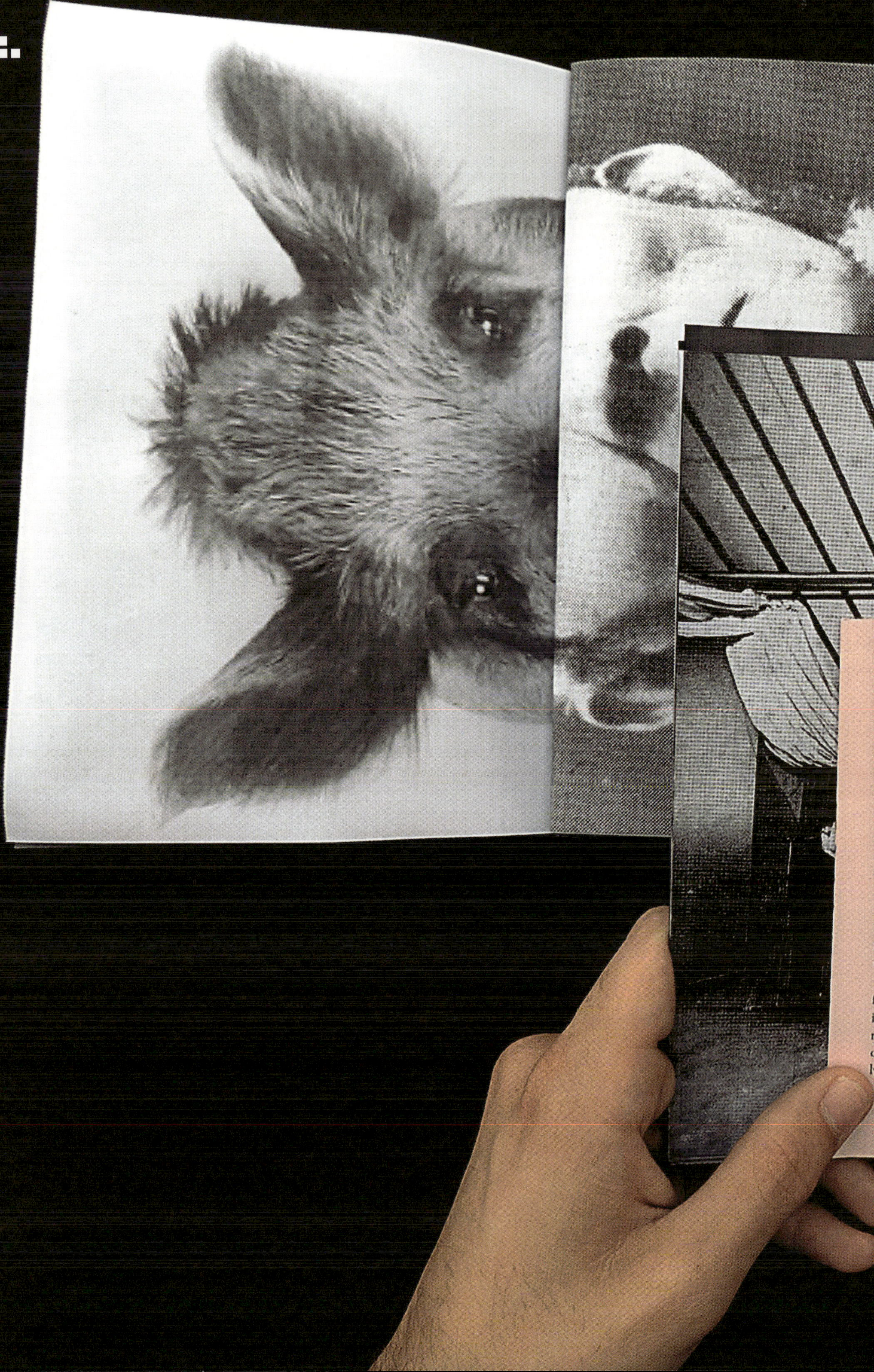

e o'clock had scarce rung	him before, so much was certain. He
n, ere the knocker sound-	was small, as I have said; I was struck
n the door. I went myself	besides with the shocking expression of
, and found a small man	his face, with his remarkable combina-
st the pillars of the por-	tion of great muscular activity and great
	apparent debility of constitution, and –
from Dr. Jekyll?' I asked.	last but not least– with the odd, sub-
es' by a constrained ges-	jective disturbance caused by his neigh-
I had bidden him enter,	bourhood. This bore some resemblance
me without a searching	to incipient rigour, and was accompanied
into the darkness of the	by a marked sinking of the pulse. At the
as a policeman not far	time, I set it down to some idiosyncrat-
with his bull's eye open;	ic, personal distaste, and merely won-
, I thought my visitor	dered at the acuteness of the symptoms;
e greater haste.	but I have since had reason to believe the
lars struck me, I con-	cause to lie much deeper in the nature of
and as I followed him	man, and to turn on some nobler hinge
light of the consulting-	than the principle of hatred.
hand ready on my weap-	This person (who had thus, from the
I had a chance of clear-	first moment of his entrance, struck in
had never set eyes on	me what I can only describe as a disgust-

Estudo de caso 07: **Identidade cipriota**

Nascida no Chipre, Geórgia Evagorou embarcou neste projeto de tipografia e linguagem com o intuito de oferecer uma resposta ao que ela percebia como uma falha do sistema de escrita grego para representar todos os sons da fala comum do dialeto usado pelas comunidades do Chipre na fala informal. Nesse país existe uma grande variação, tanto na comunicação oral quanto na escrita, em relação ao uso da língua em situações formais e informais, e o questionamento de pesquisa de Evagorou buscava descobrir até que ponto a língua é um fator atuante na construção da identidade de um país. A fim de encontrar respostas para uma série de problemas levantados por sua pesquisa contextual, ela decidiu também criar um sistema ortográfico foneticamente mais adequado para refletir o dialeto cipriota. Isso foi feito a partir do design de letras adicionais que buscam oferecer aos cipriotas um melhor sistema de escrita para expressar de modo mais eficiente sua língua e identidade cultural. O desenvolvimento de novos glifos era, portanto, uma espécie de esforço pessoal para refletir a complexidade da cultura e as políticas linguístico-sociais do Chipre.

A pesquisa primária de Evagorou envolveu uma investigação formal sobre as atitudes e modos linguísticos na cultura cipriota. Isso envolveu um levantamento detalhado do uso das formas escritas (incluindo os alfabetos grego e latino) e dos dialetos falados em uma variedade de situações e contextos formais e informais. Um total de 1.038 falantes da língua cipriota participaram do estudo, e os resultados foram mapeados por idade, localização e opção de sistema de escrita adotado pelos usuários. Evagorou usou esses dados em uma série de infográficos para ilustrar como os padrões de fala das pessoas aparecem em diferentes redes sociais, desde a comunicação pessoal entre amigos e familiares até relatórios corporativos formais, contextos educacionais e ambientes profissionais.

Diglossia

O termo *diglossia* se refere a uma situação em que dois dialetos ou línguas são usadas pela mesma comunidade de fala. O grego padrão e o grego cipriota são usados concomitantemente pelos mesmos falantes na comunidade de fala greco-cipriota, mas sob circunstâncias diferentes.

A comunicação formal no Chipre, tanto escrita quanto falada, utiliza o idioma e o alfabeto grego padrão. A comunicação informal online utiliza o *greeklish* (combinação do grego com o inglês), versão fonética do idioma grego escrita no alfabeto latino. O dialeto falado é o grego cipriota, embora isso possa variar em relação ao contexto da própria comunicação falada – situações formais usam o grego padrão, enquanto o grego cipriota é usado com maior frequência em contextos sociais e informais.

Evagorou indagou se o uso do greeklish não poderia refletir o fato de que ele oferece aos cipriotas um melhor sistema de escrita para expressar os sons de fala usados no dialeto cipriota, em comparação ao alfabeto grego. O greeklish é caracterizado por variações ortográficas, uma vez que os caracteres gregos são transliterados com mais de um equivalente latino. Essas transliterações são classificadas em dois tipos diferentes – algumas são fonéticas e buscam representar os sons/fonemas do grego usando caracteres latinos, enquanto outras são ortográficas e buscam manter as convenções ortográficas do grego e representar os caracteres gregos por meio de caracteres latinos visualmente equivalentes.

CYPRIOT GLYPHS KEY BOOK

5. Público e mensagem

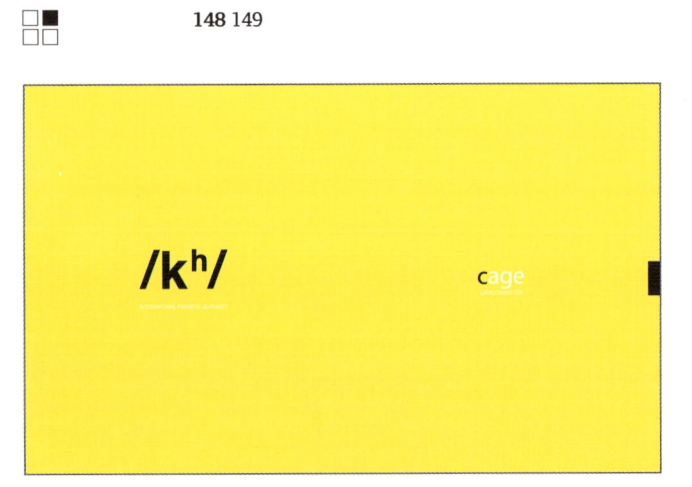

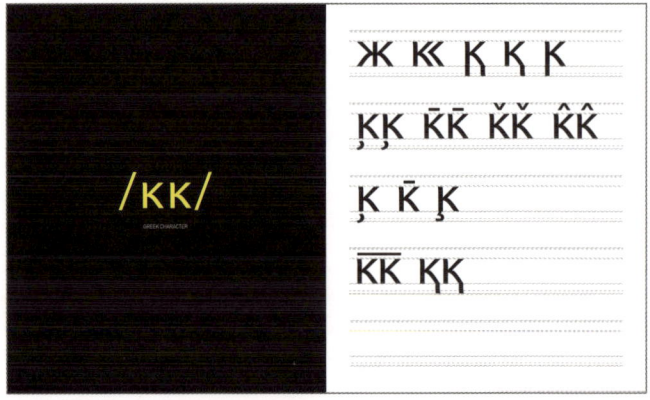

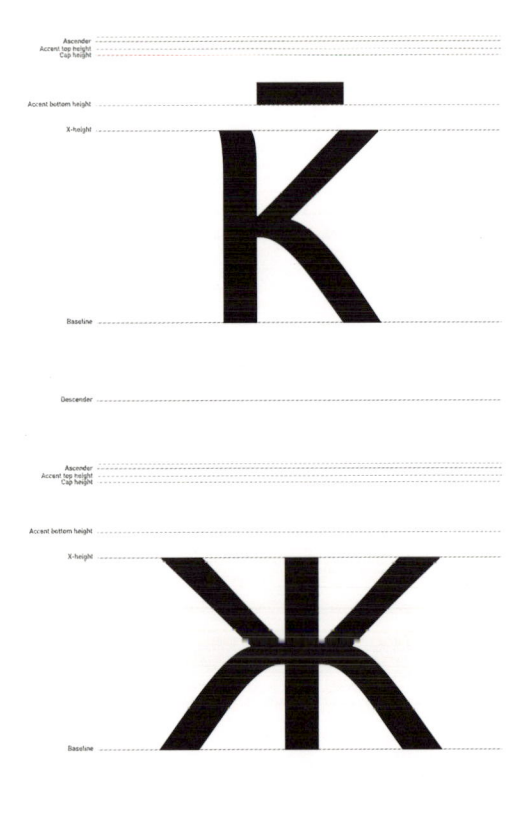

Evolução das letras

Por meio de seus estudos contextuais que envolveram uma pesquisa secundária sobre o dialeto cipriota, sistemas de escrita e linguística, Evagorou descobriu que a maioria dos estudos ignoram a tipografia. Ela chegou a entrevistar vários professores de linguística cipriotas que estão trabalhando para criar o primeiro dicionário online da língua e descobriu que eles nunca haviam considerado a possibilidade de colaborar com um tipógrafo. A partir do percurso de sua pesquisa, ela afirma que, para explicar a linguagem escrita, é necessário tanto conhecimentos tipográficos quanto linguísticos para oferecer uma descrição completa de suas formas e estruturas, bem como uma explicação satisfatória de suas funções e efeitos.

Como cipriota e designer gráfica profissional, Evagorou sentiu que a criação de novos glifos era mais que uma brincadeira com os tipos: tratava-se de um esforço fundamental de proposição e teste de soluções para oferecer um sistema de escrita inovador pelo qual os cipriotas poderiam refletir com mais precisão sua língua falada. Cada variação no desenvolvimento dos glifos individuais foi testada com comunidades de usuários em potencial, e a designer teve o cuidado de manter uma correspondência clara entre a forma manuscrita e sua evolução na direção de uma marca tipográfica (acima). Esses novos glifos foram então refinados e suas propostas de uso e interpretação fonética foram demonstradas em composições tipográficas mais extensas (página ao lado).

κό**ϗ**αλον

USAGE IN CYPRIOT WORD

MOVEMENTS FOR FORMING THE GLYPH

K̄K KK Ж ǨK ϗ

κόϗαλον

κόκ̄καλον κόκκαλον κόжαλον κόκ̌καλον κόϗαλον
κόκ̄καλον κόκκαλον κόжαλον κόκ̌καλον κόϗαλον
κόκ̄καλον κόκκαλον κόжαλον κόκ̌καλον κόϗαλον
κόκ̄καλον κόκκαλον κόжαλον κόκ̌καλον κόϗαλον

ΑΡΚΟΝΤΟΙ ΤΖΙΑΙ ΦΤΩΣΟΙ

Μες στο σιμηνηρόχτιστον τζι ακάματον χωράφιν έμπηκα τζι είδα μνήματα, είδα σταυρούς στημένους τζιαι πάνω τους να φαίνεται, να μολοά, να γράφει χρονολοίαν τζι όνομαν τους λας τους πεθαμμένους. Τζι είδα τζιαι μνήμαν του φτωχού τζιαι του αρκόντου μνήμαν, με γύρου γύρου κάντζελλα, άγαλμαν τζιαι τζιβούριν, μά του φτωχού, του πάφτωχου, μεσάνυχτον πιασσούριν. Τζι έκλαψα τζι ανεστέναξα τζι εχώστηκα στο κρίμαν τζι εφάνην μόσιεν η γη τζι ερούφησέν με κάτω τζι επήα τζι εποκουλίασα στα τάρταρα του Άδη. Τζι είδα μες τζείντην γερημνιάν, μες τζείνον το σκοτάδιν στοίβες, βουνάρκα τζιαι σωρούς κόκαλα των πλασμάτων. Τζι εστάθηκα τζι εθώρουν τα σσυφτός έναν καράριν τζι ούλα τζεί κάτω μνιά πίττα, ούλα μαλλιά κουβάριν. Τζι εν εξηδκιάλυσα τζι εγιώ κόκαλον μανιχόν του, να πω τούτος εν του φτωχού τζιαι τζείνος εν τα' αρκόντου!

ΑΡΚΟΝΤΟΙ ΤΖΙΑΙ ΦΤΩΣΟΙ

Μες στο σιμηνηρόχτιστον τζι ακάματον χωράφιν έμπηκα τζι είδα μνήματα, είδα σταυρούς στημένους τζιαι πάνω τους να φαίνεται, να μολοά, να γράφει χρονολοίαν τζι όνομαν τους λας τους πεθαμμένους. Τζι είδα τζιαι μνήμαν του φτωχού τζιαι του αρκόντου μνήμαν, με γύρου γύρου κάντζελλα, άγαλμαν τζιαι τζιβούριν, μά του φτωχού, του πάφτωχου, μεσάνυχτον πιασσούριν. Τζι έκλαψα τζι ανεστέναξα τζι εχώστηκα στο κρίμαν τζι εφάνην μόσιεν η γη τζι ερούφησέν με κάτω τζι επήα τζι εποκουλίασα στα τάρταρα του Άδη. Τζι είδα μες τζείντην γερημνιάν, μες τζείνον το σκοτάδιν στοίβες, βουνάρκα τζιαι σωρούς ϗ κάλα των πλασμάτων. Τζι εστάθηκα τζι εθώρουν τα σσυφτός έναν καράριν τζι ούλα τζεί κάτω μνιά πίττα, ούλα μαλλιά κουβάριν. Τζι εν εξηδκιάλυσα τζι εγιώ ϗ αλον μανιχόν του, να πω τούτος εν του φτωχού τζιαι τζείνος εν τα' αρκόντου!

Estudo de caso 07: Identidade cipriota

Soluções de escrita

Em sua segunda direção de pesquisa, Evagorou se valeu da variedade de contextos e situações identificados em sua pesquisa primária sobre o uso de diferentes formas linguísticas a fim de criar uma possível solução de design para diversos problemas existentes. Ela propôs que a incorporação de novos glifos ao sistema ortográfico possibilitaria um melhor uso do alfabeto grego, que o tornaria mais adequado à representação do dialeto cipriota.

Além disso, ela registrou várias atitudes negativas contra o uso do dialeto greco-cipriota, especialmente relacionadas a níveis percebidos de escolaridade ou a um nível cultural "mais alto" – como em situações formais, em que o grego padrão é o modo de comunicação aceito. Algumas dessas atitudes são possivelmente agravadas pelo fato de que a língua cipriota não possui qualquer tipo de normatização ou codificação ou um sistema ortográfico geralmente aceito. Com base em seus estudos sobre linguagem e reforma ortográfica, fonética e desenvolvimento de ligaduras e caracteres combinados, Evagorou começou a desenvolver novos glifos para melhorar o alfabeto grego com caracteres adicionais que podem ser usados para expressar uma série de sons de fala característicos do dialeto cipriota.

Os critérios da designer para esses novos glifos incluíam a necessidade de que fossem fáceis de aprender, fáceis de memorizar e fáceis de escrever. Qualquer forma tipográfica nova deve ter uma base manuscrita: é vital que as letras sejam o mais simples possível e que sejam fáceis de escrever. A legibilidade das novas formas também foi um fator importante que precisou ser considerado, assim como estilos tipográficos e as formas como os caracteres individuais funcionariam dentro do sistema de escrita mais amplo.

Reforma de caracteres

Os alfabetos reformados muitas vezes buscam transcrever com mais precisão os sons de uma língua falada. Hoje, o sistema mais comum e uma das maiores realizações da reforma alfabética para transcrever os sons de uma língua é o Alfabeto Fonético Internacional (AFI). O desenvolvimento prático de Evagorou foi baseado em uma pesquisa sobre o AFI, com foco específico na evolução das letras individuais, sua função e uso propostos e seus equivalentes tipográficos.

O design das letras cipriotas de Evagorou foi desenvolvido individualmente, uma letra de cada vez. No entanto, é sempre necessário lembrar que as letras raramente são tratadas como elementos individuais. Uma única letra, embora funcional, pode não ser harmônica em uma palavra. As letras compostas em uma palavra se comportam de maneira diferente de quando são observadas isoladamente. Foi importante revisar constantemente as letras no contexto de outras letras, para testar a forma como elas funcionariam dentro de uma massa de texto (página ao lado).

τζάμιν

USAGE IN CYPRIOT WORD

MOVEMENTS FOR FORMING THE GLYPH

τζ τζ τζ]

εφεντζιάστηκεν
εφεντζιάστηκεν
εφεντζιάστηκεν
εφεντζιάστηκεν

Ανεράδα

Αντάν με είδεν έφεξεν
τζι ο νους-μου εφεντζιάστηκεν
τζι εφάνην κόσμος φωτερός.
Αντάν μου χαμογέλασεν
παράδεισος επλάστηκεν
ομπρός-μου τζέμεινα ξερός.
Ευτύς το πας-μου έχασα
τον κόσμον ελησμόνησα
τζι έμεινα χάσκοντα βριχτός
είπεν-μου, έλα, κλούθα-μου
τζιαι πο καρκιάς επόνησα
τζι ακλούθησά-της, ο χαντός
Λαόνια, κάμπους τζιαι βουνά
αντάμα εκδιαβήκαμεν
γεμάτ' αθθούς τζι αγκαθθερά
η στράτα εν ετέλειωνεν
τζιαι δεν εποσταθήκαμεν
ήτουν για λλόου-μας χαρά.
Έτρεμεν με τζαι χάσει-με
τζι έτρεμα μεν τζαι χάσω-την
τζαι μεν της πως, τζαι μεν μου πει
εδίψουν-την τζι εκαύκουμουν
τζι' έτρεμεν μεν τζαι πκιάσω-την
τζιαι γίνουμεν τζι οι δκυο στρατή.

Ανεράδα

Αντάν με είδεν έφεξεν
τζι ο νους-μου εφεντζιάστηκεν
τζι εφάνην κόσμος φωτερός.
Αντάν μου χαμογέλασεν
παράδεισος επλάστηκεν
ομπρός-μου τζέμεινα ξερός.
Ευτύς το πας-μου έχασα
τον κόσμον ελησμόνησα
τζι έμεινα χάσκοντα βριχτός
είπεν-μου, έλα, κλούθα-μου
τζιαι πο καρκιάς επόνησα
τζι ακλούθησά-της, ο χαντός
Λαόνια, κάμπους τζιαι βουνά
αντάμα εκδιαβήκαμεν
γεμάτ' αθθούς τζι αγκαθθερά
η στράτα εν ετέλειωνεν
τζιαι δεν εποσταθήκαμεν
ήτουν για λλόου-μας χαρά.
Έτρεμεν με τζαι χάσει-με
τζι έτρεμα μεν τζαι χάσω-την
τζαι μεν της πως, τζαι μεν μου πει
εδίψουν-την τζι εκαύκουμουν
τζι' έτρεμεν μεν τζαι πκιάσω-την
τζιαι γίνουμεν τζι οι δκυο στρατή.

εφεντζιάστηκεν
εφεντζιάστηκεν
εφεντζιάστηκεν
εφεντζιάστηκεν
εφεντζιάστηκεν
εφεντζιάστηκεν
εφεντζιάστηκεν

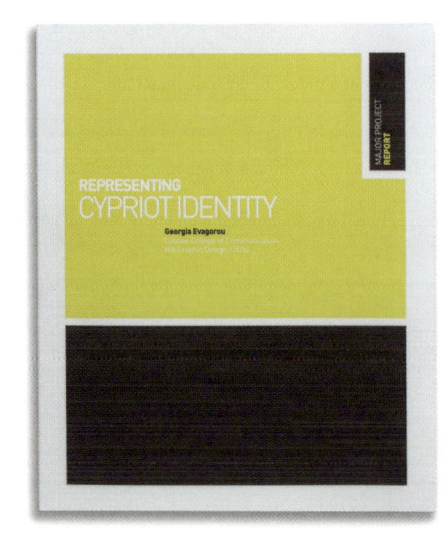

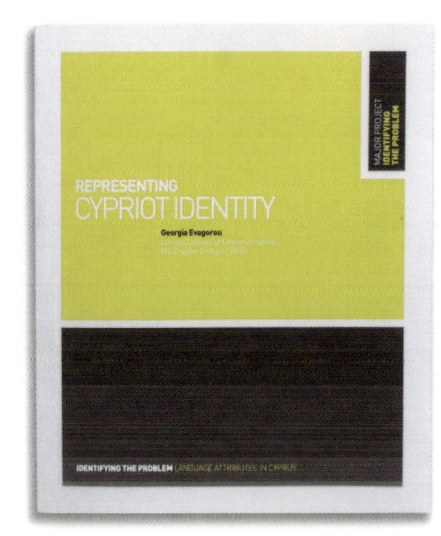

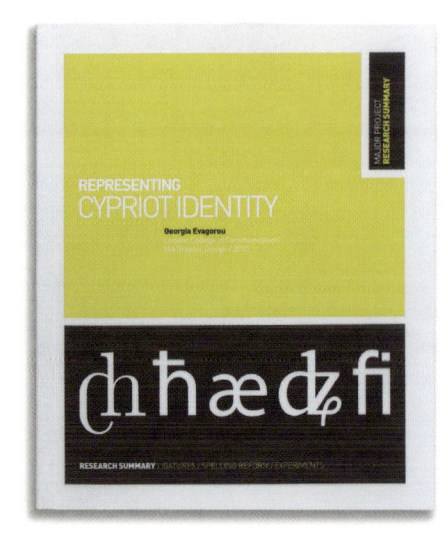

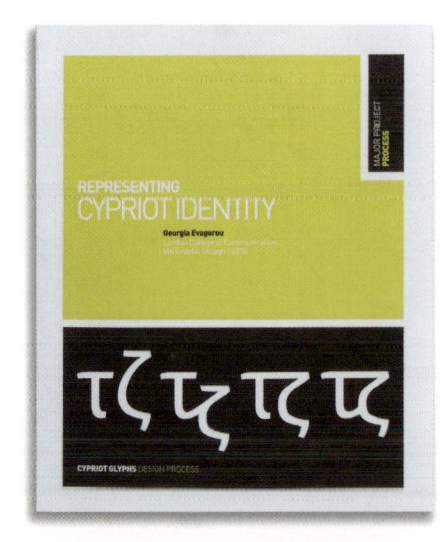

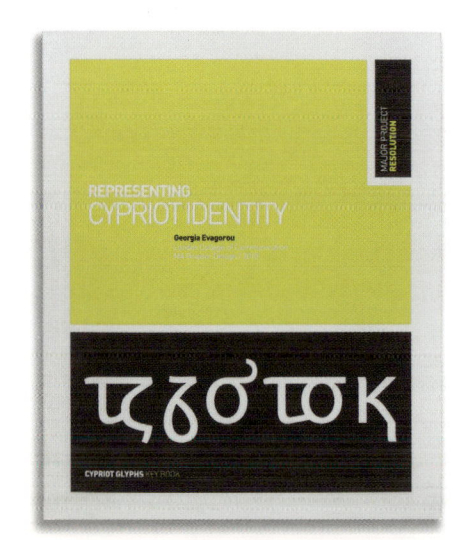

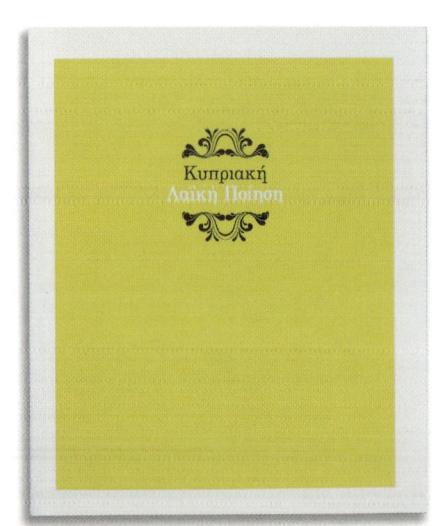

Livros finais

A pesquisa e o desenvolvimento de Evagorou resultaram no design de uma consoante e de seis pares de consoantes de glifos autenticamente cipriotas, criados para aprimorar o alfabeto grego existente em seu uso por parte da comunidade greco-cipriota. A resolução final do projeto assumiu a forma de um livro-chave com os glifos cipriotas finais, junto com uma série de livros descrevendo a avaliação de cada vertente da pesquisa e o desenvolvimento de cada letra (acima). O livro-chave inclui também os símbolos do AFI de cada som e o guia de escrita para cada glifo.

Além disso, ela criou o design de um livro de poesia cipriota demonstrando o uso das formas do grego padrão dentro de um texto mais longo, composto em oposição aos mesmos poemas incorporando os novos caracteres (página ao lado). Evagorou sentiu que esse resultado podia ser lido "naturalmente" por leitores greco-cipriotas, uma vez que as próprias letras haviam evoluído a partir de formas familiares, e o conteúdo do texto mais longo – os poemas – era também altamente evocativo da língua e da cultura do Chipre.

Como a designer observa em seu resumo da pesquisa: "…*uma vez que os valores e a identidade do dialeto cipriota não são adequadamente representados quando escritos usando caracteres gregos, este livro se propõe a dar conta de meu objetivo inicial de oferecer um sistema de escrita mais adequado para que os cipriotas possam expressar com mais precisão seu dialeto*".

Ανεράδα

Σε μιαν ποταμοδκιάβασην
μιαλ λυερήν εσσιάστηκα
νείεν καεί η σταλαμή!
ούλλα τ' αρνίν εις τον τσοκκόν
ο άχαρος επιάστηκα
αντάν πιαστεί μες στην νομήν.

Αντάν με είδεν έφεξεν
τζι ο νους-μου εφερτζιάστηκεν
τζί εφάνην κόσμος φωτερός.
Αντάν μου χαμογέλασεν
παράδεισος επλάστηκεν
ομπρός-μου τζί έμεινα ξερός.

Ευτύς το πας-μου έχασα
τον κόσμον ελησμόνησα
τζί έμεινα χάσκοντα βριχτός
είπεν-μου, έλα, κλούθα-μου
τζιαι πο καρκιάς επόνησα
τζί ακλουθησά-της, ο χαντός.

Λαόνια, κάμπους τζιαι βουνά
αντάμα εκδιαβήκαμεν
γεμάτ' αθθούς τζι αγκαθθερά
η στράτα εν ετέλειωνεν
τζιαι δεν εποσταθήκαμεν
ήτουν για λλόου-μας χαρά.

Έτρεμεν με τζιαι χάσει-με
τζί έτρεμα μεν τζιαι χάσω-την
τζιαι μεν της πως, τζιαι μεν μου πει
εδίψουν-την τζι εκαύκουμουν
τζί έτρεμεν μεν τζιαι πκιάσω-την
τζιαι γίνουμεν τζι οι δκυο στραπή.

Ανεράδα

Σε μιαν ποταμοδκιάβασην
μιαλ λυερήν εσάστηκα
νείεν καεί η σταλαμή!
ούλλα τ' αρνίν εις τον τσοκκόν
ο άχαρος επιάστηκα
αντάν πιαστεί μες στην νομήν.

Αντάν με είδεν έφεξεν
τζι ο νους-μου ευεντζιάστηκεν
τζι εφάνην κόσμος φωτερός.
Αντάν μου χαμογέλασεν
παράδεισος επλάστηκεν
ομπρός-μου τζι έμεινα ξερός.

Ευτύς το πας-μου έχασα
τον κόσμον ελησμόνησα
τζι έμεινα χάσκοντα βριχτός
είπεν-μου, έλα, κλούθα-μου
τζαι πο καρκιάς επόνησα
τζι ακλουθησά-της, ο χαντός.

Λαόνια, κάμπους τζαι βουνά
αντάμα εκδιαβήκαμεν
γεμάτ' αθθούς τζι αγκαθθερά
η στράτα εν ετέλειωνεν
τζαι δεν εποσταθήκαμεν
ήτουν για λλόου-μας χαρά.

Έτρεμεν με τζαι χάσει-με
τζι έτρεμα μεν τζαι χάσω-την
τζαι μεν της πως, τζαι μου πει
εδίψουν-την τζι εκαύκουμουν
τζι έτρεμεν μεν τζαι πκιάσω-την
τζαι γίνουμεν τζι οι δκυο στραπή.

Βασίλης Μιχαηλίδης

Καρτερούμεν μέραν νύχταν

Καρτερούμεν μέραν νύχταν να φυσήσει ένας αέρας
στουν τον τόπον πο'ν καμένος τζί' εν θωρεί ποτέ δροσιάν

Για να φέξει καρτερούμεν το φως τζιήνης της μέρας
πο'ν να φέρει στον καθ' έναν τζιαι δροσιάν τζιαι ποσπασιάν

Η ζωή μας εν για τζείνην τζαι ζωή μας τζείνη ένι
τζαι πως τρώμεν δίχα τζείνης τζι είμαστιν βασταεροί
εν γιατί με τ' όνομάν της είμαστιν ποσκολισμένοι
πο'ν' το βκάλλουν που τον νουν μας μήτε χρόνια με τζαιροί
ξυπνητοί τζαι τζοιμισμένοι εν για τζείνην η καρκιά μας
που διπλοφακκά για να ρτει τζαι να μείνει δα κοντά μας.

Τα λαμπρά μας ούλλον τζι άφτουν τζι οι καμοί μας εν σιούσιν,
εν' συμπούρκισμαν φουρτούνας των τζυμάτων του γιαλού
ετσ' οι λας εν' που παθθαίνουν όντας ξένοι τζυβερνούνιν
έχουν μέσα τους φουρτούναν τζι αν τους έχουν προς καλού
τζι όσον τούτοι τζι αν καρδκιούνται που την Μάναν χωρισμένοι
η αγάπη τους περίτου γίνεται δρακοντεμένη.

Πκοιος αντίκοψεν ποτέ του, τον αέρα για το τζύμμαν
τζί έκαμεν το για να αλλάξει φυσικόν τζαι να σταθεί;
Ομπροστά στον Πλάστην ούλλοι εν είμαστιν παρά φτύμμαν,
εν' αβόλετον ο νόμος ο δικός Του να χαθεί
τζαι για τούτον μιτσιοί μιάλοι για την Μάναν λαχταρούσιν
εν' η γέννα, εν' το γάλαν, εν' τα χνώτα που τραβούσιν.

Είντα γάλαν ήταν τότες τζείντο γάλα που βυζάσαν
ας αμπλέψουν να το δούσιν, είμαστιν ούλλοι εμείς.
Αν περνούσιν μαύρα χρόνια αγιοίν τζαι τζείνα που περάσαν
'Πο μας ένας έντζε βκαίνει που την στράταν της τιμής
Μητ' επλάστηκεν ποττέ του, τζι αν πλαστεί τζι ανοίξει στόμαν
νεκρόν εν να τον ξεράσει τζαι του τάφου του το χώμαν.

Καρτερούμεν μέραν νύχταν

Καρτερούμεν μέραν νύχταν να φυσήσει ένας αέρας
στουν τον τόπον πο'ν καμένος τζι εν θωρεί ποτέ δροσιάν

Για να φέξει καρτερούμεν το φως τζιήνης της μέρας
πο'ν να φέρει στον καθ' έναν τζαι δροσιάν τζαι ποσπασιάν

Η ζωή μας εν για τζείνην τζαι ζωή μας τζείνη ένι
τζαι πως τρώμεν δίχα τζείνης τζι είμαστιν βασταεροί
εν γιατί με τ' όνομάν της είμαστιν ποσκολισμένοι
πο'ν' το βκάλλουν που τον νουν μας μήτε χρόνια με τζαιροί
ξυπνητοί τζαι τζοιμισμένοι εν για τζείνην η καρκιά μας
που διπλοφακκά για να ρτει τζαι να μείνει δα κοντά μας.

Τα λαμπρά μας ούλλον τζι άφτουν τζι οι καμοί μας εν σούσιν,
εν' συμπούρκισμαν φουρτούνας των τζυμάτων του γιαλού
ετσ' οι λας εν' που παθθαίνουν όντας ξένοι τζυβερνούνιν
έχουν μέσα τους φουρτούναν τζι αν τους έχουν προς καλού
τζι όσον τούτοι τζι αν καρδκιούνται που την Μάναν χωρισμένοι
η αγάπη τους περίτου γίνεται δρακοντεμένη.

Πκοιος αντίκοψεν ποτέ του, τον αέρα για το τζύμμαν
τζι έκαμεν το για να αλλάξει φυσικόν τζαι να σταθεί;
Ομπροστά στον Πλάστην ούλλοι εν είμαστιν παρά φτύμμαν,
εν' αβόλετον ο νόμος ο δικός Του να χαθεί
τζαι για τούτον μιτσιοί μιάλοι για την Μάναν λαχταρούσιν
εν' η γέννα, εν' το γάλαν, εν' τα χνώτα που τραβούσιν.

Είντα γάλαν ήταν τότες τζείντο γάλαν που βυζάσαν
ας αμπλέψουν να το δούσιν, είμαστιν ούλλοι εμείς.
Αν περνούσιν μαύρα χρόνια αγιοίν τζαι τζείνα που περάσαν
'Πο μας ένας έντζε βκαίνει που την στράταν της τιμής
Μητ' επλάστηκεν ποττέ του, τζι αν πλαστεί τζι ανοίξει στόμαν
νεκρόν εν να τον ξεράσει τζαι του τάφου του το χώμαν.

Δημήτρης Λιπέρτης

Conceitos fundamentais: Paisagens adaptativas

A **teoria dos memes**, ou memética, é uma teoria de desenvolvimento cultural que se baseia em modelos genéticos de evolução biológica para explicar a transferência e a propagação de "boas ideias" em grupos sociais ou culturais.

Dentro dessa analogia, tendências, crenças, modismos e expressões linguísticas são transmitidos de geração em geração e através de grupos sociais em meio a um processo de imitação e replicação comportamental, de forma semelhante aos modelos de evolução biológica e adaptação genética. As culturas humanas, portanto, evoluem por meio de comunicações "contagiosas", de maneira similar ao desenvolvimento evolutivo do patrimônio genético das espécies ao longo do tempo.

O termo "memética" foi cunhado por Richard Dawkins em seu livro O Gene Egoísta, de 1976, um texto altamente influente sobre evolução a partir da perspectiva das necessidades fundamentais de reprodução genética, que busca explicar certos traços e características humanos e animais como sendo produtos do mecanismo de sobrevivência genética.

Nos termos de Dawkins, os memes eram replicadores teóricos da evolução cultural, que atuavam de forma semelhante à genética biológica e estavam interligados aos instintos de sobrevivência entre grupos sociais e indivíduos de uma mesma espécie. A teoria foi levada adiante por outros autores, com destaque para Daniel Dennett e Aaron Lynch, e usada para explicar a evolução tecnológica, linguística, cultural e social, o potencial da inteligência artificial em computadores e até mesmo a disseminação de crenças religiosas.

As **paisagens adaptativas** são utilizadas como modelos conceituais para demonstrar pontos relativamente fortes e fracos no patrimônio genético. O conceito de "sobrevivência do mais forte" como ideia de design, na verdade, pode ser melhor ilustrado como uma paisagem de picos e vales onde as "melhores" ideias ocupam lugares mais altos, nas montanhas, e as ideias que já nascem mortas, ou cuja sobrevivência é improvável, ocupam pontos mais baixos, nos vales. Este modelo demonstra que a evolução não é definida por uma única resposta "perfeita" no topo da montanha (onde o "exemplar perfeito" das espécies pode ser atingido por um raio ou morrer de alguma outra forma infeliz), mas sim por uma gama de iterações que seguem um contorno ao longo dos pontos mais altos das encostas. Isso serve como uma boa analogia ao design como processo iterativo, com uma variedade de rotas possíveis e de potenciais soluções para um problema. Pode não haver uma única resposta "perfeita", mas existem soluções melhores e piores para um briefing, e geralmente há mais de uma maneira de orientar o leitor a uma leitura pretendida.

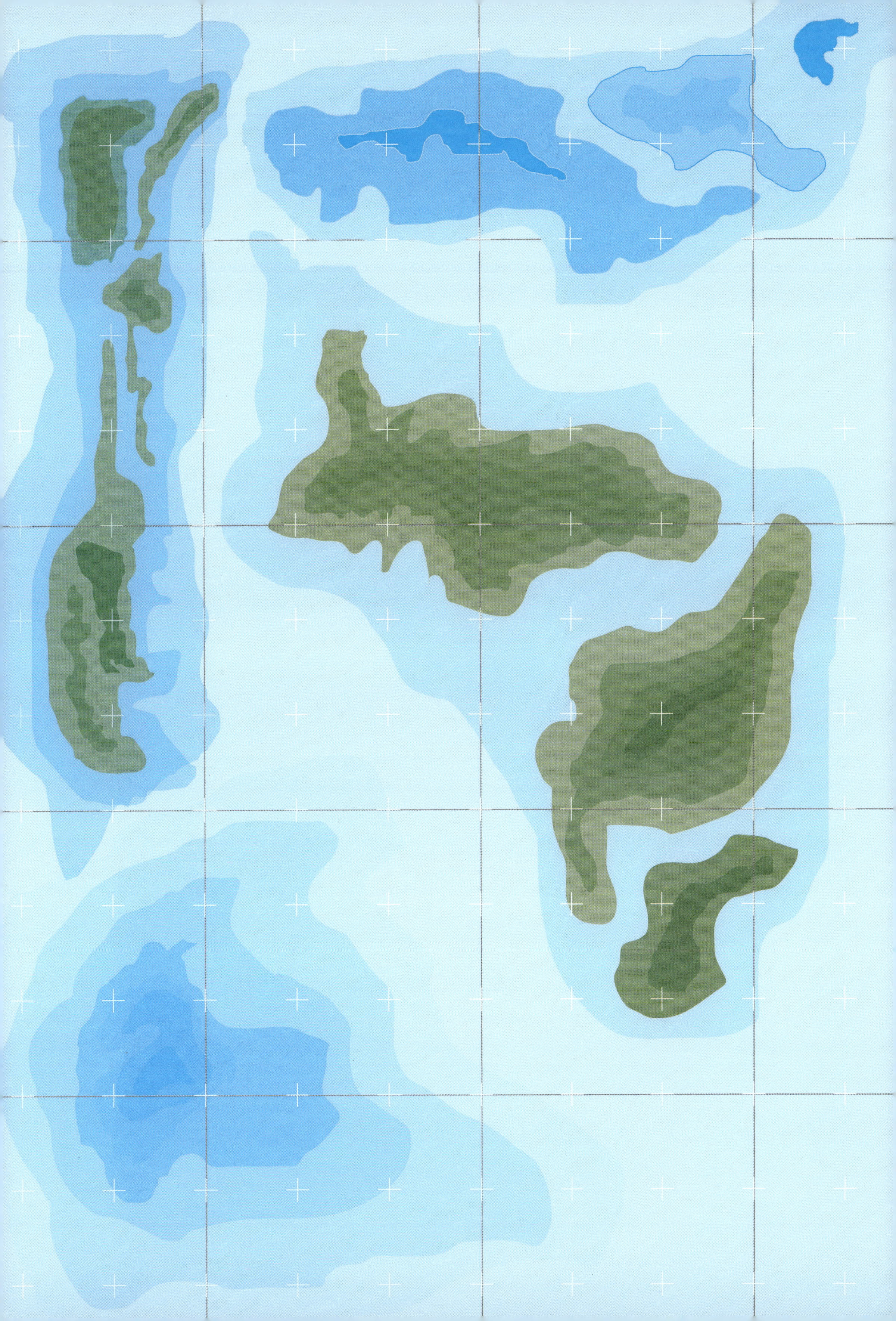

Exercícios: Como está a recepção?

Objetivo

A intenção deste projeto é incentivar você a explorar a relação entre a palavra e a imagem e a forma como elas, quando usadas em combinação, permitem a exploração de uma vasta gama de ideias de comunicação.

Este projeto é baseado no uso de fotografia.

Parte 1: Coleta de imagens
Trabalhando em grupos de três, você deve produzir ou coletar a seguinte série de imagens:
- Três imagens de si mesmo, individualmente ou em grupo.
- Três imagens de objetos relacionados a você.
- Três imagens do ambiente onde você vive e que se relaciona com você.

Todas as imagens devem ser impressas em cores, no tamanho A4. Tente criar imagens que sejam fotografadas em um estilo neutro, objetivo ou documental.

Essas imagens servirão de base para a Parte 2.

Parte 2: Construção de um léxico
Agora, você deve construir um conjunto de palavras individuais relacionadas a você mesmo e ao ambiente onde vive. Essas palavras não devem ser legendas para as imagens criadas, mas sim palavras que potencialmente tenham múltiplos significados para o leitor – as palavras podem ser relacionadas ao significado ou ao contexto das fotos, mas não devem descrever especificamente as imagens. Tente construir um léxico de palavras sem referenciar diretamente o trabalho realizado na Parte 1 do briefing – pode ser uma boa ideia selecionar um tema para servir de base a essa linguagem falada ou textual.

Parte 3: Relações palavra/imagem
Comece a juntar as palavras e imagens. Tente olhar para uma vasta gama de variações e possibilidades. A intenção aqui é encontrar relações palavra/imagem

---

Textos fundamentais

Barthes, R. (2009) *Mythologies*. London: Vintage Classics.

Baxandall, M. (1987) *Patterns of Intention: On the Historical Explanation of Pictures*. New Haven, CT: Yale University Press.

Buchanan, R. & Margolin, V. (1995) *Discovering Design: Explorations in Design Studies*. Chicago: University of Chicago Press.

Crow, D. (2010) *Visible Signs: An Introduction to Semiotics in the Visual Arts*, 2nd edition. Worthing: AVA Publishing SA.

Emmison, M. & Smith, P. (2000) *Researching the Visual: Introducing Qualitative Methods*. London: SAGE Publications.

Hawkes, T. (1977) *Structuralism and Semiotics*. London: Methuen.

Norman, D. A. (2002) *The Design of Everyday Things*. New York: Basic Books.

Pevsner, N. (1946) *Visual Pleasures From Everyday Things: An Attempt to Establish Criteria By Which the Aesthetic Qualities of Design Can Be Judged*. London: B. T. Batsford.

Poynor, R. (2003) *No More Rules: Graphic Design and Postmodernism*. London: Laurence King Publishing.

Rose, G. (2007) *Visual Methodologies: An Introduction to the Interpretation of Visual Material*. London: SAGE Publications.

palavra

que tenham múltiplas leituras possíveis – palavras que abram significados nas imagens – e não palavras que "limitem" o número de possíveis leituras que cada combinação pode produzir.

Parte 4: Combinações palavra/imagem
Depois de escolhidas as melhores combinações de palavra/imagem, pense em formas de posicionar a palavra dentro da imagem ou sobre ela de modo que ambas possam ser lidas sem perturbar o efeito uma da outra. Procure escolher uma fonte que não seja muito decorativa e evite fontes que possam distrair o leitor da imagem. Essa fonte deve ser empregada para todas as palavras em todas as imagens. Tente encontrar um mesmo formato e escala para todas as imagens de modo que haja um grau de consistência entre elas, para que possam ser lidas como parte de um conjunto ou família mais amplo.

imagem

Parte 5: Organização
Uma vez que a Parte 4 foi concluída, é hora de começar a organizar as combinações de imagem/palavra em sequências, de modo a criar possíveis narrativas. Leve em consideração as múltiplas leituras de cada combinação individual de palavra/imagem, bem como as leituras que a narrativa combinada é capaz de criar.

Esse processo propõe uma reflexão sobre como você pode, como designer, usar imagens e palavras/tipos para criar leituras abertas e múltiplas para um público. Isso deve ser feito tendo em mente o público mais amplo possível. Você deve pensar no escopo de potenciais leituras em relação a fatores-chave, como, por exemplo, origem, idade, educação e cultura. Cada um desses elementos, individualmente e em conjunto, é essencial para o designer e deve estar no cerne de sua abordagem na hora de pensar sobre como as mensagens são comunicadas e, sobretudo, entendidas.

6. Processo e materiais

Experimentação no estúdio de design: abordagens sistemáticas à produção de trabalho prático e forma física

Considerações práticas

Este capítulo lida com a noção de abordagens sistemáticas e experimentações dentro do estúdio de design por meio da produção de trabalhos práticos. A investigação de materiais é explorada, na área profissional, pelo teste de formas adequadas em relação a um conjunto de critérios aplicado de modo consistente, e como um processo em si, por meio da exploração de linguagens visuais novas e inovadoras adequadas a públicos ou circunstâncias específicos. Esse processo reflexivo pode ser descrito como "pesquisa dentro do design" – a exploração de métodos e práticas de design, incluindo testes visuais e experimentações com materiais e com o potencial da forma física.

Muitas disciplinas criativas na área das artes visuais colocam uma grande ênfase na superfície e nos materiais – aquilo que chamamos de "plasticidade" da imagem. No campo das artes plásticas, em áreas como pintura e escultura, por exemplo, os materiais de base (tinta a óleo, aquarela, acrílica, pastel, bronze, pedra e assim por diante) usados na construção da obra são cruciais para sua leitura e compreensão. Da mesma forma, as fotografias são carregadas de sentido por sua natureza material e também pelo contexto em que são exibidas: na parede de uma galeria ou casa, em um álbum de família ou dentro de um arquivo. A interface física entre imagem e espectador é essencial na construção e interpretação do sentido.

Uma diferença fundamental que ocorre nas disciplinas do cinema e da fotografia, no entanto, diz respeito à natureza da própria imagem. O "realismo" da imagem fotográfica, especialmente devido ao uso de filme colorido ou de imagens em movimento, pode levar o espectador a ler o conteúdo da imagem – a cena retratada – mas ignorar a sua materialidade (fatores como papel fotográfico, bordas, bastidores e molduras, ou presença física da tela ou da imagem projetada).

Materialidade
Diz respeito às propriedades físicas de um objeto. Em design gráfico, isso pode designar a natureza física de um livro, por exemplo, o modo como ele é impresso, encadernado, os materiais a partir dos quais é construído e sua condição de objeto, para além de seu conteúdo e funcionalidade como uma forma de comunicação. Uma abordagem de design focada na materialidade envolveria a relação das propriedades físicas do livro com seu público pretendido e a relevância de sua apresentação como um todo.

Esse aspecto do design é eventualmente referido como a plástica ou "plastique" de um objeto, no que diz respeito à combinação de uma variedade de elementos em um todo. Nas artes visuais em geral, o termo deriva da expressão "artes plásticas", referindo-se especificamente às artes tridimensionais, como escultura. No contexto do design gráfico, a materialidade ou plasticidade também pode se referir a uma atividade em que não há um objeto físico presente – incluindo ambientes interativos e virtuais, como a internet ou o ciberespaço.

De acordo com Elizabeth Edwards e Janice Hart, em seu livro *Photographs Objects Histories* (2004), *"a tendência dominante é a de que as fotografias sejam apreendidas em um ato visual, absorvendo a imagem e o objeto em conjunto, mas privilegiando a primeira. Assim, as fotografias se descolam de suas propriedades físicas e, consequentemente, do contexto funcional de uma materialidade que é erroneamente interpretada como sendo meramente um suporte neutro para imagens."* Normalmente, quando a natureza material da fotografia assume a primazia, isso acontece no campo de *fine print* (letras miúdas) ou no que diz respeito à conservação e à longevidade do suporte físico.

Arte e ofício

O design gráfico, particularmente na forma impressa, está em algum ponto entre o ofício ou desenho artístico e o realismo fotográfico. Embora lhe falte a suposta neutralidade ou transparência da imagem fotográfica, ele ainda assim enfatiza a mensagem "interna" – o conteúdo –, e não o material superficial como principal transmissor de sentido. Isso é especialmente aplicável à forma de um livro, em que tradicionalmente um tipógrafo busca criar uma maior clareza de leitura por meio do layout tipográfico e da estrutura do grid. Ao mesmo tempo, a superfície em geral é clara e evidente, como em um material impresso ou na espessura e no volume de um livro encadernado, por exemplo. Essa materialidade é muitas vezes enfatizada pela utilização de elementos tipográficos e símbolos gráficos, que são lidos como uma série de códigos visuais, em vez de serem lidos como uma imagem pictórica. O design gráfico é, portanto, um produto com uma complexa gama de significantes – o léxico visual do vocabulário de design.

O design gráfico... forma o tecido conjuntivo que conecta as inúmeras experiências visuais. Normalmente, não vemos uma fotografia profissional isoladamente: vemos a fotografia como parte de uma página, tela, outdoor ou vitrine, em relação a outros elementos pictóricos, tipográficos e estruturais determinados no processo de design. Essas estruturas e relações são uma parte indivisível do significado.

Rick Poynor
"Out of the Studio: Graphic Design History and Visual Studies", *Design Observer* (2011)

Tatilidade e usabilidade

O significado é comunicado por meio da plasticidade dos materiais, da natureza física do objeto (como, por exemplo, o peso e o tamanho de um livro ou a espessura e a textura superficial de suas páginas), da superfície impressa e, muitas vezes, da inclusão de imagens fotográficas e códigos visuais e linguagens dos detalhes e da composição tipográfica, cores, equilíbrio, harmonia e tom. A natureza tátil dos objetos de design destinados ao manuseio (tais como livros, revistas, embalagens ou cartões postais) transmite o significado de maneira semelhante à textura superficial e às pinceladas de uma pintura, ou à natureza ergonômica de uma peça de design de produto, embora esse elemento do design seja muitas vezes negligenciado em favor da mensagem impressa e da comunicação que ela contém.

A natureza significante dos materiais é importante dentro de certas áreas do ofício do designer gráfico, especialmente para comunicar "qualidade" ou "tatilidade" em áreas como o design de livros ou embalagens, por exemplo. O designer deve, portanto, prestar muita atenção aos materiais usados para a reprodução de seu trabalho, em especial quando o objeto resultante foi criado para ser tocado ou manuseado.

Ao mesmo tempo, o significado denotativo de uma peça de comunicação visual é geralmente delimitado pelas formas visuais dispostas em sua superfície: por exemplo, o design de um cartaz criado para ser visto de longe será muito mais baseado na composição visual dos elementos gráficos do que no material sobre o qual ele é impresso para transmitir sua mensagem. Quando visto de perto, é possível observar a textura do papel, a espessura das tintas e a composição de sobreposições de cores e padrões de retícula. Contudo, esse exame minucioso não é a função padrão do pôster, que normalmente é projetado para ser lido de longe em uma área pública.

Tatilidade
Algo perceptível ao sentido do tato. Superfícies e objetos podem ser descritos como táteis quando seu design é criado para que sejam sentidas, e não simplesmente vistas ou ouvidas.

Tangibilidade
Algo que pode ser tocado ou sentido, que possui uma substância material real. Isso também pode ser estendido à percepção ou à aparência externa de possuir tatilidade ou substância.

Textura
A qualidade visual e especificamente tátil de uma superfície. Textura diz respeito às propriedades da superfície dos objetos e às sensações causadas por essa superfície, as quais surgem a partir do sentido do tato. O termo textura também pode ser usado para descrever um padrão que foi reduzido a tal ponto que os elementos individuais que o formam não são mais discerníveis.

10 Textura superficial >>
Os designers de produtos entendem, há bastante tempo, o valor dos materiais físicos e do tato na percepção de objetos de design. Os designers gráficos muitas vezes operam em um campo de atuação semelhante, e a *affordance* natural de uma textura superficial – seus atributos táteis – pode ser essencial para a sensação comunicada.

Ogden's Photo Al...

Tatilidade e usabilidade

É importante observar, ainda, que a natureza efêmera de grande parte da produção de design gráfico pode explicar, de certa forma, a natureza dos artefatos de design como objetos materiais. Necessidade, orçamento e velocidade de produção podem ter um grande impacto em restringir a gama de materiais selecionados para realizar um projeto. A escolha do papel para impressão de grandes tiragens de panfletos ou cartazes, por exemplo, é muitas vezes motivada por uma questão de custos, em combinação com a disponibilidade e os padrões dos fornecedores, os métodos de cálculo e os processos técnicos da gráfica encarregada da produção, em detrimento de aspectos como tatilidade, qualidade ou durabilidade do material.

A forma segue a tecnologia
Os avanços tecnológicos também desempenham um papel importante na natureza material dos artefatos de design gráfico. À medida que as tecnologias de impressão e de visualização em telas avançam, novos métodos de trabalho e possibilidades estéticas se abrem para o designer. A história do design gráfico como objeto de estudo está interligada de modo inerente ao desenvolvimento dos processos de reprodução impressos, mecânicos e, mais recentemente, eletrônicos; desde as prensas tipográficas até a impressão litográfica e digital, chegando à evolução da internet e das tecnologias digitais interativas – que agora estão retrocedendo, ao menos em um sentido de experiência tátil, por meio do desenvolvimento interfaces sofisticadas para telas de toque.

Cada nova tecnologia foi acompanhada por alguma mudança na estética do design gráfico contemporâneo. Os historiadores do design estudaram detalhadamente o impacto de cada uma dessas mudanças tanto nos métodos quanto nos materiais de trabalho. O desenvolvimento de técnicas de impressão

Durabilidade
Capacidade de resistir ao uso e desgaste ou à deterioração. Qualidade que permite que estruturas ou formas se mantenham úteis ou relevantes depois de um longo período de tempo e uso. Poder de resistir a agentes ou influências que tendem a causar mudanças, deterioração ou dissolução. Em termos de design gráfico, esses elementos podem incluir manuseio físico, calor, luminosidade ou compressão, por exemplo, e a durabilidade descreve o modo como a superfície do material resiste ao desbotamento, desgaste, distorção ou decomposição que podem atrapalhar a leitura de um design.

fotolitográfica cada vez mais sofisticadas entre 1870 e 1950, por exemplo, representou uma transição generalizada para a inclusão de fotografias – em vez de xilogravuras, gravuras e ilustrações desenhadas à mão – em diversos materiais impressos de baixo custo, como, por exemplo, cartazes e revistas. De modo semelhante, nos anos 1980 e 1990, vários métodos de design até então inconcebíveis foram desenvolvidos, o que só foi possível graças à tecnologia da informática. O século XXI testemunhou uma explosão no uso de compartilhamento de arquivos *peer-to-peer* e de redes sociais através da internet, junto ao crescimento do uso de dispositivos móveis multifuncionais destinados a comunicação, acesso à informação e redes sociais. Os designers precisaram se adaptar rapidamente às potencialidades desses novos ambientes.

O processo de experimentação com materiais ocorre em paralelo aos processos discutidos no Capítulo 4: Teoria na prática – mas enquanto a metodologia de pesquisa visual está principalmente focada na composição e disposição dos elementos visuais, a pesquisa de materiais conduz investigações semelhantes em relação à forma tátil do objeto de design. Essas duas áreas caminham lado a lado, naturalmente: os materiais sempre afetam a estética de superfície, além de contribuírem para a complexa cadeia de significantes e para a gramática visual do objeto, a partir da qual o leitor ou espectador constrói sentido. Além da visão, outros sentidos também podem desempenhar uma função de comunicação, por meio do tamanho, peso, volume e "sensação" do artefato de design. A partir de uma série de testes relacionados à forma visual e tátil do resultado gráfico de um projeto, o designer pode ajudar a focalizar a mensagem pretendida de forma mais clara aos olhos (e mãos) do leitor.

É preciso que os designers reconheçam as necessidades do ambiente social e físico no qual trabalham e para o qual contribuem, e que tomem medidas conscientes para definir o futuro de sua profissão. Para que isso aconteça, eles precisarão desenvolver novas ferramentas, envolver-se em equipes interdisciplinares, iniciar projetos e gerar e compartilhar novas informações.

Jorge Frascara
User-centred Graphic Design: Mass Communications and Social Change (1997)

Estudo de caso 08: Mary

"*Mary tinha um cordeirinho*" foi a primeira sequência de palavras registrada na história da gravação de som. Como uma homenagem a esse legado, Andrea Forgacs decidiu chamar sua proposta de aplicativo de reprodução de música para iPad de "Mary". O aplicativo foi desenvolvido com base em um projeto que explora a transição entre um tradicional formato físico de música – o LP – e a interface de tela. O resultado é um aplicativo que presta homenagem ao modelo "antigo" de capa do disco e, ao mesmo tempo, demonstra uma nova forma de ouvir e apreciar música. Mary faz também uma comparação direta entre o formato tangível e a tela, em um momento em que interfaces novas e sofisticadas oferecem uma ideia de tatilidade "virtual" usando toque e animações.

Mary é uma interface de usuário simples e focada. Forgacs sentiu que a incorporação de muitos recursos serviria apenas para confundir os usuários, e não serviria ao propósito de tornar a experiência tangível. Foram identificadas quatro áreas essenciais de desenvolvimento: reprodução de música, visualização de informações, exibição da arte do disco e coleção de discos. Embora os dois primeiros elementos tenham sido desenvolvidos na tecnologia proposta, a designer achou que o terceiro e o quarto, relacionados à identidade e à arte do disco e à coleção de discos, seriam uma funcionalidade essencial a partir da qual o aplicativo seria desenvolvido. Assim, ela decidiu que não haveria listas de faixas individuais ou sistemas complexos de gerenciamento de biblioteca, apenas "pilhas" de discos virtuais com a arte da capa e as informações originais.

Na era da distribuição e do armazenamento digitais, elementos gráficos e informações da música são um fenômeno em extinção. Os discos geralmente acompanham imagens em baixa resolução e pouca (ou nenhuma) informação. Na melhor das hipóteses, os ouvintes têm acesso a um encarte malfeito em PDF ou a uma pequena animação que diz pouco ou nada sobre o artista, produtor, gravadora ou selo.

Reprodução de som

Em novembro de 1877, as palavras "*Mary tinha um cordeirinho*" foram gravadas pela primeira vez em uma máquina capaz de gravar e reproduzir sons. Embora a gravação não fosse muito clara, Thomas Edison havia desenvolvido o primeiro dispositivo de reprodução, chamado de fonógrafo, uma invenção que revolucionaria a própria natureza do entretenimento ao longo do século seguinte, superando seus limites de experiência "ao vivo" e chegando às casas de inúmeros ouvintes.

O fonógrafo era, na verdade, um subproduto que Edison descobriu enquanto tentava encontrar uma solução para o problema que buscava resolver: a necessidade de "reproduzir" mensagens telegrafadas. O dispositivo gravava os sons em uma folha de estanho usando o movimento vertical de uma agulha. Edison havia inadvertidamente aberto a porta para a reprodutibilidade de música e fala. A partir do início do século XX, os dispositivos de gravação e reprodução foram ficando cada vez mais sofisticados, empregando cilindros, discos e eventualmente *drives* de computador para gravar, armazenar e reproduzir sons em alta qualidade.

O maior impacto sobre o hábito de ouvir e colecionar música coincidiu com a transição para os discos de vinil, no final dos anos 1940 e início dos 1950. A predominância desse formato durou cerca de 30 anos, até o advento do cassete portátil, do CD e do download digital. No entanto, as convenções gráficas das embalagens de vinil ainda ocupam um lugar de destaque no coração dos colecionadores de música, e as vendas de vinil estão novamente em alta.

Phoenix
Lisztomania
0:00
Peter Björn and John
Pink Floyd
Phoenix - Wolfgang Amadeus Phoenix
1. Lisztomania 4:09
2. 1901 3:18
3. Fences 3:50
4. Love Like A Sunset 7:39
5. Lasso 2:50
6. Rome 4:49
7. Countdown (Sick For The ... 4:00
8. Girlfriend 3:24
1 Lisztomania
2 1901
3 Fences
4 Love Like A Sunset
5 Lasso
6 Rome
7 Countdown (Sick For
So sentimental
Not sentimental no
Romantic not disgusting yet
Darling I'm down and lonely
When with the fortunate only
I've been looking for something else
These days it comes it comes it comes it
comes it comes and goes
Lisztomania
Think less but see it grow
Information
Lyrics
Notes
+
Pink Floyd
The Wall
Radiohead
Hail To The Thief
0-9 A B C D E F G H I J K L M N O P Q R S T U V W X Y Z
LIBRARY A-Z
dancing
relaxing
cooking
working
exercising

Estudo de caso 08: Mary

Para obter essas informações, os fãs muitas vezes precisam pesquisar na internet ou utilizar aplicativos complexos. Esse tipo de informação era tradicionalmente incluído nas embalagens, como parte da ilustração ou do design gráfico, que eram construídos em torno de uma experiência totalmente interativa.

Agora que a música vem embalada em arquivos compactados, alguns críticos argumentam que a nova geração perdeu a capacidade de ouvir música com cuidado, de modo a apreciá-la. Um estudo realizado pelo professor Adrian North, da Heriot-Watt University, concluiu que *"...não existem mais coleções de música por álbum, apenas um abarrotamento do maior número possível de faixas no computador ou MP3 player. A diferença, em relação às gerações anteriores, é que a música na mídia de massa, hoje em dia, é muito mais acessível e, portanto, perdeu sua seletividade. A música se transformou em mercadoria — produzida, compartilhada e consumida."* No entanto, alguns ouvintes de música parecem insistir nos formatos palpáveis e querem manter a sua relação com a experiência tangível do álbum físico. Os designers podem encontrar aí uma oportunidade para refletir aspectos do objeto tangível dentro do ambiente digital não físico. Forgacs queria fazer uma crítica às interfaces de usuário modernas, que, para ela, não valorizam os elementos gráficos e as informações; em última análise, queria criar uma nova interface que oferecesse aos usuários um gostinho da tangibilidade e do aspecto colecionável do formato físico.

O iPad é uma nova tecnologia que permite que os usuários interajam com o computador por meio do toque. Devido ao seu tamanho e peso, o iPad remete a materiais reais, como blocos de anotações, pranchetas ou livros. O usuário pode tocar, arrastar, soltar, aproximar, afastar, virar o iPad, rolar, tabular, pinçar e girar, tudo isso usando os dedos. Assim, ele aciona uma forte conexão com o objeto, resultando na combinação perfeita entre o formato tangível e o computador.

Necessidade de informação
As informações sempre foram um elemento importante nas formas "tradicionais" de arte nas capas de discos. Elas faziam parte do design e normalmente eram incluídas em todos os lançamentos de álbuns. Geralmente, isso incluía não só informações sobre as músicas e sobre o artista, mas também as letras, o encarte e outros dados de interesse para o ouvinte: créditos de produção, detalhes da gravação, como o local e as datas, músicos de apoio e outros membros da equipe, e assim por diante. O encarte do disco trazia para o ouvinte tudo o que o artista queria que seus ouvintes soubessem sobre o álbum.

Durante as etapas iniciais de sua pesquisa, Forgacs conduziu uma pesquisa de opinião junto a vários ouvintes regulares de música, perguntando-lhes de que informações eles precisavam na hora de selecionar ou escutar um álbum, e quais suas opiniões sobre os aspectos positivos e negativos tanto dos formatos físicos quanto dos digitais (página ao lado, no alto). Ela também revisou as interfaces mais comuns utilizadas pelos ouvintes e coletou feedback sobre os méritos de cada uma. Uma vez que essas informações foram compiladas e combinadas, a designer pode construir gráficos simples para examinar e destacar como os usuários poderiam se beneficiar de uma experiência mais tangível com os programas de reprodução de música digital (página ao lado, parte de baixo).

and easy to make
it suits for my mac pro and ipod
things quickly
files and makes searching for music
nice covers...
artist or genre,
my music in one place
easy to manage
Konvertieren von CDs zu Mp3
dont like itunes.
listen to radio through itunes
easy to use
interface. Nice design.
Ease of use, Genius plalists
up to date
instantaneous
discover songs from your collection
with my apple product
to navigate

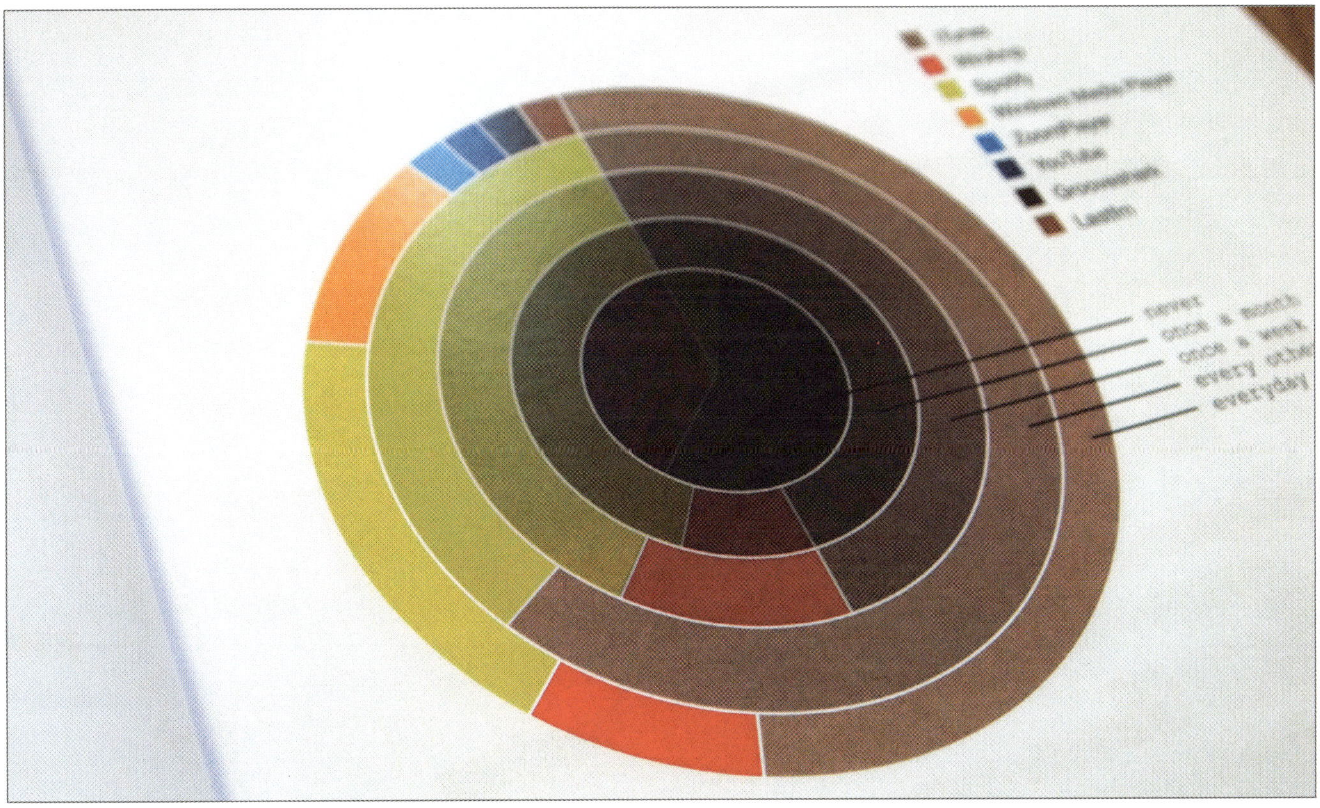
Spotify
Windows Media Player
ZoomPlayer
YouTube
Grooveshark
Lastfm
never
once a month
once a week
everyday

Funcionalidade do Mary

O aplicativo final foi criado especialmente para o iPad e inclui muitas das funções de toque que o iPad oferece. A navegação é fácil e claramente compreensível: Forgacs sentiu que o iPad era especialmente adequado ao aplicativo por permitir que todas essas funcionalidades ajudem no propósito de reproduzir música, oferecer informações, exibir elementos gráficos e organizar bibliotecas.

O design foi inicialmente desenvolvido como um modelo de protótipo, utilizando notas e desenhos sequenciais em forma de um *storyboard* (acima, à esquerda). Depois de definida, a interface foi então digitalmente desenvolvida como uma animação simples, demonstrando a sequência de opções disponíveis para o usuário (à direita e na página ao lado).

O estilo visual é bastante simples, de modo que as funções possam ser facilmente entendidas – os aplicativos de iPad não podem ser tão complexos quanto um programa de computador: eles precisam ser simples e intuitivos, sem quaisquer complexidades desnecessárias. O uso de botões e letras grandes tem o objetivo de manter a legibilidade para todos os usuários; a interface clara e a estrutura de menu simples foram utilizadas em todo o aplicativo. A paleta de cores é bastante neutra e pode ser personalizada pelo usuário (página ao lado, embaixo).

A interface da biblioteca tem forma de pilhas (página ao lado, no alto). Os álbuns são posicionados um sobre o outro e consequentemente sugerem a ideia de uma pilha de CDs ou discos que fazem parte da coleção do usuário. A biblioteca pode ser reorganizada para criar sub-bibliotecas e agrupamentos, por exemplo, por gênero, por álbuns favoritos, por importância, por ambiente ou por atividade, oferecendo assim uma sensação de envolvimento e controle (acima e à direita).

Quando um álbum é selecionado, é como se o usuário estivesse tirando um CD de uma prateleira: o item é puxado e se abre para revelar o conteúdo do álbum. Com um clique rapido sobre o título, o álbum retorna ao seu lugar na biblioteca. Quando a arte da capa é aberta, é possível visualizar diferentes níveis de zoom e virar as páginas para folhear o encarte (à direita e na página ao lado, no centro). Esse sistema exibe a capa para o usuário da melhor forma possível usando o iPad, e oferece um senso de controle e organização.

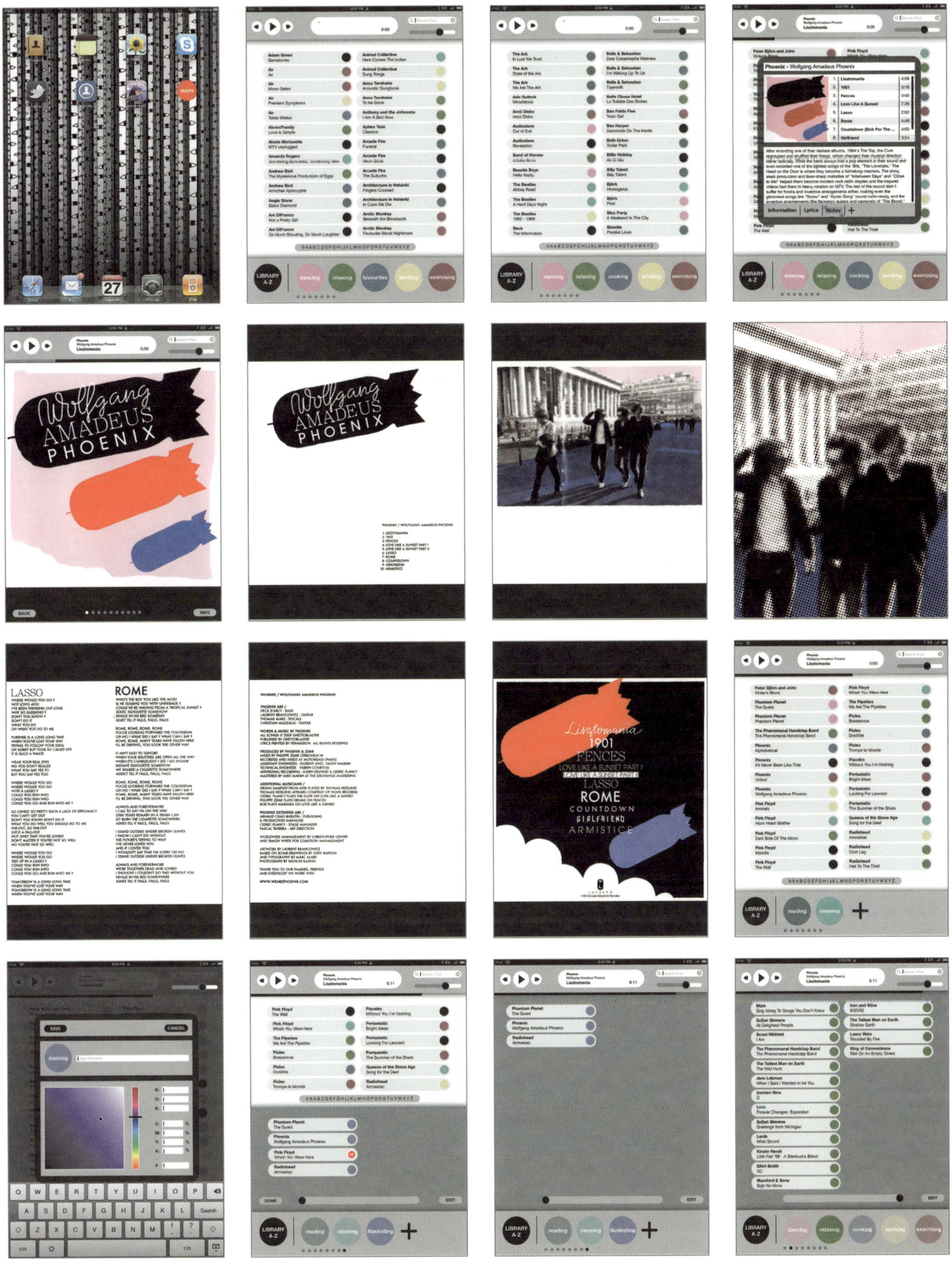

Estudo de caso 09: Mensagem como fluxo

Este projeto lúdico e experimental de pesquisa em design gráfico é uma exploração de letras contextuais: de que modo a tipografia pode influenciar o contexto de criação e recepção da mensagem, enfatizando um possível entendimento em detrimento de outro. Amandine Alessandra inicialmente se propôs a realizar uma série de experimentos práticos para produzir letras individuais e mensagens textuais, cada qual atingindo um determinado público por meio do uso de pistas conotativas. Com base em sua pesquisa sobre o espaço entre comunicação visual e não visual, seu objetivo era investigar a potencial sobreposição entre a capacidade de síntese e percepção de imagens concretas do lado direito do cérebro e a de compreensão de palavras abstratas do lado esquerdo do cérebro — ou seja, entre a comunicação alfabética e a comunicação ideográfica.

A primeira fase da pesquisa examinou como as letras contextuais podiam ser usadas como um suporte para reforçar um significado óbvio ou para abri-lo a uma nova interpretação. Alessandra explorou a criação de letras usando atores e peças de roupa de alta visibilidade. Esse conceito de letra criada no enquadramento rápido de um ponto específico no tempo e no espaço, que exigia uma alta visibilidade, conduziu sua exploração ao que ela chamou de "a forma imediata de criação de mensagens" nos símbolos de protesto. Ela foi tocada por uma fotografia tirada no *campus* de Nanterre, perto de Paris, durante os protestos de 1968. A imagem mostra operários da Citroën e estudantes vestindo caixas de papelão que exibiam uma enorme letra maiúscula. Ao darem-se as mãos, formam as palavras "Nanterre" e "Citroën"; tornam-se eles mesmos a mensagem e precisam ficar juntos para que ela exista, espelhando sua luta contra distinções de classe e barreiras culturais. O arcabouço contextual do corpo, local e texto tornou-se, então, um aspecto central do foco do projeto.

Letras no corpo
A flexibilidade da forma de comunicação tipográfica evidenciada no protesto de Nanterre, combinada ao potencial performático do grupo, fez com que a designer começasse a experimentar com formas tipográficas que pudessem ser vestidas.

Alessandra começou trabalhando em uma série de três camisetas fluorescentes e pretas, cada qual com um padrão levemente diferente que exibia diferentes letras, altamente visíveis à distância, desde que a pessoa posicionasse seus braços e corpo de uma maneira específica.

Os três padrões foram instigados pelas categorias de formas que ela encontrou no alfabeto latino: letras que podiam ser desenhadas com os ombros e braços (A, B, C, D, E, G, I, J, K, O, R, S, Z), caracteres que exigiam mais linhas do que os membros podiam oferecer, (F, H, M, T) e, por fim, as que precisavam apenas da forma dos braços (K, N, U, V, W, X, Y). Vestindo essas camisetas, um grupo de pessoas pode formar uma palavra, frase ou declaração. Mas o que é realmente especial nesse modo de comunicação é o fato de que, uma vez que uma única pessoa é capaz de simular todo um conjunto de letras, a mensagem pode mudar de um movimento para outro.

A flexibilidade foi levemente comprometida pelo fato de que uma única camiseta não podia ser usada para criar todas as letras. Alessandra conseguiu superar essa questão alterando a roupa tipográfica de uma camiseta para um bolero: o par de mangas fluorescentes foi trocado por uma tira de tecido que podia ser vestida na frente ou nas costas (página ao lado).

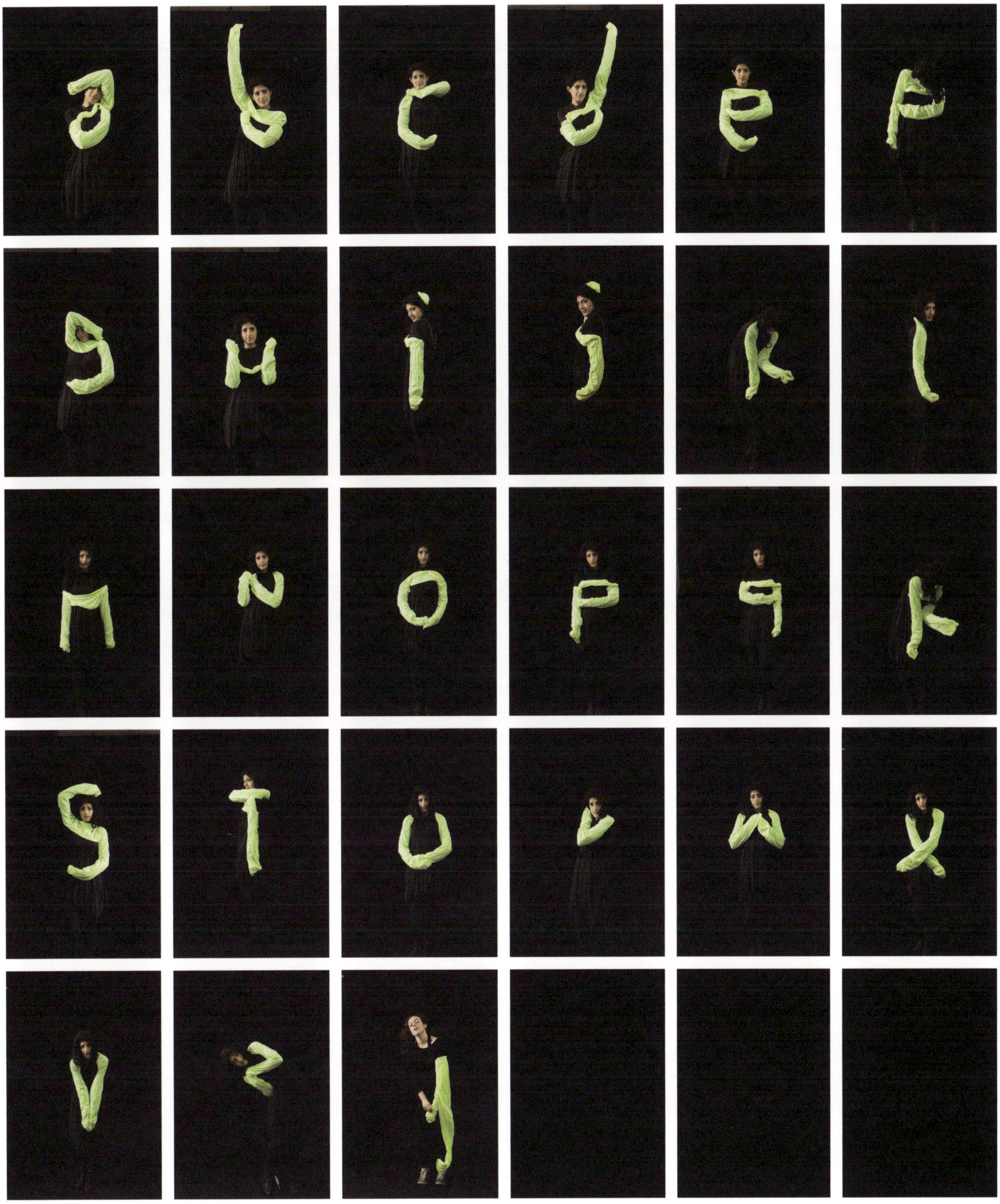

6. Processo e materiais

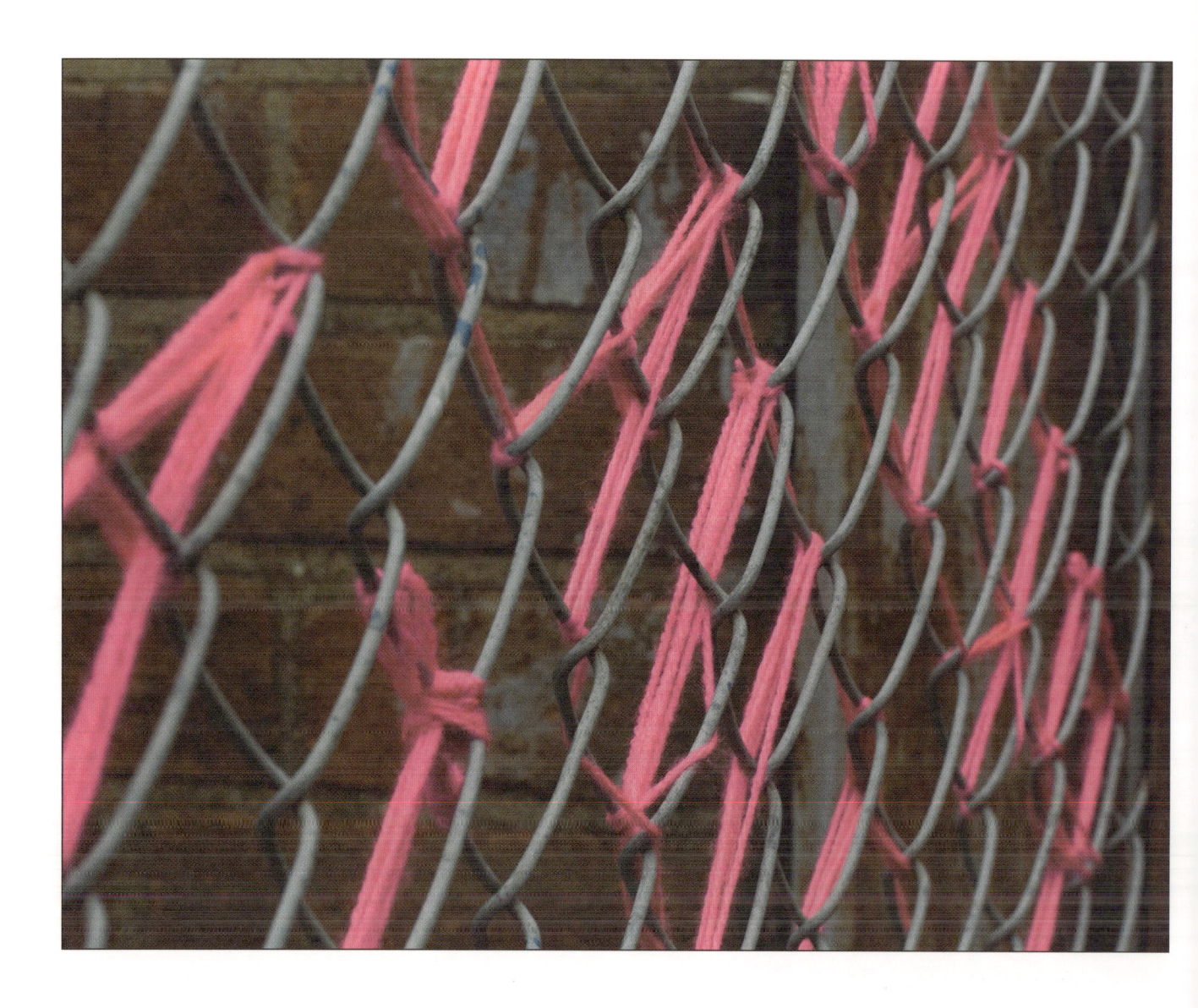

Tempo de leitura

A sobreposição de dois tipos de informação, uma por meio de palavras e outra por meio de signos a serem decifrados, tornou-se um tema central da pesquisa de Alessandra. Ela trabalhou com uma coleção de citações que foram reinterpretadas em construções *site-specific*. A seleção atendia a uma única e simples regra: a citação precisava manter sua força, mesmo sem o nome do autor, o local e data em que havia sido escrita e a obra da qual havia sido retirada. Desprovidas de qualquer contexto, essas declarações formaram a base para os primeiros experimentos com o objetivo de usar letras para reinterpretação.

A experiência exibida nesta página dupla usa o conceito de *revezamento* – em vez de reafirmar o conteúdo das palavras usadas, a fonte transmite uma outra dimensão de sentido, alterando sua escala. A declaração foi retirada de uma citação do escritor Lewis Carroll. *"Provei por experiência própria que uma carta que leva uma hora para ser escrita leva apenas três minutos para ser lida"*. O contexto original da citação é a arte perdida da correspondência manuscrita.

A frase foi reconfigurada pela designer no contexto mundano de um portão enferrujado. A trama quadrada da tela de arame foi usada como matriz para a forma das letras. Por conta da grande escala da mensagem tipográfica (que agora media cerca de 150 x 200cm) e da demorada técnica de bordado utilizada, a declaração literalmente assume uma nova dimensão: ela parece se referir à execução da instalação tipográfica (que, de certa forma, é também manuscrita), que levou muito tempo para ficar pronta comparada ao tempo muito mais curto necessário para sua leitura.

I HAVE ONLY PROVED THAT ACTUAL AFTER LETTER TAKES AN HOUR TO WRITE ONLY TAKES 5 MIN TO READ

6. Processo e materiais

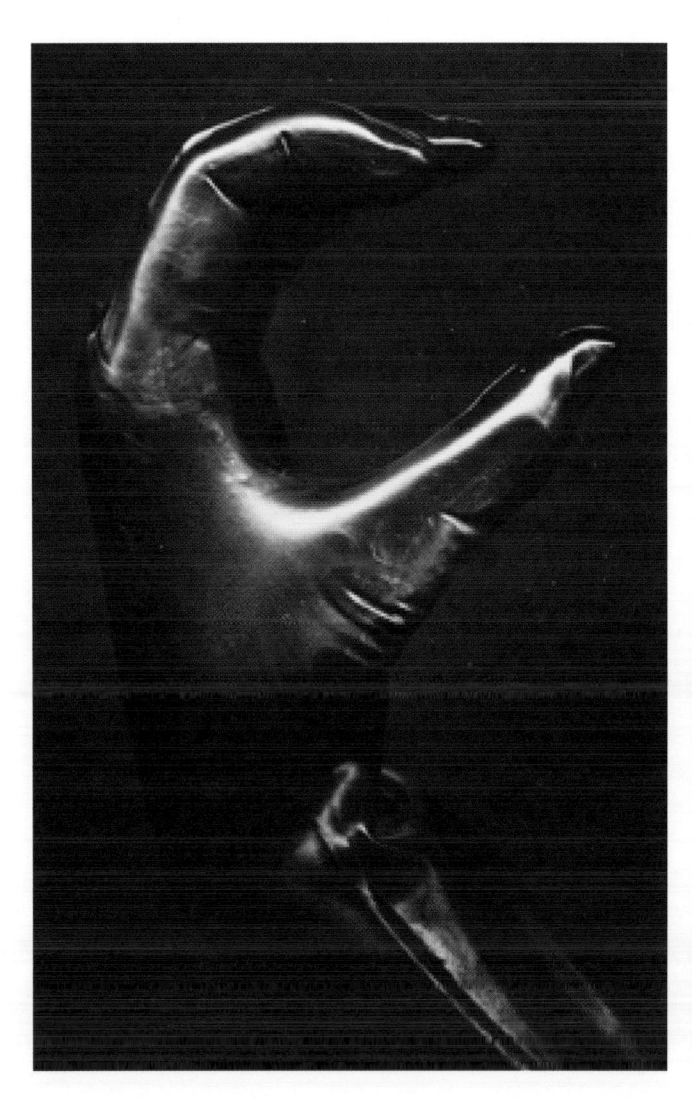

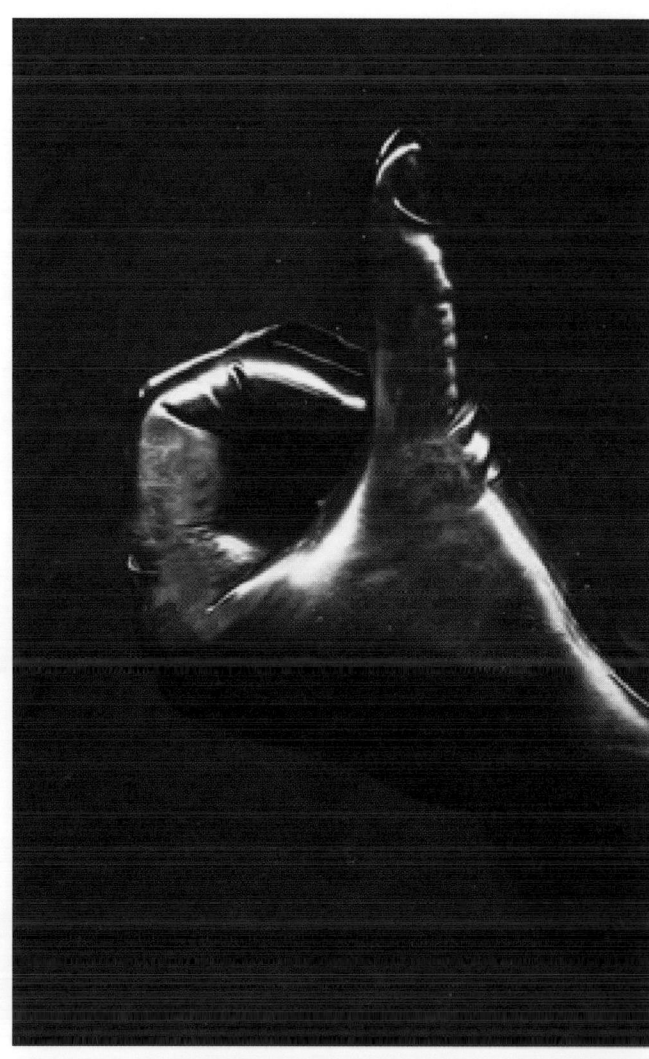

Mapplethorpe
Outro experimento baseado em citações foi desenvolvido a partir de uma declaração de Karl Marx: *"A filosofia é para o mundo real o que a masturbação é para o sexo"*. A frase foi composta em uma fonte feita de mãos vestidas com luvas de PVC brilhante, desenhando as formas das letras de forma sexualmente sugestiva, destacando assim a metáfora por meio de sua ilustração; a declaração filosófica passa a ser sexy. Neste caso, o processo de *ancoragem* não é empregado pela mera justaposição de tipos sobre uma imagem, mas sim pela contextualização da fonte com signos, conferindo-lhe sentido e ampliando o significante com características do significado: a palavra se aproxima mais da coisa que representa.

Alessandra desenvolveu um conjunto completo de caracteres (acima e na página ao lado) e deu à fonte o nome Mapplethorpe, em homenagem ao artista e fotógrafo novaiorquino Robert Mapplethorpe, famoso por suas imagens fortes e sexualizadas, em preto e branco, produzidas durante as décadas de 1960 e 1970.

III

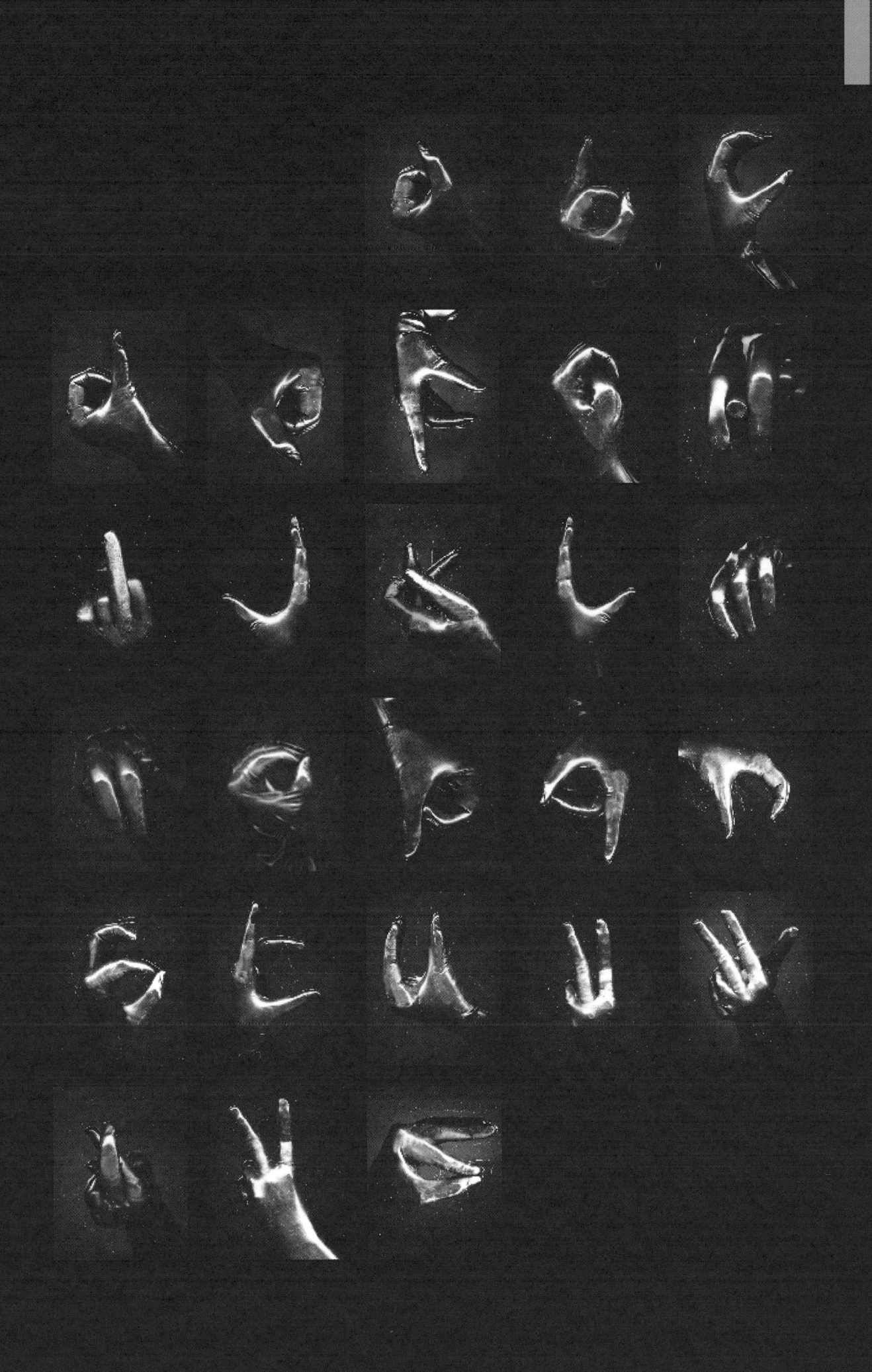

Estudo de caso 09: Mensagem como fluxo

Expansão de sentido

A associação entre palavra e imagem se baseia em faculdades dos lados esquerdo e direito do cérebro. Se as palavras são capazes de transmitir ideias, embora se mantenham em esferas abstratas, as imagens, quando associadas a elas, tendem a dar suporte à mensagem em um contexto específico. Embora essa pareamento não elimine todos os riscos de ambiguidade (e as vezes chegue a incentivá-la), ele pode pelo menos reduzir o leque de interpretações. A primeira série de experimentos práticos de Alessandra envolvia a construção de letras individuais utilizando o corpo humano como uma forma contextual, em combinação com narrativas *site specific* onde a locação e a estrutura formal incentivavam uma leitura alternativa ou expandida do texto.

Em *Mitologias* (1957), Roland Barthes explica como a justaposição de palavras e imagens pode transformar a mensagem inicial, seja reforçando-a (imagem e texto reafirmando um ao outro, um conceito que ele define como ancoragem), seja trazendo uma segunda leitura pela justaposição de uma palavra e uma imagem que não são diretamente relacionadas entre si. Esse último processo, denominado revezamento, é usado pelo pintor René Magritte em sua série A Chave dos Sonhos. O artista retratou um grid de objetos do cotidiano com o que parece ser uma descrição escrita abaixo de cada objeto; uma inspeção mais profunda revela que os objetos e as descrições não são exatamente equivalentes: uma bolsa de couro traz a legenda "o céu" e um canivete suíço é descrito como "o pássaro". Apesar de sua disposição arbitrária, somos levados a buscar uma possível associação entre palavra e imagem.

A pesquisa de Alessandra envolvendo corpo, letra, local e mensagem levou à ideia de instalações tipográficas que refletem um conceito abstrato – o tempo – e à exploração de formas tipográficas possíveis para a mensagem efêmera.

Ação Tempo Visão

O experimento final desse projeto de pesquisa aconteceu em uma movimentada estação de trem durante a hora do *rush*, escolhida para refletir o ritmo do movimento característico do local. O experimento envolveu oito pessoas imitando um relógio digital em tempo real com seus braços e ombros. Alinhados lado a lado no meio da estação, dois deles interpretavam a unidade de horas, dois faziam os minutos, e outros dois funcionavam como segundos. Os outros dois *performers* interpretavam os sinais de dois pontos separando cada unidade de tempo. A "roupa-letra", com sua flexibilidade, permitiu que a mensagem (nesse caso, "o tempo") mudasse a cada segundo, acompanhando de forma mais ou menos precisa o tique-taque do relógio da estação.

Os números que cada um dos *performers* interpretava eram realçados por boleros fluorescentes de manga comprida, o que, além de conferir visibilidade, também ecoava o amarelo das placas de horários acima deles. Dentro desse contexto específico, e usando pessoas como mídia, essas letras temporárias propõem um confronto entre o valor econômico do tempo (como na expressão "tempo é dinheiro") com a percepção individual do tempo.

O resultado final desse experimento é o registro do evento, na forma de um conjunto de fotografias que fixam a mensagem em termos de tempo, espaço e público (trabalhadores apressados) ao qual se dirigia (página ao lado e página seguinte).

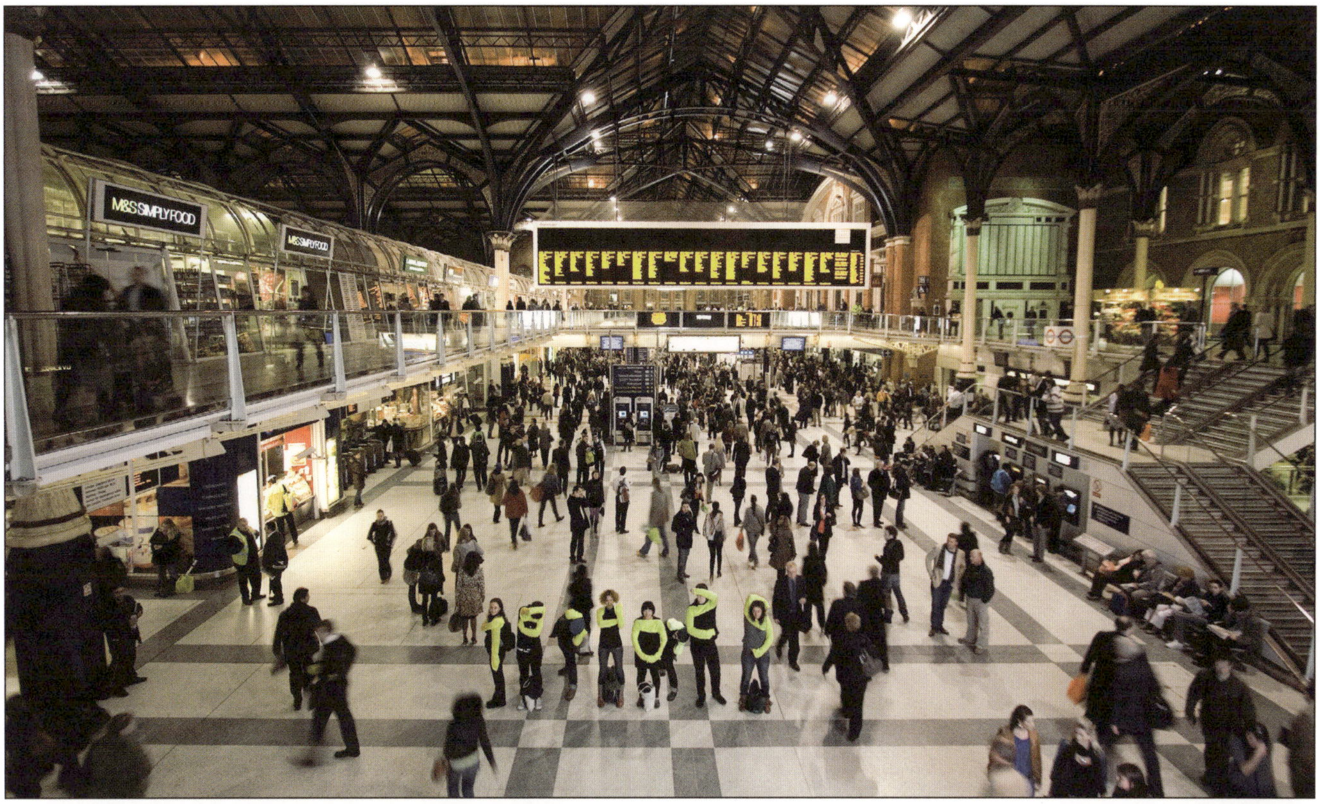
M&S SIMPLYFOOD

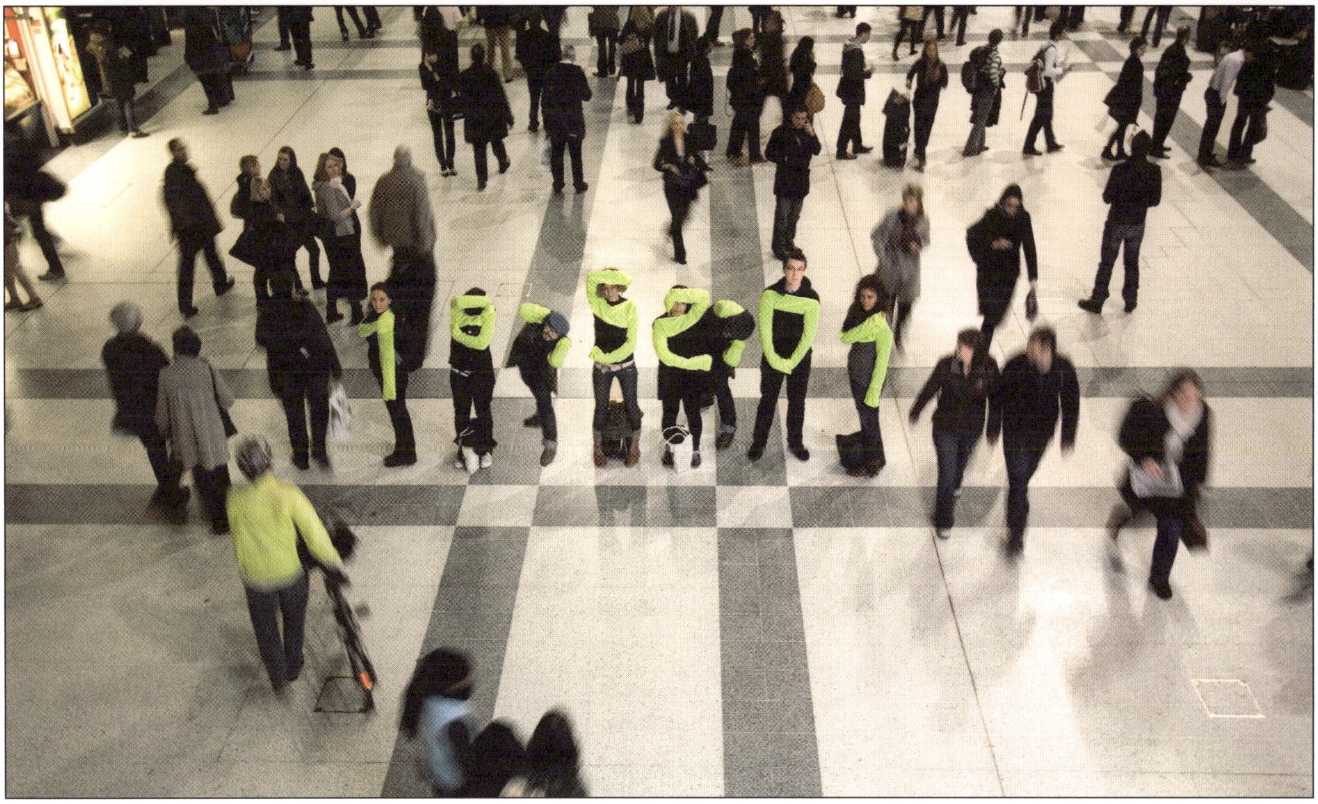

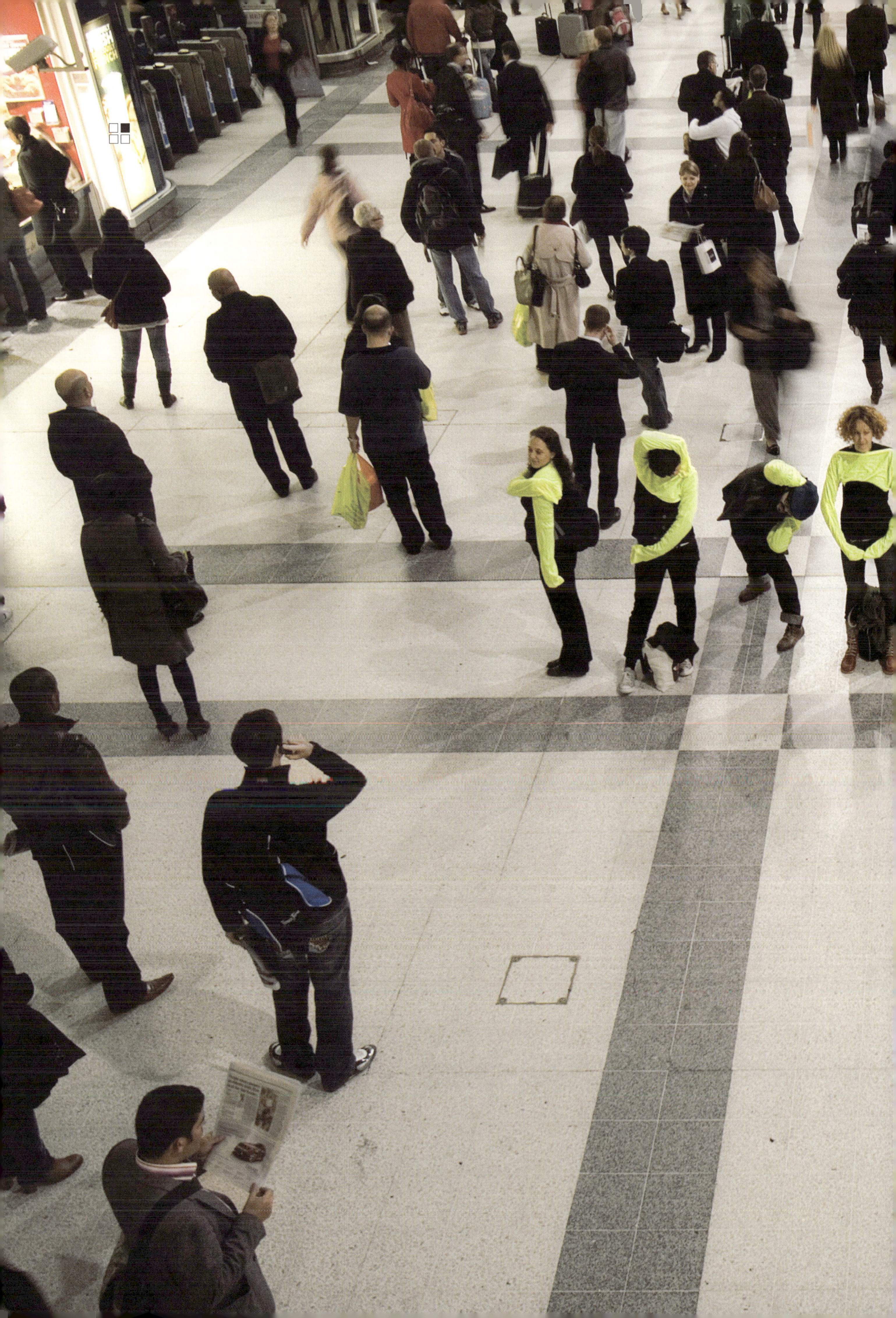

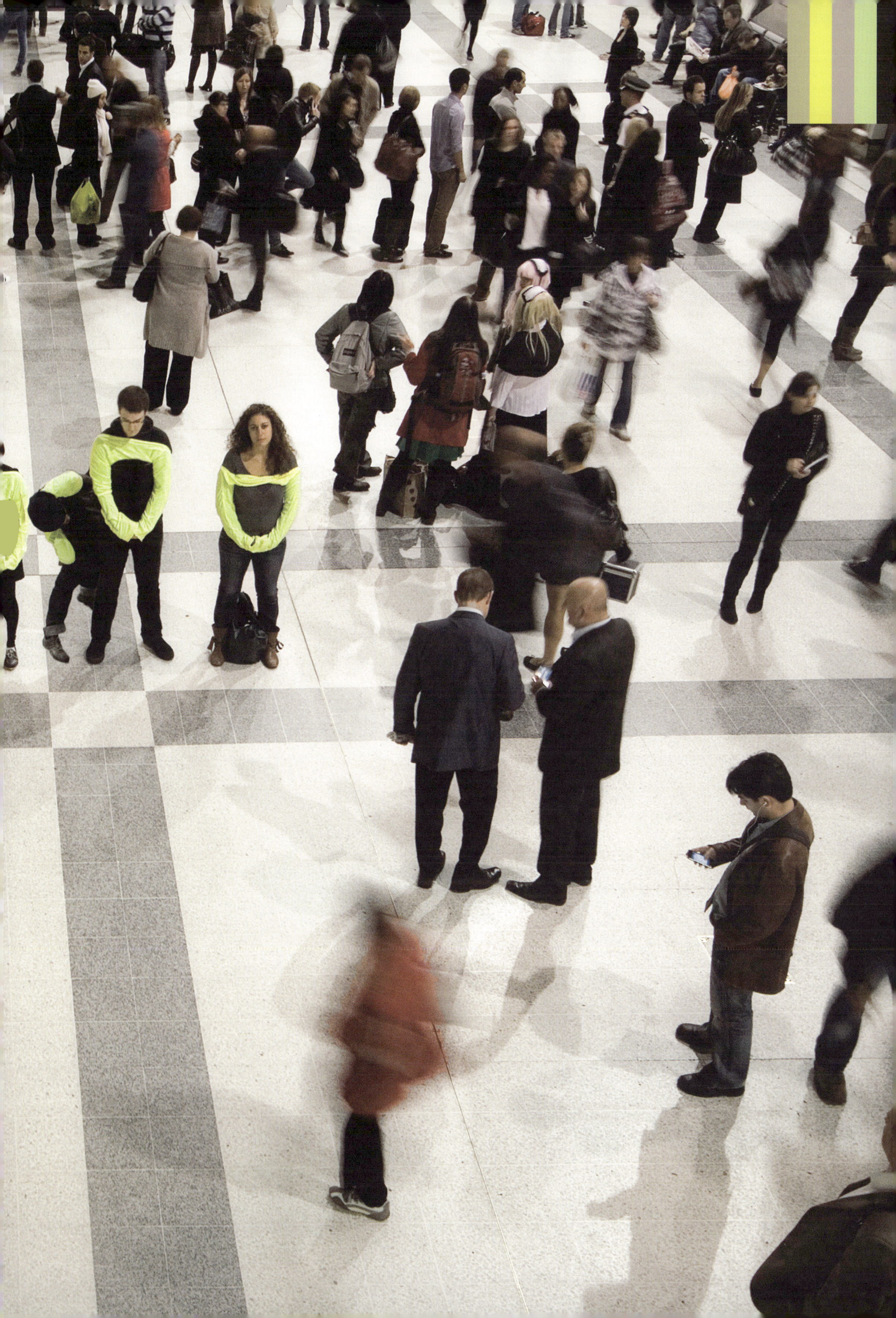

Conceitos fundamentais: *Affordance*

O conceito de **affordance** foi introduzido pela primeira vez pelo teórico da percepção James J. Gibson em seu livro *Abordagem Ecológica da Percepção Visual*, publicado em 1979. O termo vem sendo usado em uma variedade de campos, como psicologia cognitiva, psicologia ambiental, design industrial, design de interação e inteligência artificial, para descrever a interação humana com objetos. *Affordances* são a gama de possibilidades que um objeto ou ambiente oferece (ou parece oferecer) a um indivíduo (muitas vezes chamado de **ator**) para realizar uma ação sobre ele. Gibson definiu *affordances* como todas as "possibilidades de ação" latentes no ambiente em relação a um ator ou público específico e suas noções preconcebidas de forma, materiais e contexto da situação. A *affordance* de um objeto ou ambiente depende, portanto, não apenas das capacidades físicas do ator, mas também de seus objetivos, crenças e experiências passadas – muitas vezes descritas como a **visão de mundo** individual ou coletiva.

Em seu livro de 1988, intitulado *O Design das Coisas Cotidianas*, Donald A. Norman expandiu a teoria para os campos do design de produto e do design de interação. Em design de produto, em que se lida com objetos físicos reais, Norman afirma que podem existir *affordances* reais e percebidas, e que elas não precisam ser as mesmas. Mais recentemente, Norman refinou ainda mais o conceito para aplicá-lo ao design de interfaces de usuário e ao design de interação, afirmando que "...*em design, nos importamos muito mais com o que o usuário percebe do que com aquilo que é realmente verdadeiro. O que importa para o designer é se o usuário percebe que alguma ação é possível*".

O exemplo clássico de *affordance*, em termos de objeto simples e cotidiano, é o do abridor de porta, em que a presença de uma placa de metal plana indicaria que o usuário deve empurrar, enquanto uma alça de metal indicaria a necessidade de puxar a porta para abrir. Norman explica, ainda, como os painéis de vidro reforçado erguidos sobre as plataformas por uma empresa ferroviária e usados como abrigos para os passageiros eram destruídos por vândalos e, tão logo eram substituídos, eram quebrados novamente, em um ciclo contínuo de destruição. A situação mudou quando os operários substituíram temporariamente os painéis de vidro por placas de compensado, antes de reinstalar o vidro novo. Embora a força necessária para quebrar o compensado fosse equivalente, ou mesmo inferior, à necessária para quebrar o vidro, o material não foi mais quebrado. Em vez disso, os vândalos passaram a entalhar o compensado ou a escrever sobre sua superfície. O vidro nos permite enxergar através dele e pode ser estilhaçado em mil pedaços. Nessa "psicologia dos materiais", as *affordances* do compensado faziam dele um material mais atraente para escrever ou entalhar do que para quebrar.

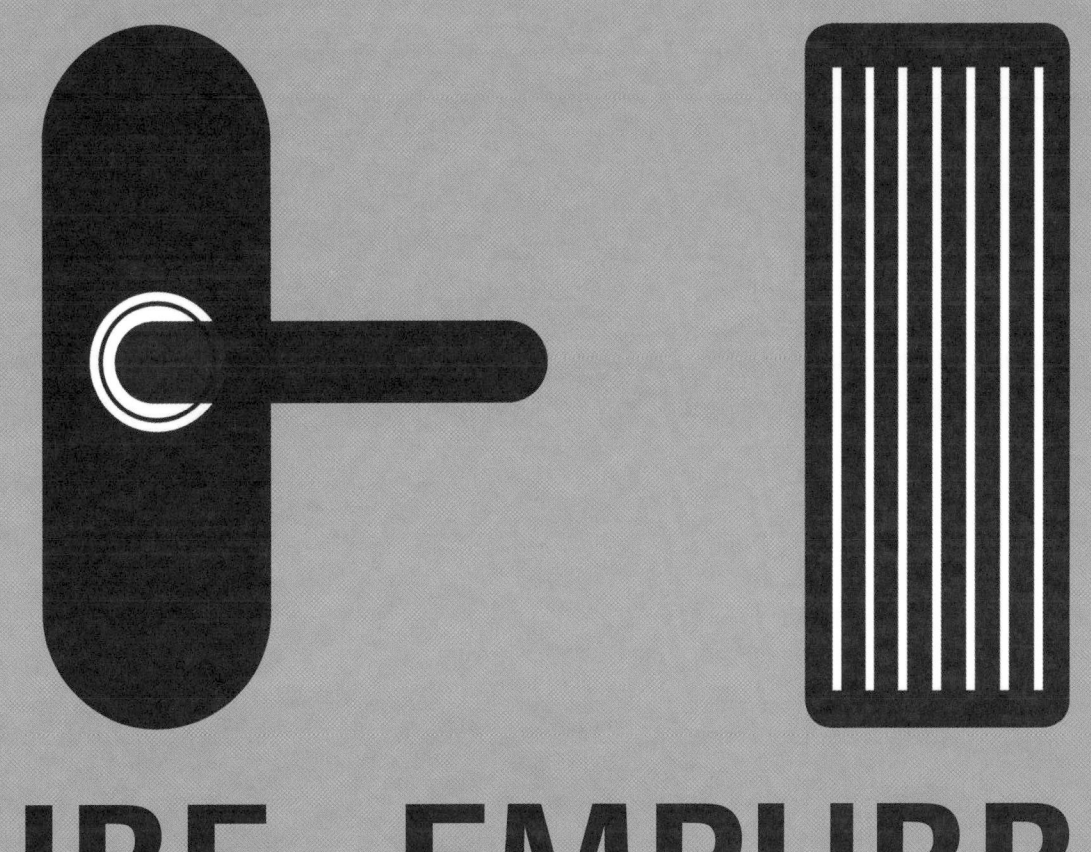

GIRE EMPURRE

PUXE

Exercícios: Mensagens de texto

Objetivo

Este exercício propõe uma reflexão sobre o papel dos materiais na comunicação de uma mensagem. Donald Norman escreve que emoção e cognição trabalham juntas para criar significado e são fatores ativos na forma como nos relacionamos com os objetos. Esse entendimento, por parte do designer, pode produzir soluções interessantes para projetos, com base em uma variedade de respostas viscerais a aspectos de design como, por exemplo, cores e materiais.

Parte 1: Seleção e análise
Selecione um romance ou texto de ficção e comece a decompor a história em uma série de temas narrativos contidos nos escritos. Você deve utilizar métodos de pesquisa primária e secundária para desenvolver sua análise, fazendo referência a teoria literária, contextos históricos culturais e interpretações dos leitores, em combinação com aspectos formais, tais como estrutura do grid, estilos tipográficos e layout de página.

Pode ser que o texto contenha temas que sirvam de suporte à narrativa central, o que pode oferecer ao designer um contexto a destacar em uma iteração alternativa do livro. Algumas histórias lidam com a temporalidade – por exemplo, o romance *Drácula*, de Bram Stoker – ou pode ser que a natureza descritiva da escrita permita uma série de interpretações – como é o caso das referências ao sentido olfativo e aos aromas no romance *O Perfume*, de Patrick Süskind.

Pense em fazer sua escolha a partir de uma grande variedade de textos – textos que ofereçam uma série de interpretações ou leituras possíveis. Os dois exemplos acima são estudos de casos úteis, porque também foram adaptados para outras mídias, como cinema e quadrinhos, e essas versões permitem explorar o modo como a palavra impressa foi expandida para além do posicionamento autoral original do escritor.

Textos fundamentais

Fawcett-Tang, R. (2005) *Experimental Formats v2: Books, Brochures, Catalogues*. Brighton: RotoVision.

Fawcett-Tang, R. (2004) *New Book Design*. London: Laurence King Publishing.

Frascara, J. (1997) *User-Centred Graphic Design*. London: Taylor & Francis.

Hochuli, J. & Kinross, R. (2003) *Designing Books, Practice and Theory*. London: Hyphen Press.

Johnson, B. S. (2007) *The Unfortunates*. New York: New Directions Publishing.

Mason, D. & Lewis, A. (2007) *Materials, Process, Print: Creative Solutions for Graphic Design*. London: Laurence King Publishing.

McCaffery, S. & Nichol, B. P. (2000) 'The Book as Machine', in *A Book of the Book*. New York: Granary.

McCloud, S. (1994) *Understanding Comics: The Invisible Art*. New York: HarperCollins Publishers.

Norman, D. A. (2005) *Emotional Design: Why We Love (or Hate) Everyday Things*. New York: Basic Books.

Perec, G. (2008) *Species of Spaces and Other Pieces*. London: Penguin Classics.

Rawle, G. (2006) *Woman's World: A Graphic Novel*. New York: Atlantic Books.

Safran Foer, J. (2011) *Tree of Codes*. London: Visual Editions.

Parte 2: Leituras alternativas
Comece a explorar como essas outras narrativas podem ser reveladas no design de uma versão do texto. À medida que desenvolve ideias e suas aplicações, você deve tentar produzir uma série de iterações que sejam construídas sucessivamente, umas a partir das outras.

Em projetos dessa natureza, a definição das "regras de envolvimento" do designer é fundamental para o trabalho. Talvez você queira estabelecer parâmetros com relação à legibilidade do texto – de modo que qualquer solução bem-sucedida precise abordar de que forma o texto ainda pode ser "lido" e compreendido e o fato de que os elementos adicionados pelo design são uma contribuição, e não uma substituição.

Isso pode envolver a utilização de diferentes tipos de papel, para estabelecer uma ideia de clima ou atmosfera. É possível usar cor para sugerir a passagem do tempo ou períodos específicos. A tipografia pode ser usada para expandir o significado das palavras ou revelar estruturas ocultas nos textos. Talvez o aspecto mais importante seja o de que uma combinação de abordagens é capaz de produzir resultados desafiadores e improváveis.

Um aspecto significativo deste exercício é o desenvolvimento de uma variedade de iterações alternativas que explorem um aspecto (ou abordagem) específico; por exemplo, como representar o tempo de forma visual. Nesse contexto, é preferível concentrar-se em um aspecto menor do texto – um capítulo ou uma seção que contenha exemplos de fortes referências ao subtexto escolhido – e construir uma série de resultados de design a partir daí. A combinação de abordagens de design empregadas pode, assim, ser usada para destacar leituras alternativas do texto.

Smith, K. A. (2003) *The Structure of the Visual Book*. New York: Keith A. Smith Books.

Sterne, L. (2010) *The Life and Opinions of Tristram Shandy, Gentleman*. London: Visual Editions.

7. Síntese

A inter-relação entre modelos teóricos e práticos: aplicação e estratégias de trabalho para o designer gráfico no ambiente do estúdio

O processo de síntese

As fases finais de qualquer projeto de pesquisa envolvem a convergência dos melhores e mais eficazes resultados das investigações já realizadas para responder ao problema ou ideia inicial. Os modelos e metodologias desenvolvidos em etapas anteriores podem ser avaliados e complementados à medida que o projeto avança, por meio de um processo de iteração que leva a algum tipo de fechamento ou conclusão.

Em seu trabalho cotidiano, os designers estão constantemente envolvidos em um processo de sintetizar uma complexa série de fatores que vão desde os processos técnicos de produção, orçamentos e prazos até a compreensão dos sentidos das mensagens e a abordagem dos públicos pretendidos.

Muitas vezes, a inter-relação desses fatores influencia o resultado de um projeto para além da intenção original do designer. Isso não quer dizer que esse processo de síntese esteja fora de seu controle – na verdade, a capacidade de priorizar e responder aos vários fatores que surgem durante o curso de um projeto é uma habilidade fundamental para o designer.

A pesquisa inevitavelmente requer a aplicação dessas mesmas habilidades, mas de forma um pouco diferente, no sentido de que muitos dos fatores em ação estarão diretamente sob o controle do designer. Os parâmetros de um briefing ou de uma pergunta de pesquisa muitas vezes são definidos no início, geralmente durante a investigação da viabilidade do campo de estudo e do foco do projeto. À medida que uma metodologia adequada é desenvolvida em resposta a esse trabalho inicial, esses parâmetros podem ser expandidos ou contraídos para envolver outros aspectos, o que, por sua vez, pode influenciar a abordagem metodológica do projeto.

O aspecto sintético do processo de pesquisa, além de ser baseado nas etapas iniciais do projeto, oferece uma oportunidade de reflexão crítica acerca do trabalho de modo geral. Nos projetos em que o designer teve uma atuação autoral ou autodirigida,

---

Pensamento crítico e existência crítica

A noção de pensamento crítico enquanto tradição no discurso acadêmico ocidental foi desenvolvida pelo teórico da educação e professor Ronald Barnett em sua obra de 1997 intitulada *Higher Education: A Critical Business*. Barnett argumenta que uma limitação percebida do pensamento crítico é inerente à sua contextualização dentro do ambiente acadêmico, e não como parte de uma abordagem à vida em geral.

Barnett descreve uma noção alternativa de "existência crítica", expandida a partir do conceito de pensamento crítico e definida como uma abordagem à vida que inclui pensamento, autorreflexão e ação: *"Pessoas críticas são mais que meros pensadores críticos. Elas são capazes de se envolver criticamente com o mundo e consigo mesmas, da mesma forma que se envolvem com o conhecimento"*. Nesse sentido, uma existência crítica pode ser uma abordagem à vida, ao pensamento e à crítica à qual qualquer pessoa de nível universitário deveria aspirar – levando sua mente questionadora e racional para além dos muros da academia para habitar o mundo lá fora.

a síntese pode envolver também uma reflexão sobre os percursos menos eficientes que foram adotados durante o trabalho, bem como sobre os resultados esperados e inesperados.

A pesquisa como objeto de estudo
Nos projetos em que uma determinada teoria ou conjunto de ideias teóricas foram explorados e testados, a síntese pode exigir uma análise da forma como o designer pode converter o trabalho inicialmente realizado em um conjunto final de resultados visuais. As questões colocadas por esse tipo de pesquisa podem até mesmo resultar em um conjunto de outras questões ou propostas, envolvendo uma revisão crítica das potenciais estratégias e metodologias a serem desenvolvidas. Nesse sentido, a síntese da pesquisa pode estar na exploração da forma visual mais adequada para a apresentação do trabalho. Isso pode, por exemplo, resultar em um trabalho que define o contexto da(s) pergunta(s) levantada(s), ou oferecer um comentário que explica como as perguntas foram identificadas.

Nos projetos aplicados, como, por exemplo, um projeto contratado por um cliente ou um projeto situado em um contexto industrial específico, a síntese envolve a análise de uma série de fatores detalhados. Esses fatores incluem o contexto histórico e contemporâneo do projeto – levando em consideração os precedentes existentes, as convenções estabelecidas, os tropos visuais ou estilísticos e o contexto mais amplo do trabalho –, seu público e sua relação com outros trabalhos já existentes na área em questão, bem como uma exploração de mídias relevantes, incluindo materiais e processos de produção, projeção de custos e possíveis alternativas. Essas informações serão combinadas com considerações tecnológicas e orçamentárias específicas e com uma reflexão sobre quaisquer testes e feedback que tenham sido realizados.

Intencionalidade
"Intencionalidade" é um termo útil em design gráfico no que diz respeito ao propósito ou função do objeto de design e aos objetivos e metas de seu autor ou criador.

É muitas vezes discutida em termos filosóficos, especialmente em relação à linguagem – alguns filósofos argumentam que a intencionalidade é característica de um conceito ou intenção. No campo da filosofia, a intencionalidade está relacionada a estados mentais, como lembrança, crença, conhecimento ou experiência, bem como ao conceito de livre arbítrio. Na pesquisa em design, a clareza da intenção ou conjunto de intenções – como, por exemplo, "quero saber mais sobre esse método de design específico" ou "quero solucionar este problema de forma criativa e inovadora" – pode ajudar o designer a focar seu projeto e a definir uma pergunta de pesquisa específica.

O processo de síntese

Na prática comercial, um levantamento das possíveis estratégias a serem desenvolvidas, bem como da concorrência e das limitações a serem enfrentadas, muitas vezes assume a forma de uma análise SWOT e PEST – abordagem comum nas áreas de marketing e publicidade que pode, em alguns casos, ter relevância semelhante para as metodologias de design. Esse processo de crítica da pergunta de pesquisa e da estrutura contextual fornece a base para as etapas finais da pesquisa que converterão essas informações em um resultado ou solução.

Em alguns casos, a metodologia empregada pode ser o resultado do projeto em si, e não uma fase do desenvolvimento. Isso pode assumir diversas formas, entre elas a documentação dos testes individuais, mas relacionados, que traçam o progresso da investigação. Isso é especialmente relevante em áreas como a de teste de materiais, ou em projetos destinados a avaliar um campo de estudo, sem a intenção de chegar a um resultado ou resolução. São exemplos de projetos nessa área a pesquisa de mapeamento de emoções de Orlagh O'Brien (páginas 74-81), o levantamento de monumentos históricos e contemporâneos de Becky Ford (páginas 194-201) e as tipologias de Neil Mabbs envolvendo artefatos descartados que vão parar em bazares de caridade (páginas 114-123). Todos esses projetos apresentam o resumo da pesquisa realizada em design, junto a uma reflexão crítica sobre o conjunto de conhecimentos adquiridos a partir da pesquisa, e não buscam definir um problema ou necessidade em particular.

Assim como com qualquer pergunta de pesquisa válida, o resultado de um projeto não é imediatamente previsível: na verdade, se fosse, não haveria necessidade de realizar a pesquisa. Por isso, é importante desenvolver um grau de flexibilidade dentro da metodologia de pesquisa utilizada. Muitas vezes, durante as etapas finais de um projeto de

SWOT e PEST
Os termos SWOT e PEST são derivados da pesquisa em marketing e economia, e são acrônimos para dois sistemas de análise ligados ao desenvolvimento de propostas ou estratégias e seus resultados previstos. A análise SWOT descreve o exame dos pontos fortes e fracos internos e das oportunidades e ameaças externas que afetam uma organização ou proposta de design, e é utilizada para fazer projeções para as atividades de pesquisa propostas. Tipicamente, a análise busca responder duas perguntas gerais: qual o estado atual do problema ou questionamento proposto? E qual a intenção ou objetivo da proposta?

A análise PEST descreve uma revisão estratégica dos fatores políticos, econômicos, sociais e tecnológicos que podem impactar o projeto proposto. Ela faz parte da análise *externa* em revisões estratégicas ou pesquisas de mercado e oferece um panorama dos diferentes fatores macroambientais que o designer deve levar em consideração. Trata-se de uma estratégia útil para entender o mercado e o público, o potencial de negócios, implicações tecnológicas e de custo e a direção das operações.

pesquisa, as ideias iniciais podem ser transformadas para sugerir uma série de resultados inesperados ou alternativos. Pode-se dizer que essa flexibilidade é inerente à prática do design gráfico, e que faz parte da abordagem intuitiva de muitos designers.

A voz do designer
No campo da autoria em design (ver página 22), especialmente em pesquisas que utilizam sistemas e métodos de design gráfico para investigar uma área de interesse para o designer – pesquisa por meio do design –, a posição crítica ou voz do autor é um aspecto importante a ser considerado. Intimamente ligada às intenções do designer, a voz do designer refere-se à forma como o projeto pretende ser percebido por seu público: a voz pode ser crítica, política, irônica, humorística, informativa ou educativa, por exemplo. A voz pode ser transparente até certo ponto – na composição tipográfica de um livro ou em muitas formas de design de informação –, mas ela nunca é neutra. Como mediador e facilitador da comunicação, o designer ocupa uma posição única, e o eixo entre a tradução "pura" do briefing do cliente e a intervenção subjetiva na forma e no conteúdo finais da mensagem está no cerne do debate sobre as consequências sociais e o posicionamento político do design como uma prática engajada.

Soluções criativas
Os métodos descritos neste livro são uma tentativa de ir além dos argumentos repetitivos que falam de intuição e da "criatividade" e "imaginação" do designer. Muitas vezes, quando o tema da criatividade é introduzido no debate, ele mascara uma preguiça por parte dos seus defensores – uma relutância em engajar-se em um procedimento mais rigoroso e exigente de fazer, e um medo que, se revelado, poderia repelir os clientes e também o público.

Cada vez mais as pessoas reconhecem que é preciso uma educação de amplo escopo para que um campo sintético e integrativo como o design possa progredir. Quando digo "sintético", quero dizer que o design não possui um objeto de estudo próprio – ele só existe, na prática, em relação às exigências de projetos determinados. O design é integrativo no sentido de que, pela falta de um objeto de estudo específico, tem o potencial de conectar muitas disciplinas.

Gunnar Swanson
"Graphic Design Education as a Liberal Art" (1994)

O processo de síntese

Longe de acrescentar à prática do design gráfico aquilo que alguns chamam de "glamour intelectual", a adesão e o compromisso com um método de trabalho, fundamentados em métodos práticos e de pesquisa com objetivos claros, são um avanço significativo no crescimento da disciplina.

Em seu ensaio "Thinking the Visual: Essayistic Fragments on Communicative Action", de 1994, o designer gráfico e educador holandês Jan van Toorn descreveu o designer como um *"intelectual prático... alguém que está ativamente engajado na reflexão crítica sobre o processo de fazer do designer"*. Essa atividade de "reflexão crítica", segundo van Toorn, é crucial para a pesquisa do designer. Na verdade, van Toorn relaciona a noção de "intelectual prático" a uma prática informada e engajada de modo geral. Essa abordagem do design gráfico tem suas raízes tanto na prática quanto em uma reflexão sobre essa prática, e está mais próxima do conceito geralmente aceito de design gráfico (pelo menos dentro da disciplina) como uma atividade de solução de problemas.

O escritor, designer e educador americano Andrew Blauvelt, em seu ensaio "Remaking Theory, Rethinking Practice", de 1997, defende uma maior integração entre teoria e prática e uma reflexão crítica no trabalho, e não sobre o trabalho: *"As habilidades do pensar e fazer críticos são cruciais para o sucesso... Perguntas que não podem ser respondidas simplesmente com sim ou não são, na verdade, perguntas de pesquisa. E se a prática do design gráfico for mais do que uma série interminável de soluções para problemas intermináveis, então podemos começar a entender o design gráfico como uma atividade pesquisável, sujeita tanto aos limites da teoria quanto às limitações da prática"*

Engajamento informado
Um profissional de design informado ou engajado pode trabalhar a partir de um posicionamento pessoal distinto, com diversas preocupações centrais em seu trabalho que vão além de projetos individuais. Uma prática engajada pode ser motivada por posicionamentos sociais, políticos, morais ou ideológicos acerca da função e das consequências da produção de design. O debate sobre essa área do trabalho embasou o discurso em torno da disciplina do design gráfico nos últimos anos, e pode ser encarado como parte da discussão sobre design gráfico e autoria (ver página 22).

11 Signos culturais >>
Um texto pode ser uma imagem, objeto, artefato ou lugar que pode ser *lido*, permitindo uma interpretação histórica, cultural ou social. O monumento nacional El Morro está localizado em uma antiga trilha leste-oeste no Estado do Novo México (Estados Unidos). As inscrições foram originalmente feitas no local pelos índios Anasazi, e outras foram acrescentadas por colonizadores espanhóis e mexicanos durante os séculos XVII e XVIII. Como uma das principais cisternas do deserto no oeste americano, o local adquiriu uma imensa importância para os colonizadores americanos rumo ao oeste durante o século XIX, e muitos deles deixaram suas assinaturas, nomes e datas gravados na rocha.

tEXt

Estudo de caso 10: **Memorial**

O projeto de pesquisa Memorial começou como uma investigação crítica e pessoal do design memorial no século XXI a partir da perspectiva da comunicação visual. A pergunta de pesquisa inicial de Becky Ford estava centrada na necessidade de uma forma mais significativa e adequada de memorial pessoal na sociedade ocidental contemporânea, e em como as abordagens de design podem ser mais bem utilizadas para responder a essa necessidade. O memorial é um objeto que possivelmente permanecerá em um local público por um longo período de tempo. No entanto, atualmente o design dessas peças de comunicação visual muitas vezes parece ser negligenciado; o padrão e o código de práticas desenvolvidos no passado tornaram-se um conjunto de regras formais que devem ser respeitadas sem questionamento.

Além disso, vivemos em uma época de crescente conscientização quanto aos diversos efeitos da humanidade sobre o meio ambiente. Algumas pessoas estão, literalmente, levando essa filosofia para o túmulo, incorporando materiais biodegradáveis e sustentáveis tanto à cerimônia de enterro quanto à cremação e aos símbolos que cercam esses eventos. Isso altera totalmente o papel de um memorial – que deixa de ser um símbolo físico e permanente com uma vida útil longa para tornar-se um símbolo de curta duração que se decompõe em um curto espaço de tempo. Uma possível área para o desenvolvimento desse tipo de memorial impermanente ou não físico é a internet. Redes sociais como o Facebook já estão sendo usadas como plataforma para lembrar os mortos. Como Ford explica, *"...o que é extraordinário nisso é o fato de que as pessoas estão fazendo isso abertamente, compartilhando seus sentimentos e falando sobre a morte".*

Paralelamente a essas mudanças e à aceitação de um debate mais aberto acerca da morte, há um aumento no número e na variedade de memoriais vernaculares, muitas vezes no local de um acidente ou em um local simbólico associado à vida da pessoa.

Marcas pessoais

"Um memorial é uma evidência física de que alguém uma vez teve uma existência física aqui na Terra. Quanto mais atraente for o memorial, mais sonora e pública será essa proclamação. Um memorial pode ser um buquê de flores, uma lápide, um obelisco, um santuário, uma árvore, um moledro. Pode ser qualquer coisa, desde que seja alguma coisa."
Charles Cowling, *The Good Funeral Guide* (2010).

Em sua pesquisa contextual, a designer encontrou nos santuários vernaculares à beira da estrada e nas manifestações pessoais em cemitérios um aspecto ao mesmo tempo tocante e de apelo visual, cada qual revelando algo sobre o indivíduo celebrado. Por meio dessas exposições altamente personalizadas, o espectador pode ter uma ideia real de quem aquela pessoa foi; o ecletismo dos artefatos celebra a vida do falecido com cores vibrantes e mensagens sinceras e sentimentais. Em oposição, as lápides oficiais e bancos de parque são muitas vezes desprovidos de personalidade, com um tom impessoal e cores sombrias.

Ford começou mapeando algumas formas tradicionais de criar um memorial para uma pessoa falecida, de lápides a bancos e árvores. Ela criou serigrafias com essas tipologias em uma variedade de cores, desde o solene preto e prata até uma combinação de amarelo vibrante e rosa, refletindo a contrastante variedade de abordagens tradicionais e contemporâneas ao mesmo assunto (página ao lado).

MEMORIAL

An object or structure established in memory of a person*

LAWN STONES

KERB DESIGNS

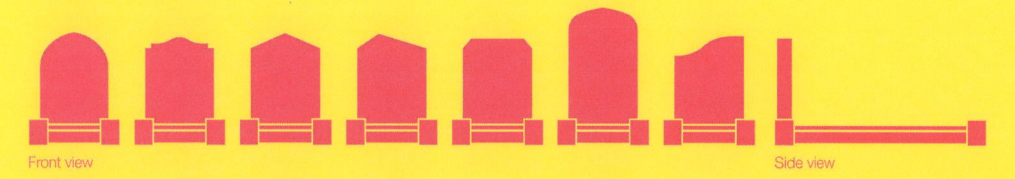

Front view   Side view

CREMATION DESIGNS

MEMORIAL BENCH

MEMORIAL TREE

---

*From the Oxford English Dictionary.
This list is far from extensive and is simply an insight into possible objects that are offered officially for you to attach significance to today.

Estudo de caso 10: Memorial

Essas homenagens desafiam os símbolos mais tradicionais de perda e lembrança. O memorial vernacular vem se tornando uma norma ritualizada, e seu impacto está sendo sentido nos ambientes mais tradicionais: os memoriais em nossos cemitérios também estão se tornando mais simbólicos em um nível pessoal, celebrando um pouco a vida da pessoa. No entanto, muitas autoridades vêm resistindo a essa transição para uma estética mais personalizada dos memoriais, restabelecendo o código visual do cemitério de acordo com o que é tido como uma aparência mais aceitável e sóbria, por meio de regulamentos restritivos quanto à natureza dos símbolos considerados aceitáveis.

A pesquisa de Ford descobriu que um luto aberto em relação à perda de um ente querido é recomendável para o bem-estar psicológico. *"...estamos começando a fazer isso enquanto nação, mas de forma eclética, ao acaso. Alguns membros da sociedade podem não aprovar esses memoriais contemporâneos, por sentirem que eles estão sujando as ruas, criando uma coisa desagradável no espaço público. Mas se regulamentarmos essas ações espontâneas, isso pode prejudicar a eficácia do processo de luto".*

O resultado da pesquisa não foi uma solução de design para essas questões, mas sim um resumo das conclusões da designer. Ford decidiu que o resultado mais eficaz para o projeto seria criar uma série de livros de design documentando toda sua pesquisa sobre o assunto, que servisse como um catalisador para um debate mais profundo. Os livros conduzem o leitor por uma análise comparativa entre o oficial e o vernacular. A designer argumenta que, na ausência de rituais e estruturas religiosas, a forma que um memorial pessoal pode assumir é completamente subjetiva, e as formas mais apropriadas e significativas de memorial atualmente são aquelas que celebram a vida de um indivíduo. O próprio conceito e a singularidade da palavra "indivíduo" significam que uma única solução não pode ser encontrada.

Participação de falecimento
Ao longo do último século, as crenças religiosas se diversificaram nas culturas ocidentais, e muitas pessoas já não possuem crenças espirituais fortes. Para essas pessoas, a ausência de rituais e de entendimento de sua existência, em combinação com uma descrença cada vez maior na vida após a morte, fez com que qualquer filosofia comum sobre o sentido da vida, e com ele o entendimento da morte, fosse confinada a uma zona cinzenta. Isso, por sua vez, afetou o modo como nossas culturas comunicam as questões relacionadas à morte, e, consequentemente, influenciou a maneira como escolhemos homenagear nossos mortos.

Anotações e diagramas retirados dos cadernos de esboços e blocos de anotações foram incluídos na série final de livros, revelando o processo de pesquisa e as formas como as ideias se desenvolveram (página ao lado, no alto). Além disso, foram criadas comparações tipográficas simples com mensagens de homenagem encontradas em lápides e em memoriais vernaculares, na forma de imagens em página dupla e de uma série de cartazes serigrafados (página ao lado, embaixo). Ford decidiu comunicar as mensagens contrastantes de maneira simples, reproduzindo as mensagens vernaculares com cores vibrantes em um tipo de papel que refletia seu caráter efêmero: papel jornal. Já os textos memoriais oficiais e permanentes foram reproduzidos em preto e branco com alto contraste, em papel branco puro de gramatura alta, o que comparativamente sugeria um aspecto permanente.

Handwritten concept map:

- **Kit** → Paper Based (like Mexico); Annual Ritual; Can I really propose an annual ritual?
- **Memorial** ↔ Kit; ↔ Web (FTP or Harddrive, store digi files (MobileMe Memorial))
- **Web** → **Facebook**
  - Create a blurb type function
  - print photos & messages
  - physical things to keep
  - More of a FB Marketing proposition than a design project!
  - → Redesign Memorial Status page (to Personalise)
  - → Would this kill the Spontenaity?
- **Memorial** → **Shrine**
  - Box to keep artifacts safe
  - Superb Quality
  - → How to personalise?

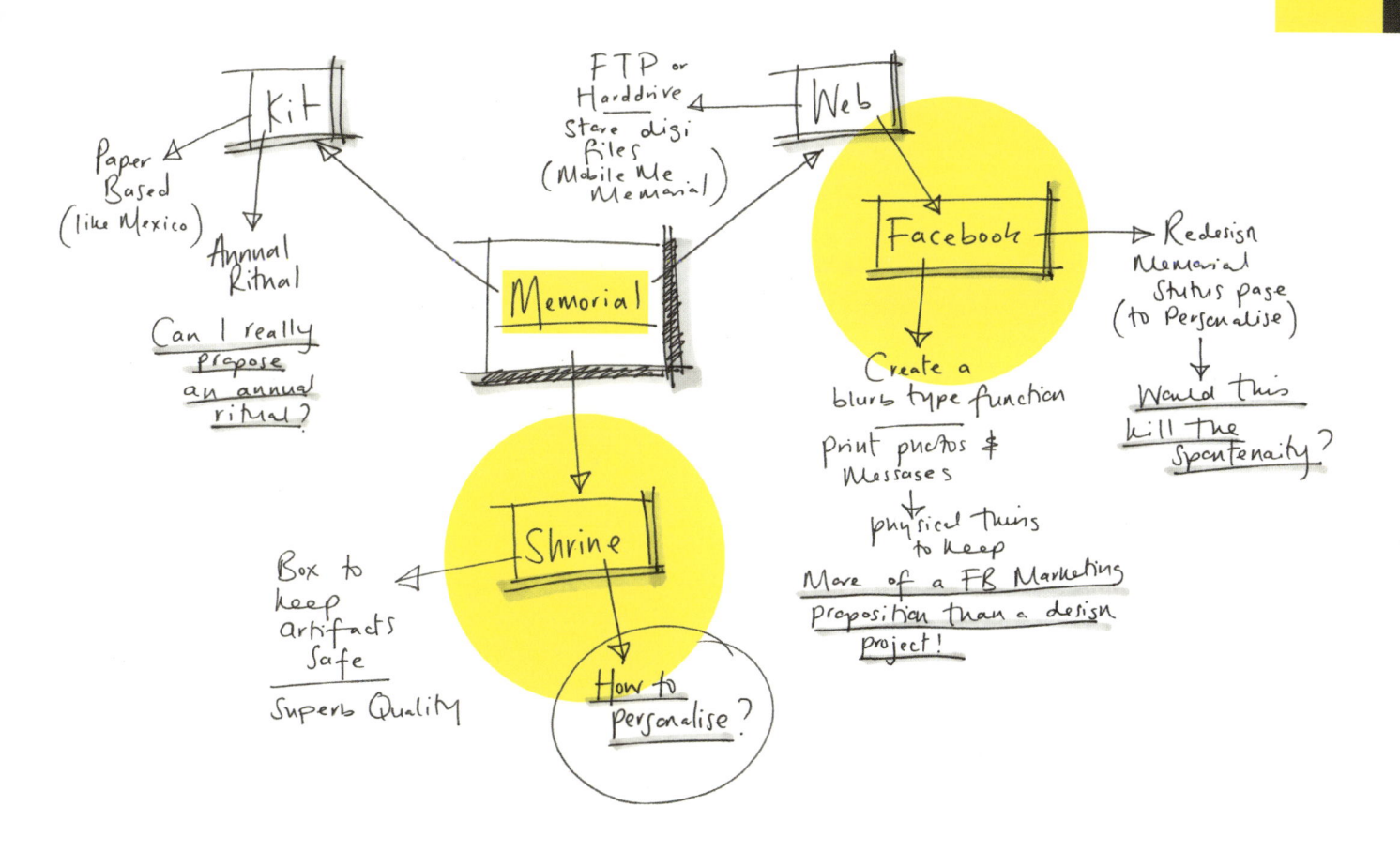

> GOD GAVE HIM TO US. HE TOOK HIM AWAY TO HIMSELF.

> You may not of known this But you was like an uncle to me.

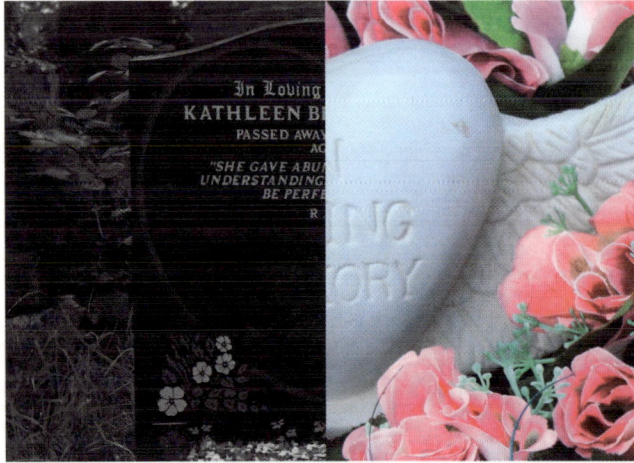

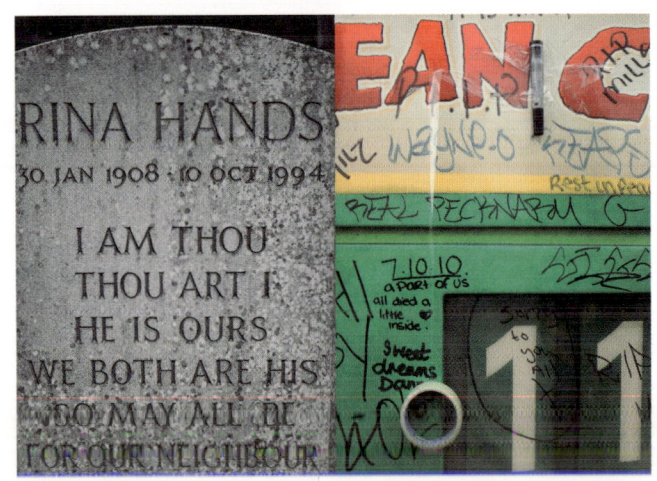

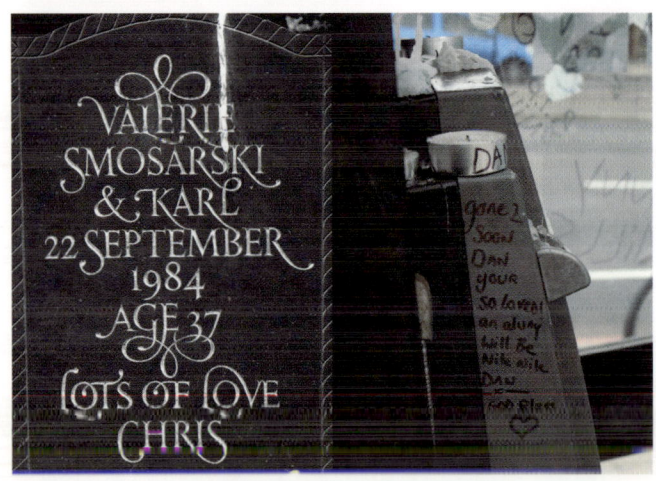

Morte ou glória

Os memoriais espontâneos e vernaculares se tornaram uma norma para acidentes rodoviários e vítimas de assassinato na cultura ocidental contemporânea. Esse parece ser um momento decisivo na linguagem visual da morte para a sociedade ocidental do século XXI, que nos afasta do sombrio e nos aproxima do colorido e dos novos símbolos seculares, na forma de flores, corações, bichos de pelúcia e mensagens de cunho manifestamente pessoal.

A tendência de manifestações vernaculares chegou também aos cemitérios, onde os jazigos são decorados com todo tipo de artefatos, ornamentos e flores plásticas em cores vivas. Esses arranjos ecléticos celebram um pouco da vida da pessoa, em um contraste gritante com o aspecto monótono das lápides permanentes e oficiais do passado.

Fotografias de objetos deixados em túmulos de cemitérios foram coletadas (página ao lado) e uma série de tipologias de memoriais pessoais foi reunida, tanto a partir de locais tradicionais quanto de santuários vernaculares modernos encontrados em toda Londres. Essas imagens foram então compiladas em um livro que contrasta o "velho" com o novo (acima).

O uso das fotos dos memoriais mais "tradicionais" em preto e branco ao lado das imagens de homenagens mais recentes, sangradas na página, oferece ao leitor uma comparação direta e apresenta um forte posicionamento retórico.

Diagram

PUBLIC (top) — **PRIVATE** (bottom); **OFFICIAL** (left) — **VERNACULAR** (right)

Public/Official–Vernacular (upper, highlighted):
- Headstone
- Public-figure plaque
- Memorial Woodland
- Internet Memorial Site
- Benches
- Ghost Bikes
- Privately Commissioned plaque
- Roadside Shrine

Private area (lower):
- Urn
- Facebook
- Glass Ornament / Jewellery Made from ashes
- Shrine in the home
- Planting tree in garden
- Scattering ashes

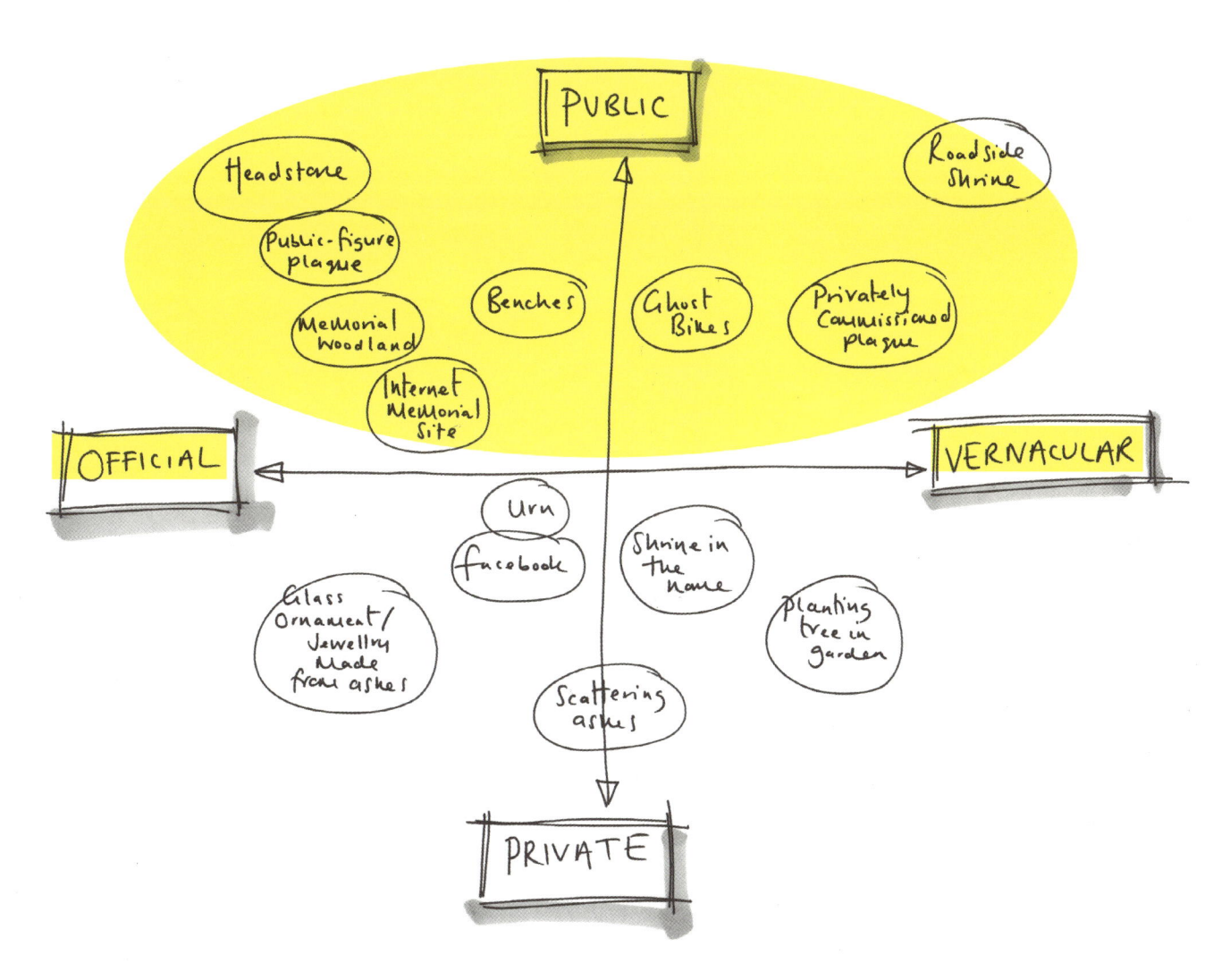

I love you more than words can say, and I can't believe you've been taken from me.

Dias de vigília

A manifestação pública de luto que seguiu a morte de Diana, a Princesa de Gales, em 1997, pode ser vista como um momento decisivo da cultura britânica. Quase todos os teóricos que discutem a forma moderna da morte no Reino Unido citam esse evento como o momento mais importante na história da nação no que diz respeito ao ritual moderno da morte. Os santuários florais criados em Londres e em todo o Reino Unido em memória de Diana formaram o alicerce para os inúmeros memoriais vernaculares mais discretos que viriam.

Uma das questões que cercam a morte, para pessoas com crenças seculares, é a falta de reconhecimento de sua existência – há uma tendência de "varrer tudo para baixo do tapete" e lidar com a questão apenas quando for inevitável. Porém, os psicólogos acreditam que as comunidades modernas precisam abordar o problema de maneira mais direta para lidar melhor com ele, e o objetivo de Ford era criar uma plataforma que pudesse iniciar esse discurso de uma forma que não fosse excessivamente lúgubre ou deprimente.

Os experimentos de design conduzidos durante a pesquisa incluíram a produção de cartazes empregando contrastes de cor e tom para imagens tradicionais e contemporâneas de memoriais (acima), em conjunto com uma série de imagens documentando a deterioração das homenagens com flores ao longo do tempo (página ao lado).

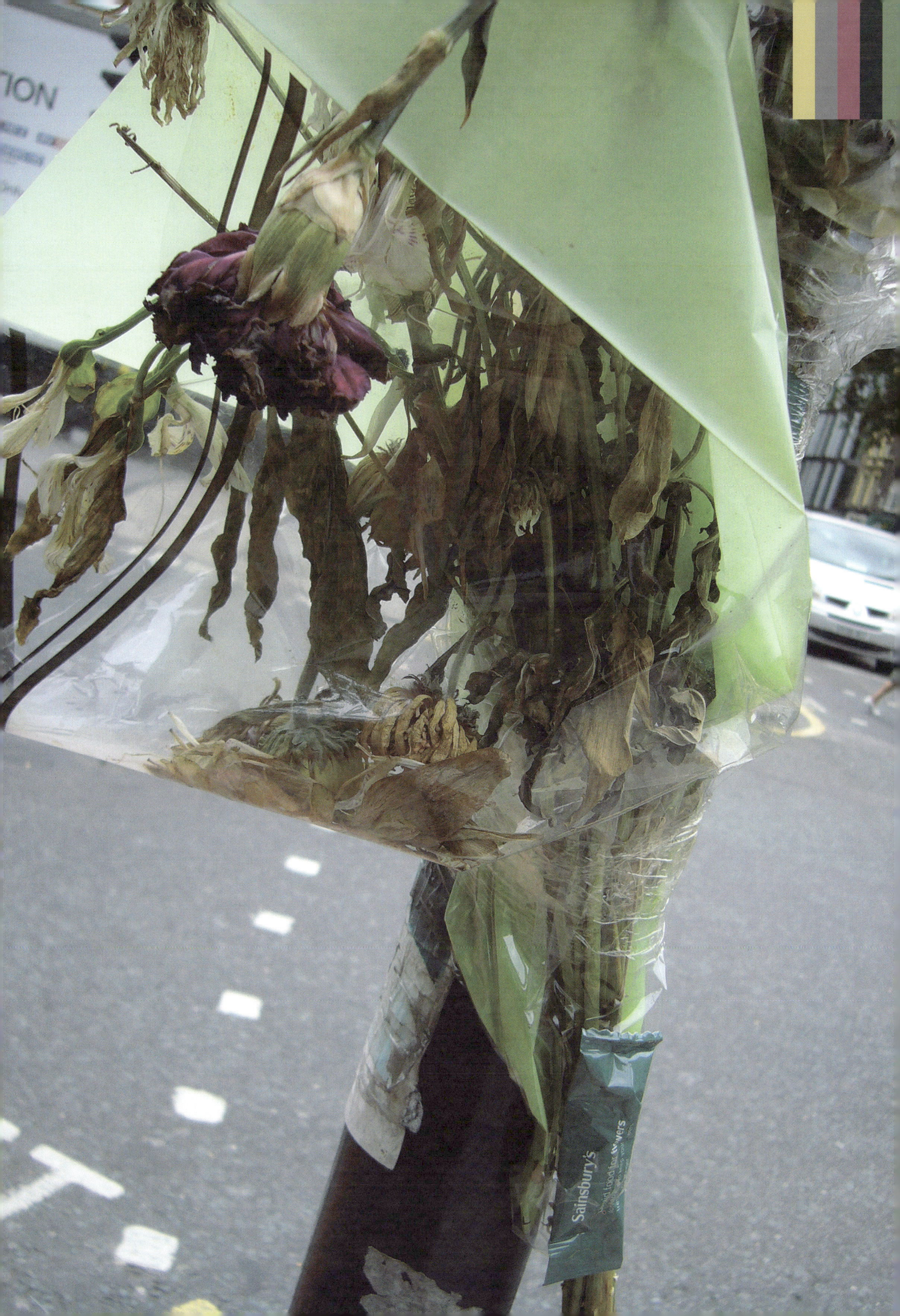
TION
Sainsbury's

Estudo de caso 11: Felicidade – todayifeel

Este projeto, intitulado todayifeel, usa o design para investigar a ideia de felicidade. Por meio de uma série de experimentos visuais, usando projeções em locais públicos como principal método de trabalho, Kenzo Kramarz explorou os três níveis de felicidade definidos por cientistas comportamentais: alegria/prazer, bem-estar/satisfação e sucesso/realização.

      Apesar da evidente relevância e do crescente interesse para o público em geral, o design gráfico não havia sido usado especificamente para pesquisar, investigar e explorar o conceito de felicidade. Isso não significa que o design gráfico não seja utilizado para promover e comunicar temas relacionados ao assunto – as marcas constantemente procuram representar a felicidade, fazendo referência à obtenção de experiências prazerosas em seus anúncios (nesse contexto, a felicidade vem depois que o consumidor compra o produto, naturalmente). A indústria do design tem usado indiscriminadamente as convenções de felicidade para criar o que os gurus do branding chamam de "uma forte conexão emocional entre mercado-alvo e marca". Kramarz decidiu adotar uma abordagem diferente: em vez de gastar tempo criando essa camada superficial de informações, ele decidiu se concentrar no desenvolvimento da ideia de gerar experiências verdadeiras de alegria, com o objetivo de melhorar a satisfação das pessoas, sem estar ligado a qualquer produto ou estratégia de vendas ou marketing.

      Em linhas gerais, a felicidade sugere que as coisas acabam sendo melhores do que o esperado. Para teorizar o que ele chama de *"campo semântico da felicidade"*, Daniel Nettle, do Centro de Comportamento & Evolução da Universidade de Newcastle, definiu três conceitos de felicidade diferentes. O primeiro, que Nettle chamou de Nível Um, é o senso de felicidade mais imediato e direto, de curto prazo, que envolve sentimentos momentâneos de alegria e prazer.

Você está feliz agora?
É possível encarar a comunicação visual como um ato ou processo, e não como uma coisa, artefato ou produto. Nesse contexto, o design pode ser visto como uma ação que pretende criar uma resposta ou modificar uma atitude, por exemplo. O projeto criado por Kramarz está situado em um debate emergente entre os designers acerca de uma forma de engajamento mais emocional e social. O designer austríaco Stefan Sagmeister descreveu isso em seu trabalho formulando a pergunta *"...o design é capaz de tocar o coração de alguém?"*

Se grupos sociais muito distintos compartilham a mesma ideia em relação aos sentimentos humanos básicos, o que especificamente pode ser dito sobre a felicidade? A maioria dos pesquisadores parece concordar que a ideia de felicidade pode variar consideravelmente de uma cultura para outra. No entanto, a maioria deles estabelece uma distinção entre um senso mais imediato de felicidade (como a alegria) e algo mais duradouro (como a satisfação). Kramarz conduziu uma série de experimentos práticos para testar diferentes linguagens, abordagens gráficas, mídias e, na sequência, resoluções visuais que respondessem diretamente a cada um dos três níveis de felicidade definidos por Daniel Nettle. O trabalho envolveu uma variedade de experimentos impressos, junto a intervenções públicas de grande escala, utilizando animações e projeção digital. Esses experimentos pretendiam envolver os participantes em respostas *site-specific* a cada nível de felicidade, desde a surpresa inesperada no Nível Um até a reflexão mais crítica de realização pessoal e satisfação dos Níveis Dois e Três.

Evening
Standard
HAPPINESS
THIS WAY
London
Evening
Standard
TOMORROW'S
NEWS TODAY

Estudo de caso 11: Felicidade – todayifeel

Esses sentimentos são causados pela obtenção de um estado desejado, muitas vezes de forma inesperada. Isso ocorre com mais frequência em situações que envolvem circunstâncias mais emocionais e transitórias por parte do espectador ou ator, e pode ser observado em relação a uma surpresa agradável e inesperada.

O Nível Dois é o mais estudado pelos pesquisadores. Em termos simples, o sentimento de "satisfação" pode ser definido como o resultado do balanço que se faz a partir de uma reflexão sobre os aspectos positivos e negativos da vida. Pode ser descrito como um híbrido entre a emoção e o julgamento da emoção. A felicidade é, portanto, uma sensação de bem-estar por parte do ator, que resulta da observação de que os aspectos bons de sua vida superam os maus.

O Nível Três se refere aos aspectos da vida em que a pessoa realiza seu verdadeiro potencial. Esse nível também pode ser descrito como a realização daquilo que uma pessoa deseja. Sua mensuração é muito mais complexa, uma vez que envolve também outras variáveis além da felicidade Nível Dois, tais como crescimento pessoal, autodirecionamento e a relação com o ambiente. Esse nível de felicidade envolve um profundo senso de moralidade e política – e é também afetado pelo consumismo. As estratégias de propaganda e marketing buscam incutir um sentimento de desejo pelos produtos que promovem, e o Nível Três de felicidade pode refletir essas aspirações ou rejeitá-las.

O projeto todayifeel questiona o modo como o design pode ser usado como uma ferramenta que nos permite encarar nossa compreensão da felicidade em um contexto mais amplo: o senso de bem-estar pessoal, metas, objetivos e propositos de vida em relação à sociedade e ao ambiente, em vez de acumulação de riqueza e produtos e da obtenção de status ou admiração.

Hoje em dia todo mundo é feliz
A ideia central deste projeto era investigar, por meio do design gráfico, os três níveis de felicidade definidos. Depois de delimitar o foco e o contexto, Kramarz tentou traduzir as definições psicológicas de Nettle do campo semântico da felicidade para uma estrutura que lhe permitisse interpretar o tema a partir da perspectiva de um designer. A intenção era destacar a intersecção mais ampla entre os três níveis de felicidade, bem como identificar as características específicas de cada nível. Por um lado, eles fazem parte da mesma área de pesquisa, mas, por outro, cada nível tem uma personalidade bastante distinta – e o desafio aqui era construir uma estrutura para identificar as diferenças e as formas como eles poderiam ser expressos em termos visuais.

A estrutura para as intervenções de design foi definida e ajustada seguindo uma série de experimentos gráficos preliminares para determinar palavras-chave e voz, informações de quadros de inspiração e cores, mensagem e público, experiência e possíveis locais associados a cada nível de felicidade (página ao lado, no alto).

A intenção do designer era confirmar o potencial do design gráfico para conscientizar e mobilizar a sociedade em torno de causas importantes, bem como refletir a ideia de felicidade para os participantes de cada local. Diagramas gráficos simples também foram desenvolvidos por Kramarz como uma crítica pessoal às maneiras como a publicidade promove um senso de felicidade por meio do consumismo (página ao lado, embaixo).

Framework 2/2

	LEVEL 1	LEVEL 2	LEVEL 3
	Momentary feelings JOY PLEASURE	**Judgment about feelings** WELL-BEING SATISFACTION	**Quality of life** FLOURISHING FULFILLING
MOOD BOARD – COLOUR			
EXPERIENCE – AUDIENCE	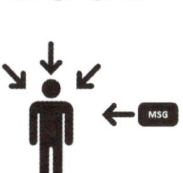 More individual, absolute experience.	 More personal, reflective experience.	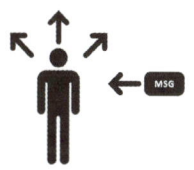 More collective (society-related issues) experience.
POSSIBLE LOCATIONS	Public squares, parks, or touristic sites. Residential areas in general. Locations where people usually feel bad, stressed, etc. To enhance the tension: industrial sites, unattractive or dodgy areas, abandoned places.	'Impersonal' locations, such as industrial sites or old factories. Public squares, university buildings (concentration of young people). Areas with no 'permission' for self-expression.	Well-established institutions, like financial or educational buildings. Existing billboards, commercial areas (such as Oxford Street or Piccadilly Circus). Locations that represent a specific social issue.

⟵ MORE IMMEDIATE
MORE SENSUAL AND EMOTIONAL
MORE RELIABLY MEASURABLE
MORE ABSOLUTE

MORE COGNITIVE ⟶
MORE RELATIVE
MORE MORAL AND POLITICAL
CULTURAL NORMS AND VALUES

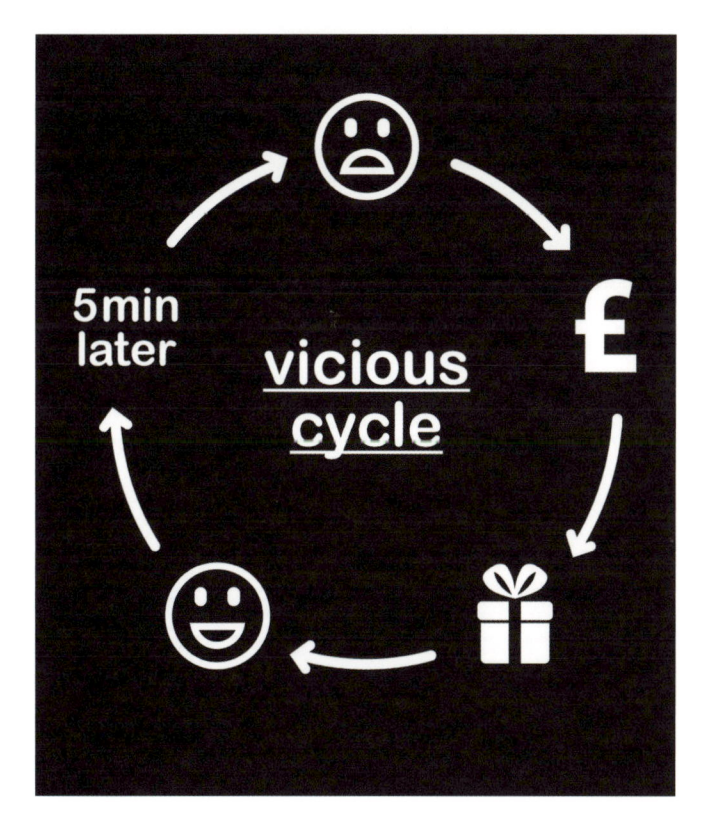

5min later — vicious cycle

→ ICON DESIGN → DVD REPORT

Prazeres desconhecidos

Durante sua pesquisa sobre a natureza das representações visuais de alegria e prazer, Kramarz analisou uma variedade de sites de bancos de imagens e blogs de fotografia. Ele descobriu que imagens da natureza são geralmente associadas a alegria, prazer e relaxamento em várias culturas diferentes. Ele também criou um questionário para perguntar aos respondentes que tipos de imagens eles associavam com sentimentos de alegria. As representações visuais da natureza ou de fenômenos naturais (céu azul, praias, árvores, ondas no oceano, neve, etc.) foram o resultado mais popular.

Em sua primeira intervenção pública, Kramarz optou por explorar a noção de um evento visual inesperado, inspirando-se em imagens da natureza que pudessem ser associadas ao primeiro nível de felicidade. A intenção era trazer uma representação visual da natureza para um local intensamente urbanizado, no centro de Londres. Embora áreas verdes, como parques, façam parte da vida diária dos londrinos, certamente esse não é o caso do oceano e da vida marinha. A ideia, portanto, era transformar um prédio em um improvável aquário imaginário.

Kramarz construiu e sobrepôs um vídeo em *loop* que mostrava peixes nadando, criando um cardume de peixes brancos – cor escolhida para melhorar o contraste da luz. Então, ele projetou o vídeo sobre um edifício no centro de Londres, obtendo resultados visuais impressionantes (acima e na página ao lado). Os transeuntes não ficaram indiferentes ao cardume de peixes gigantes nadando lentamente pelo concreto, e se engajaram em conversas sobre a natureza e a intenção do filme, sorrindo e reagindo positivamente à surpresa inesperada e agradável.

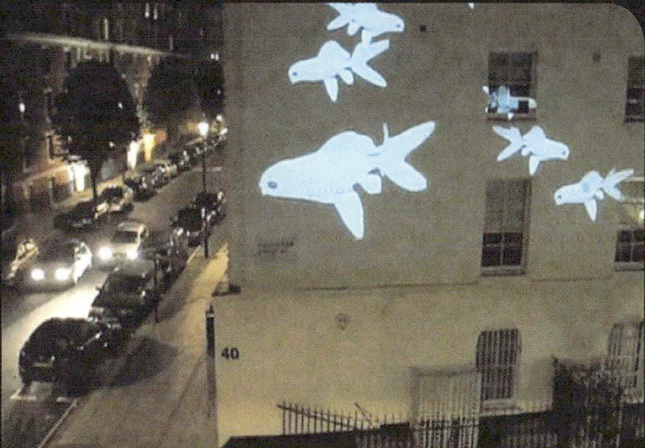
40

Image 18 | Chalk experiment / projection in Crawford Place, London W1

Eu só não posso ser feliz hoje

O Nível Dois de felicidade foi um pouco mais complexo: Kramarz se propôs a criar uma experiência que incentivasse os participantes a se engajarem em um processo de autorreflexão em relação a acontecimentos recentes de suas vidas ou a um julgamento pessoal sobre sentimentos.

Como ponto de partida, ele decidiu que transformar um ritual tão introspectivo em uma experiência coletiva e, portanto, compartilhada, poderia ser uma forma envolvente de abordar a questão. O designer pediu a um grupo de pessoas que fizessem uma breve reflexão sobre o tema da felicidade, escrevendo com giz em um quadro-negro. A caligrafia, o ritmo, a textura e a hora dos escritos foram considerados informações relevantes para complementar o conteúdo. Ele construiu um conjunto bastante simples para registrar a filmagem desses escritos, e a locação escolhida para a projeção era deliberadamente inóspita, fria e impessoal, tanto em sua aparência quanto na sensação que transmitia. A intenção era amplificar a experiência, intensificando a tensão entre conteúdo e local (acima, à direita).

A relação entre dinheiro e felicidade sempre foi controversa. Kramarz queria criar um experimento que pudesse refletir as incertezas acerca do tema. Ele também queria uma correspondência entre locação e conteúdo, por isso escolheu uma agência de banco local para servir de palco para sua intervenção final. As citações sobre dinheiro em relação à felicidade foram previamente coletadas na pesquisa de opinião e os argumentos sobre essa controversa correlação foram divididos em dois grupos: a favor (azul) e contra (branco). Ambos foram apresentados em caracteres móveis e pixelados, imitando o formato dos dados financeiros nos painéis das bolsas de valores (página ao lado).

Image 19 | Bank experiment / projection in Edgware Road, London W2

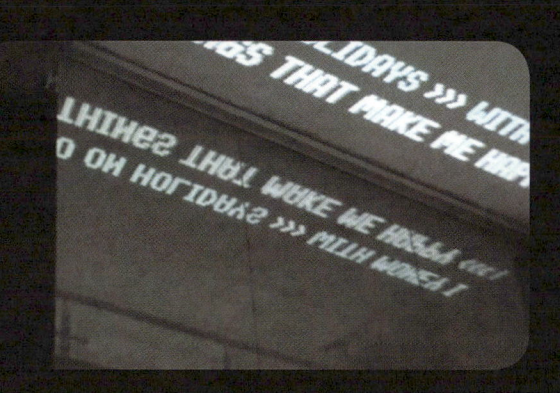

NEY MAKES ME HAPPY BECAUSE I
MONEY HAS NOTHING TO DO WITH F
SHOES! >>> MONEY MAKES ME HAP
MONEY CAN'T BUY EVERYTHING <<
CAUSE I CAN BUY LOTS OF SHOES!
<<< I DON'T REALLY CARE ABOUT
AVING A BEER >>> MONEY MAKES M
IS ANOTHER KIND OF BURDEN <<<

Conceitos fundamentais: Modernismo e Pós-modernismo

Modernismo é um termo que descreve os movimentos de arte, design e arquitetura e as ideias subsequentes que surgiram durante a primeira metade do século XX; também é chamado de movimento moderno. Em resposta ao movimento de artes e ofícios e às ideias sobre decoração e ornamentação, os profissionais desenvolveram uma nova abordagem que celebrava as possibilidades das novas tecnologias e dos métodos de produção em massa para oferecer uma sociedade melhor para todos.

Muitos dos movimentos de arte e design ligados ao modernismo, como **De Stijl**, **Construtivismo** e o movimento **Bauhaus**, empreenderam uma celebração ao funcionalismo e à racionalidade, guiados pela máxima de que "a forma segue a função". A abordagem moderna ao design gráfico era centrada no uso do espaço branco e de tipografia não serifada que empregava assimetria. Isso era dirigido por uma aderência ao grid como dispositivo de controle, com base na geometria e na proporção da página.

O **Pós-modernismo** é um movimento que surgiu a partir de uma rejeição às ideias do modernismo, no fim do século XX. No final dos anos 1960, muitos dos valores originais do modernismo eram considerados dogmáticos pelos designers, oferecendo apenas uma visão estanque ou um estilo superficial. Alguns designers também acreditavam que a ideologia original de progresso social e benefício universal que podia ser derivada do design modernista havia sido, até certo ponto, corrompida pela adoção do modernismo suíço no design gráfico como a linguagem visual sofisticada das corporações.

O pós-modernismo celebrava um retorno às ideias anteriores acerca do valor da decoração e da criação estilística de imagens. Rejeitando a ordem e a disciplina em favor da expressão e da intuição, muitos dos principais pioneiros do pós-modernismo vinham originalmente de escolas como a da Basileia, na Suíça e, posteriormente, a Cranbrook Academy of Art, nos Estados Unidos, onde haviam estudado com figuras centrais como Wolfgang Weingart e Katherine e Michael McCoy.

O léxico pós-moderno de referência histórica, decoração, perspicácia e emprego irônico de elementos vernaculares ou sem design, como a tipografia desenhada à mão, constitui um desvio da racionalidade típica das abordagens anteriores. Esse importante avanço precipitou uma reavaliação do processo de comunicação visual com design. Adotando ideias da arquitetura e da filosofia e semiótica do século XX, seus adeptos têm buscado evoluir a discussão quanto às formas de desenvolver abordagens pertinentes, relacionadas a determinados grupos ou culturas, em vez de aspirar a uma linguagem universal.

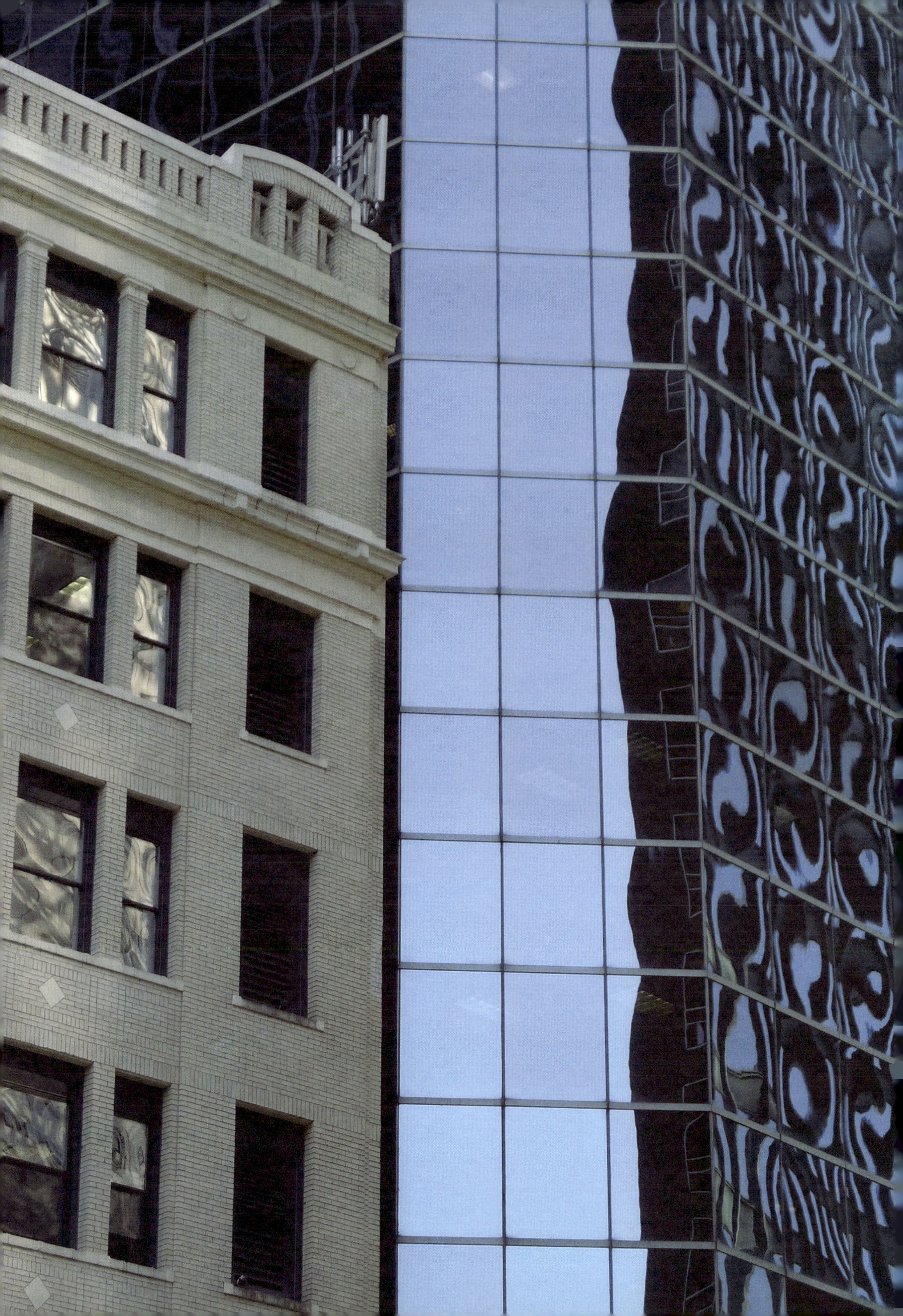

Exercícios: Métodos práticos

Objetivo

O objetivo deste exercício é que você construa um projeto autoiniciado ou autoral. Muitas vezes, os designers buscam desenvolver trabalhos fora de seu "emprego" – explorando ideias sobre design e sua prática pessoal que não necessariamente se enquadram em determinados briefings comerciais e que oferecem oportunidades para investigar uma vasta gama de ideias que contribuirão para seu desenvolvimento contínuo enquanto designers. Muitos cursos de design incluem disciplinas de trabalho autoral e, muitas vezes, esse é um foco dos exames finais.

Na hora de construir um briefing autoral, você deve começar pensando em suas áreas de interesse pessoal: coisas sobre as quais você sinta empolgação ou preocupações que você possa ter, por exemplo, em suma, questões que são apaixonantes para você. No entanto, o projeto deve estar relacionado ao design gráfico, seja no assunto ou na metodologia de trabalho adotada (ou em ambos). O pensamento inicial sobre os tópicos do projeto deve refletir seu conhecimento, posicionamento crítico e interesses, e deve ser encarado como uma oportunidade de colocar em prática o conhecimento, o entendimento e as habilidades que você adquiriu até o momento.

As perguntas a seguir permitirão que você estruture seu projeto e devem ser consideradas como o alicerce de uma abordagem bem-sucedida:

Por quê?
A pergunta de pesquisa já foi definida?
Os objetivos do projeto já foram definidos em relação a suas intenções gerais?

O quê?
Quais as perguntas específicas que o projeto busca formular?
O foco do projeto já foi claramente descrito?
O contexto do projeto já foi claramente descrito?

Textos fundamentais
Barnett, R. (1997) *Higher Education: A Critical Business*. London: Open University Press.

Barthes, R. (1993) *Image – Music – Text*. London: Fontana Books.

Baxandall, M. (1987) *Patterns of Intention: On the Historical Explanation of Pictures*. New Haven, CT: Yale University Press.

Berger, J. (2008) *Ways of Seeing*. London: Penguin Classics.

Crow, D. (2010) *Visible Signs: An Introduction to Semiotics*, 2nd edition. Worthing: AVA Publishing SA.

Emmison, M. & Smith, P. (2000) *Researching the Visual: Introducing Qualitative Methods*. London: SAGE Publications.

Frascara, J. (1997) *User-Centred Graphic Design*. London: Taylor & Francis.

Harvey, C. (1995) *Databases in Historical Research: Theory, Methods and Applications*. London: Palgrave Macmillan.

Laurel, B. (ed.) (2004) *Design Research: Methods and Perceptions*. Cambridge, MA: MIT Press.

Lupton, L. & Abbott Miller, J. (1999) *Design, Writing, Research: Writing on Graphic Design*. London: Phaidon.

Norman, D. A. (2002) *The Design of Everyday Things*. New York: Basic Books.

O'Sullivan, T., Hartley, J., Saunders, D., Montgomery, M. & Fiske, J. (1994) *Key Concepts in Communication and Cultural Studies*. London: Routledge.

Como?
A metodologia é clara e compreensível?
O projeto foi adequadamente definido em termos de sua pesquisa primária? (P.ex.: coleta de dados, formulação de conceitos e mensagens de design, reflexão crítica e avaliação, consideração do público, seleção de mídias/formatos apropriados, articulação da linguagem visual, testes de mídia.)
O projeto foi adequadamente definido em termos de sua pesquisa secundária? (P.ex.: investigação do campo de estudo, análise de materiais de consulta, exame de abordagens alternativas e trabalhos existentes dentro do campo, relação com contextos culturais mais amplos.)

Quem?
O público em potencial já foi identificado?
O público é importante para o projeto?
De que maneira?

Quando?
A metodologia identifica claramente as etapas do desenvolvimento?
Um plano de trabalho/cronograma detalhado já foi preparado?

Onde?
Os materiais de consulta da pesquisa geral são relevantes, detalhados, precisos e adequados?

A documentação da pesquisa faz parte do projeto. Além disso, grande parte do projeto será constituída por um resumo visual cujo design e edição serão assinados por você, registrando todos os processos de pesquisa e analisando suas metodologias de forma crítica, buscando situar o trabalho em seu contexto cultural. Em alguns casos, o processo de investigação será o próprio projeto; em outros, a pesquisa e os testes de ideias levarão a um resultado ou artefato definitivo.

Poynor, R. (2002) *Design Without Boundaries: Visual Communication in Transition*. London: Booth-Clibborn.

Poynor, R. (2003) *No More Rules: Graphic Design and Postmodernism*. London: Laurence King Publishing.

Poynor, R. (2007) *Obey the Giant: Life in the Image World*. 2nd edition. Basel: Birkhäuser Verlag.

Rose, G. (2006) *Visual Methodologies: An Introduction to the Interpretation of Visual Material*. London: SAGE Publications.

Schön, D. (1984) *The Reflective Practitioner: How Professionals Think in Action*. New York: Basic Books.

Tufte, E. (1997) *Visual and Statistical Thinking: Displays of Evidence for Decision Making*. New York: Graphics Press.

Wolff, J. (1993) *The Social Production of Art*. London: Palgrave Macmillan.

8. Apêndices

Agradecimentos, leituras complementares, índice remissivo e créditos das imagens

Agradecimentos

Queremos agradecer aos funcionários e alunos, do passado e do presente, do Programa de Pós-graduação em Design Gráfico do London College of Communication, por sua contribuição fundamental para a evolução do design thinking que é descrito neste livro. Além disso, a equipe da AVA Academia merece nossos agradecimentos por seu apoio e feedback, e por sua paciência, durante a evolução gradual desta edição ampliada e totalmente revisada de *Pesquisa Visual*.

Um agradecimento especial deve ser dirigido aos designers convidados, cujo trabalho exemplifica muitas das ideias exploradas durante nosso trabalho sobre o tema das metodologias e práticas de design gráfico ao longo da última década. Sua contribuição para o nosso processo de pensamento crítico não pode ser subestimada.

Russell Bestley: Gostaria de agradecer a Sarah por sua inesgotável paciência, apoio e pelos meses de noites e finais de semana perdidos; Zobo, Nikita, Chris e, é claro, meu pai, por seu apoio constante; Paul, Tony e a equipe do PGDG do LCC por implementarem e testarem essas ideias e teorias na prática; Roger, Andrew, Stuart, Janice, Angus e a comunidade de pesquisa da UAL pela inspiração e orientação intelectual; Caroline, Brian, Georgia e a equipe da AVA; e a meus amigos e companheiros de equipe na comunidade de corrida de longa distância, por proporcionarem uma forma de escapar do trabalho, da escrita e do design quando precisei disso. Quero também dedicar este livro à memória de minha mãe.

Ian Noble: *"Quero agradecer a mim mesmo, e parabenizar a mim mesmo e, se eu pudesse, daria um tapinha nas minhas próprias costas."* Discurso de agradecimento de Dee Dee Ramone na cerimônia de entrada dos Ramones para o Rock and Roll Hall of Fame, em 2002.

Como sempre, amor para Susan, Eugene e Audra.

Fotografia de locação
Sarah Dryden
E-mail: drydensarah@hotmail.com

Fotografia de projeto e arquivo
Paul McNeil
E-mail: p.mcneil@lcc.arts.ac.uk

Designers convidados

Amandine Alessandra
E-mail: tellme@amandinealessandra.com
Web: www.amandinealessandra.com

Gemma Dinham
E-mail: mail@gemmadinham.com
Web: www.gemmadinham.com

Georgia Evagorou
E-mail: egeorgia@cytanet.com.cy
Web: www.georgiaevagorou.com

Becky Ford
E-mail: hello@becky-ford.com
Web: www.becky-ford.com

Andrea Forgacs
E-mail: post@andreaforgacs.de
www.andreaforgacs.com

Alexandra Hayes – I Am Alexandra
E-mail: me@iamalexandra.com
Web: www.iamalexandra.com

Alberto Hernández – Here I Go
E-mail: alberto@hereigo.co.uk
Web: www.hereigo.co.uk

Charlotte Knibbs – Design Like You Give a Damn
E-mail: say@likeyougiveadamn.com
Web: www.likeyougiveadamn.com

Kenzo Kramarz
E-mail: kenzomk@kenzomk.com
Web: www.kenzomk.com

Neil Mabbs
E-mail: nmabbs1@btinternet.com

Orlagh O'Brien
E-mail: hello@orlaghobrien.com
Web: www.orlaghobrien.com
www.emotionallyvague.com

Niall O'Shea – Studio O'Shea
E-mail: hello@nialloshea.com
Web: www.nialloshea.com

Edouard Pecher
E-mail: edpech@gmail.com
Web: www.edpecher.be

Leituras complementares

Armstrong, H. (2009)
Graphic Design Theory: Readings from the Field
New York: Princeton Architectural Press

Batchelor, D. (2000)
Chromophobia
London: Reaktion Books

Beirut, M., Drenttel W. & Heller, S. (1994) **Critical Writings On Graphic Design, Volumes 1, 2, 3**
New York: Allworth Press

Bennett, A. (2006)
Design Studies: Theory and Research in Graphic Design
New York: Princeton Architectural Press

Buchanan, R. & Margolin, V. (eds.) (1995) **Discovering Design: Explorations in Design Studies**
Chicago: University of Chicago Press

Cross, N. (2007)
Designerly Ways of Knowing
Basel: Birkhäuser Verlag

Crow, D. (2010)
Visible Signs: An Introduction to Semiotics in the Visual Arts, 2nd edition
Worthing: AVA Publishing SA

Dondis, D. A. (1973)
A Primer of Visual Literacy
Cambridge, MA: MIT Press

Emmison, M. & Smith, P. (2000)
Researching the Visual: Introducing Qualitative Methods
London: SAGE Publications

Erlhoff, M. & Marshall, T. (eds.) (2008) **Design Dictionary: Perspectives on Design Terminology**
Basel: Birkhäuser Verlag

Frascara, J. (1997)
User-centred Graphic Design: Mass Communications and Social Change
London: Taylor & Francis

Gage, J. (1995)
Colour and Culture: Practice and Meaning from Antiquity to Abstraction
London: Thames and Hudson

Harvey, C. & Press, J. (1996)
Databases in Historical Research: Theory, Methods and Applications
London: Palgrave Macmillan

Heller, S. & Finamore, M, E. (eds.) (1997) **Design Culture: An Anthology of Writing from the AIGA Journal of Graphic Design**
New York: Allworth Press

Heller, S. & Pomeroy, K. (1997)
Design Literacy: Understanding Graphic Design
New York: Allworth Press

Kepes, G. (1944)
Language of Vision
Chicago: Paul Theobald

Laurel, B. (ed.) (2003)
Design Research: Methods and Perceptions
Cambridge, MA: MIT Press

Leborg, C. (2007)
Visual Grammar
New York: Princeton Architectural Press

Lupton, E. & Abbott Miller, J. (1991) **The ABC's of Bauhaus: The Bauhaus and Design Theory**
New York: Herb Lubalin Center of Design and Typography, Cooper Union

Lupton, E. & Abbott Miller, J. (2006) **Design Writing Research: Writing on Graphic Design**
London: Phaidon

Margolin, V. (ed.) (1989)
Design Discourse: History, Theory, Criticism
Chicago: University of Chicago Press

Margolin, V. & Buchanan, R. (eds.) (1995) **The Idea of Design: A Design Issues Reader**
Cambridge, MA: MIT Press

Michel, R. (2007)
Design Research Now: Essays and Selected Projects
Basel: Birkhäuser Verlag

Norman, D. (2002)
The Design of Everyday Things
New York: Basic Books

Poynor, R. (2003)
No More Rules: Graphic Design and Postmodernism
London: Laurence King Publishing

Poynor, R. (2001)
Obey the Giant: Life in the Image World. 2nd edition.
Basel: Birkhäuser Verlag

Roberts, L. & Thrift, J. (2005)
The Designer and the Grid
Brighton: RotoVision

Rose, G. (2007)
Visual Methodologies: An Introduction to the Interpretation of Visual Materials
London: SAGE Publications

Schön, D. (1993)
The Reflective Practitioner: How Professionals Think in Action
New York: Basic Books

Swanson, G. (2000)
Graphic Design and Reading: Explorations of an Uneasy Relationship
New York: Allworth Press

Walker J. A. (1989)
Design History and the History of Design
London: Pluto

Wilde, J. & R. (1991)
Visual Literacy: A Conceptual Approach to Solving Graphic Problems
New York: Watson-Guptill Publications

Índice

Os números de página em **negrito** referem-se a ilustrações.

affordances 182, **183**
AFI (Alfabeto Fonético Internacional) 150
Alessandra, Amandine 172–81
alfabetização em design 24–51
   ver também alfabetização visual
alfabetização visual 26–45
   estudos de caso 32–45
   gramática visual 32–45
   ideias materiais 28
   modos de pensamento 27
   na prática 26–45
   sentido visual 30–1
   sistemas invisíveis 27–8
Alfabeto Fonético Internacional (AFI) 150
ameaças, SWOT 190
análise 52–95
   analítico 63
   avaliação 66–9
   definições 62–3
   design e pesquisa 54–65
   estruturalismo 92, **93**
   estudos de caso 74–91
   feedback 66–9
   identidades 70–1
   linguagens 70–1
   proposição 52–95
   qualitativo 69–70, 132
   quantitativo 67–9, 132
   retórica 72, **73**
   semiótica 92, **93**
   solução de problemas 15
   terminologia 60, **61**
análise PEST 190

análise qualitativa 69–70, 132
análise quantitativa 67–9, 132
análise SWOT 190
ancoragem 100, 176, 178
antítese 72
argumento e evidência 64, **65**
arte e ofício 161
aspectos culturais 132, 192, **193**
autoria 22, **23**, 66, 102, **103**, 191
autoria gráfica 22, 102, **103**, 191
avaliação 66–9

Barnett, Ronald 21, 188
Barthes, Roland 178
Bauhaus (movimento) 210
Bibliospot (estudo de caso) 82–91
   Biblioteca St. Bride 84
   estrutura revelada 90, 91
   sistema CDD 82, 84
   sistemas de biblioteconomia 84–91
   sistemas de crescimento 88, **89**
   testes visuais iniciais 86, **87**
Blauvelt, Andrew 192
Bonsiepe, Gui 65
Buchanan, Richard 17

Caixa de correio preta **135**
campo de estudo 56–60
Carroll, Lewis 174
Carson, David 20–1
cianotipia 122, **123**
ciclo do design 55
computador Macintosh da Apple 17
comunicação
   design 71
   escola de processo 130–1

   escola semiótica 131
   mão dupla 138–9
   modelo emissor-receptor 134, **135–7**
   teoria 15
   ver também público,
conotação 46, **47**, 98, 104
construtivismo 210
conteúdo da mensagem 22
contexto
   cultural 132
   da mensagem 22
   definição 26
   modelos 59, 62
   social 132
continuidade 29
cor 30–1, 142, **143–5**
Cowling, Charles 194
criatividade 191–2
críticos do design 20–1
Crow, David 101
custos de projetos 60, 68–9

Dawkins, Richard 154
De Stijl (movimento) 210
definição 26
denotação 46, **47**, 98, 104, 162
Derrida, Jacques 104
desconstrução 97, 98, 104, 131
desenvolvimento de novas estratégias 97, 98
design de comunicação visual 71
design e pesquisa 54–65
   ciclo de design 55, 64, **65**
   escolha do modelo de pesquisa 58–60
   plano de ação 63
design gráfico 15, 161

détournement 139
Diana, Princesa de Gales 200
dias de vigília 200, **201**
diglossia 146
Dinham, Gemma 106–13
dinheiro e felicidade 208, **209**
discurso 15
durabilidade 164

Edison, Thomas 166
Edwards, Elizabeth 161
embalagem 106, 108, 110
Emotionally Vague (estudo de caso) 74–81, 190
    refinamento de técnicas 76, 77, 78, **79**
    resumo de pesquisa 80, **81**
    revelando tropos 74, **75**
engajamento informado 192
epistemologia 16
estruturalismo 92, **93**, 104, **105**, 131
etapas do processo de design 56, **57**
Evagorou, Georgia 146–53
existência crítica 188
experimentação 66

Facebook 194
familiaridade 100–1
fatores econômicos, PEST 190
fatores políticos, PEST 190
fatores sociais, PEST 190
fechamento 29
feedback 66–9
Felicidade (todayifeel) (estudo de caso) 202–9
    dinheiro e felicidade 208, **209**
    imagens felizes 206, **207**

níveis de felicidade 202–9
vídeo de peixes 206, **207**
Flusser, Vilém 27
foco de estudo 56, **57**, 60–2
fonógrafo 166
Ford, Becky 190, 194–201
Forgacs, Andrea 166–71
forma 26, 114, **115**, 116, 164–5
formatos/tipos de papel 142
fotografia 160–1
Fox, Kate 106
Frascara, Jorge 18, 31, 71, 165
função 26

Gibson, James J. 182
glifos cipriotas 146–53
Gramática visual (estudos de caso) 32–45
    Quadrado planar 32, **33**, 34, **35**
    Reticulação (técnica) 36, **37**, 38, **39**
    Sistema de oposições 40, **41–3**, 44, **45**

Hart, Janice 161
Hayes, Alexandra 82–91
Heller, Steven 67
Hernández, Alberto 140–5
hipérbole 72
hipóteses 66
Hollis, Richard 16
Howard, Andrew 133
humor 106, 108

ícones 102
Identidade cipriota (estudo de caso) 146–53
    caracteres reformados 150, **151**
    diglossia 146
    evolução das letras 148, **149**

novos glifos 152, **153**
poesia comparativa 152, **153**
soluções de escrita 150
identidades 70–1
imagem 38, **39**, 140, **141**
imagens contrastantes 38, **39**
imagens de pássaros 98, **99**
imagens vitorianas 140, **141**
índices 102
informação 65, 82–91, 168, **169**
informação pura 65
intencionalidade 189
internet 165, 168, 194
Inventory of Everything (Mabbs) 116, **117**
Inventory of Loss (estudo de caso) 114–23, 190
    inventário de todas as coisas 116, **117**
    perda da forma 114, **115**, 116
    perda da nostalgia 116, 122, **123**
    perda da ordem 116, 120, **121**
    relações entre objetos 118, **119**
    semiótica do valor 116
ironia 72, 106, 108

Jakobson, Roman 101

Knibbs, Charlotte 32–5
Kramarz, Kenzo 202–9

letra contextual 172–81
letras 146–53, 172–81
língua escrita 146–53
língua greeklish 146
linguagem 70–1, 146–53
linguística 15
logocentrismo 104

Índice

Loss of Form (Mabbs) 116, 120, **121**
Loss of Nostalgia (Mabbs) 116, 122, **123**
Loss of Order (Mabbs) 114, **115**, 116

Mabbs, Neil 114–23, 190
Macintosh (computador da Apple) 17
Magritte, René 178
Mapplethorpe, Robert 176
Marx, Karl 176
Mary (estudo de caso) 166–71
    funcionalidade 170, **171**
    interface da biblioteca 170, **171**
    necessidade de informação 168, **169**
    reprodução sonora 166
    seleção de álbum 170, **171**
materiais 28, 158–85, 162, **163**
    ver também processo
materialidade 160
McLuhan, Marshall 101
memética 154
Memorial (estudo de caso) 190, 194–201
    dias de vigília 200, **201**
    marcas pessoais 194, **195**
    memoriais modernos 198, **199**
    participação de falecimento 196, **197**
mensagem 22, 172–81
    ver também público
Mensagem como fluxo (estudo de caso) 172–81
    imitação de relógio 178, **179–81**
    letras no corpo 172, **173**
    Mapplethorpe 176, **177**
    sentido expandido 178
    tempo de leitura 174, **175**
metáfora 72
metodologia
    definições 14–15

etapas do processo de design 56, **57**
    termos de referência 16–17
métodos, definição 14
metonímia 72
modelo contexto-definição 59, 62
modelo contexto-experimento 59, 62
modelo de comunicação emissor-receptor 134, **135–7**
modelo de comunicação receptor-emissor 134, **135–7**
modernismo 131–2, 210, **211**

negociação 133
Nettle, Daniel 202, 204
Norman, Donald A. 182
North, Adrian 168
nostalgia 116, 122, **123**

O'Brien, Orlagh 74–81, 190
O'Shea, Niall 32, 36–9
ofício 161
O Médico e o Monstro (Stevenson) 140–5
oportunidades, SWOT 190
ordem, perda de 116, 120, **121**

paisagens adaptativas 154, **155**
paródia 138
pastiche 138
Pecher, Edouard 32, 40–5
pensamento crítico 21, 70, 188, 192
personificação 72
perspectiva 34, 35
pesquisa
    definição 54
    em design 160
    engajamento 98–101
    função 12–23

modelos 58–60
problemas 56
tipos 58
pesquisa
    aplicada 55
    de mercado 67
    de opinião 68
    dedutiva 55
    empírica 55
    primária 18
    pura 55, 74
    secundária 18
    terciária 18
poesia 152, **153**
pontos fortes, SWOT 190
pontos fracos, SWOT 190
pós-estruturalismo 104, **105**, 131
pós-modernismo 131–2, 210, **211**
Poynor, Rick 161
Prägnanz (princípio da Gestalt) 26
problemas práticos 56
processo 158–85
    affordances 182, **183**
    considerações práticas 160–1
    e produto 18, **19**
    escola de comunicação 130–1
    estudos de caso 166–81
    materiais 158–85
    síntese 188–93
    tatilidade 162–5
    terminologia 60, **61**
    usabilidade 162–5
produto 18, **19**
profundidade e perspectiva 34, **35**
proposição 9, 52–95
    ver também análise
protestos de Nanterre, Paris 172

proximidade 29
público 128–57
   comunicação de mão dupla 138–9
   construção de sentido 134, **135–7**
   definição de público 134
   estudos de caso 140–53
   mensagem 128–57
   paisagens adaptativas 154, **155**
   recepção 130–3

Quadrado planar (estudo de caso) 32, **33**, 34, **35**

razão áurea 27–8
reflexão crítica 71, 192
reprodução sonora 166
reprodutor de música para iPad 166–71
retórica 15–17, 72, **73**
revezamento 100, 174, 178
Romances híbridos (estudo de caso) 140–5
   camadas/dualidade 142, **143–5**
   cor 142, **143–5**
   Dr. Jekyll/Mr. Hyde 140–5
   formatos/tipos de papel 142
   imagens vitorianas 140, **141**

Sagmeister, Stefan 202
sátira 138
Saussure, Ferdinand de 92
Seelig, Thomas 114
semântica 15
semelhança 29
semiótica 92, **93**
   de valor 116
   definição 15
   escola de comunicação 131
sentido 30–1, 134, **135–7**, 162

símbolos 102
   ver também semiótica
síntese 186–213
   definição 62
   estudos de caso 194–209
   modernismo 210, **211**
   pós-modernismo 210, **211**
   processo 188–93
   resultados visuais 189–91
   solução de problemas 15
   soluções criativas 191–2
   terminologia 60, **61**
   voz do designer 191
sistema CDD (Classificação Decimal de Dewey) 82, 84
sistema de classificação da Biblioteca St. Bride 84
sistema de Classificação Decimal de Dewey (DDC) 82, 84
Sistema de oposições (estudo de caso) 40, **41–3**, 44, **45**
sistemas de biblioteconomia 82–91
sistemas gerativos 28
solução de problemas 15
Stahel, Urs 114
Stevenson, Robert Louis 140, 142
Swanson, Gunnar 71, 191

tangibilidade 162
tatilidade 162–5
técnica de reticulação (estudo de caso) 36, **37**, 38, **39**
tecnologia 164–71, 190
teoria 66, 96–127, 101
teoria da Gestalt 16, 26–8
Teoria do Lixo (Rubbish Theory) 116, 124, 125

texto 30, 192, **193**
textos abertos 100
textura 162, **163**
textura superficial 162, **163**
The English (estudo de caso) 106–13
   caráter de classe 110, **111–13**
   embalagens 106, 108, 110
   humor 106, 108
   ironia 106, 108
   símbolo da garrafa 108, **109–13**
tipologia 60
topografia 60
trocadilhos 72
tropos 74, **75**

valor 116, 124
van Toorn, Jan 192
vanguarda 20–1
visão de mundo 130, 182

Wertheimer, Max 27

Créditos de imagens

Estudos de caso

Páginas 33–35: Imagens extraídas de *"The Square and Perspective"*, gentilmente cedidas por Charlotte Knibbs.

Páginas 36–39: Imagens extraídas de *"Half-tone Patterns"*, gentilmente cedidas por Niall O'Shea.

Páginas 40–45: Imagens extraídas de *"Generative Identity / A System of Oppositions"*, gentilmente cedidas por Edouard Pecher.

Páginas 75–81: Imagens extraídas de *"Emotionally Vague"*, gentilmente cedidas por Orlagh O'Brien.

Páginas 83–91: Imagens extraídas de *"Bibliospot / Visualising Library Collections"*, gentilmente cedidas por Alexandra Hayes (née Shepherd).

Páginas 107–113: Imagens extraídas de *"The English"*, gentilmente cedidas por Gemma Dinham.

Páginas 115–123: Imagens extraídas de *"An Inventory of Loss"*, gentilmente cedidas por Neil Mabbs.

Páginas 141–145: Imagens extraídas de *"Hybrid Novels"*, gentilmente cedidas por Alberto Hernández.

Páginas 147–153: Imagens extraídas de *"Representing Cypriot Identity"*, gentilmente cedidas por Georgia Evagorou.

Páginas 167–171: Imagens extraídas de *"Mary"*, gentilmente cedidas por Andrea Forgacs.

Páginas 173–181: Imagens extraídas de *"Message as Flux"*, gentilmente cedidas por Amandine Alessandra.

Páginas 195–201: Imagens extraídas de *"Memorial"*, gentilmente cedidas por Becky Ford.

Páginas 203–209: Imagens extraídas de *"todayifeel"*, gentilmente cedidas por Kenzo Kramarz.

Fotografia de locação

Páginas 19, 73, 93, 103, 105, 125, 135, 136, 137, 163, 193, 211: Fotografias © Sarah Dryden. Todos os direitos reservados.

Design e Ilustrações

Pesquisa Visual, 2ª edição: design, layout, diagramas e ilustrações © Russell Bestley e Ian Noble. Todos os direitos reservados.

Foram adotadas todas as medidas possíveis para identificar, esclarecer e creditar os detentores dos direitos autorais das imagens reproduzidas neste livro. No entanto, caso algum crédito tenha sido inadvertidamente omitido, a editora se compromete a incorporar emendas às edições futuras.